涓涓清流润幼林

JUANJUAN QINGLIU RUN YOULIN

王力鹏 ◎ 著

北京理工大学出版社
BEIJING INSTITUTE OF TECHNOLOGY PRESS

版权专有　侵权必究

图书在版编目（CIP）数据

涓涓清流润幼林 / 王力鹏著． －－北京：北京理工大学出版社，2023.4
　　ISBN 978－7－5763－2276－7

Ⅰ．①涓… Ⅱ．①王… Ⅲ．①中学语文课—教学研究 Ⅳ．①G633.302

中国国家版本馆 CIP 数据核字（2023）第 065049 号

出版发行 /	北京理工大学出版社有限责任公司	
社　　址 /	北京市海淀区中关村南大街 5 号	
邮　　编 /	100081	
电　　话 /	（010）68914775（总编室）	
	（010）82562903（教材售后服务热线）	
	（010）68944723（其他图书服务热线）	
网　　址 /	http：//www.bitpress.com.cn	
经　　销 /	全国各地新华书店	
印　　刷 /	北京捷迅佳彩印刷有限公司	
开　　本 /	710 毫米×1000 毫米　1/16	
印　　张 /	17.25	责任编辑 / 徐艳君
字　　数 /	230 千字	文案编辑 / 徐艳君
版　　次 /	2023 年 4 月第 1 版　2023 年 4 月第 1 次印刷	责任校对 / 周瑞红
定　　价 /	78.00 元	责任印制 / 李志强

图书出现印装质量问题，请拨打售后服务热线，本社负责调换

序言

自序——语文老师为学生做些什么

教师是人类灵魂的工程师，语文老师更是如此。

大学毕业走上讲台已经二十多年了，从走进一零一中学的大门起，我就明白了一个道理：教师要为学生服务。但是，到底服务些什么？我在叩问自己。怎么服务？我也在不断地摸索。在叩问和摸索中，我得出以下几点感悟：

语文教师要搭建起学生与语文知识之间的桥梁。语文知识渗透于语文教材之中，教师的职责是如何利用好教材，让学生走进教材，再走出教材，过滤出新鲜的语文知识，系统地把握语文特点，掌握语文知识。我们的责任就是把学生与语文知识之间存在的障碍解决掉，让学生在深入理解教材中深入领悟语文知识。在此，强调学生亲身的体验、基本的把握，不能把自己的认识强加到学生身上，在尊重每一个个体的前提下让每一个个体都获得长足发展。

语文教师要打开学生的阅读视野。"读书万卷，下笔有神"，我们不能整天围着教材转，要有更宏大的视野引导学生，让学生与人类精神领域的大师对话。课堂知识有限，课外阅读无限，我们要将这种有限与无限有机结合起来。在教学实践中，身体力行，引导和激发学生的阅读兴趣，给学生创设良好的课外阅读氛围。这不仅有利于课堂教学的顺利进行，更有利于学生自身的成长和发展。

语文教师要激发学生的创新精神。灌输式教学在今日的课堂上还随处可见，这种压制学生思维的教学方式我们必须改变。只有把思维的权利还给学生，才能把他们培养成高质量的人才。传统教育，教师是权威，其思想束缚着学生的思想。古人尚且晓得尽信书则不如无书，尽信师则不如无师的道理，我们的思想又何尝不能实现跨越？创新是一个人立于世，一个国家雄于世的最强大的资本。在教学中，我们应该保护学生向权威挑战的意识，激发他们的创新精神，鼓励他们质疑并提出自己的看法，强化他们的主体意识。这就需要教师给他们创造良好的学习与研讨氛围，充分尊重个体的差异，将发展学生的个性创新能力作为一项长期坚持下来的目标，培养他们对问题深入而独特的认识，从而让学生获得长足发展。

语文教师要重视学生的人文熏陶。语文的内涵对学生精神领域的影响是深广的，我们的教学体现着关爱生命、塑造人生的教育理念，应自始至终贯穿人文精神。在学生个体的发展过程中，高尚的审美情趣、积极健康的思想道德、高层次的文化品位都是不可或缺的。文学是人学，语文教学就是培养学生如何做人，做一个大写的人，引导他们从学生时代就有胸怀天下的意识。

中国语文博大精深，在听说读写的基础上，思考和感悟尤为重要。在日常教学实践中，我引导学生感悟自然，深入了解社会，始终关注他们的个体发展。我虽然做得还远远不够，但是心怀教育理想，力行教育理念。我想，在自己的教育生涯中，不断学习、不断改进，逐渐领悟语文教学的规律，为培养出高素质的人才尽绵薄之力。

目录
CONTENTS

第一篇　教育篇

教师应智慧地处理突发事件 …………………………………（ 3 ）
心理分析：让学生自己与自己对话 …………………………（ 6 ）
教育管理：教育需要爱心，更需要智慧 ……………………（ 11 ）

第二篇　教学篇

《植树的牧羊人》学科阅读教学设计 ………………………（ 19 ）
"不一样的"作文讲评 …………………………………………（ 29 ）
中国现代诗读写相通训练 ……………………………………（ 74 ）

第三篇　与学生谈写作

个性化写作十五讲 ……………………………………………（105）
应试记叙文写作漫谈 …………………………………………（172）

第四篇　与老师谈阅读与写作指导

阅读：挑动学生思想的灵光 …………………………………（233）
书香墨香：持续浸润学生的精神世界 ………………………（237）
用心灵发现生活，用思想垂钓世界 …………………………（250）

第五篇　评价篇

把平凡做到极致 ………………………………………………（261）

附录 ……………………………………………………………（265）

第一篇 教育篇

教师应智慧地处理突发事件

正确、适当地处理教学过程中的突发事件是一种技能也是一门艺术，作为教师，我们要学会智慧地去处理。

小 C 的故事：精心培养有潜力的学生

小 C 是小 B 之前的班长，被小 B 取代后，很是郁闷。家长很着急，给我打电话询问小 C 是不是哪些地方做得不好。我说："作为班长，他的领导才能得到了充分的锻炼，事实证明，他很称职。但我想让他再做些更具体的工作，培养他处理细节的能力。"几天后，小 C 来找我，问为何不让他当班长。我说："因为你做班长做得很好，所以让你做点别的工作。"他还是不服气。"《天龙八部》中谁的功夫最厉害？不是南慕容北乔峰、慕容博、萧远山……而是少林寺藏经阁扫地的老和尚。"听完我的这番话后，他若有所思地点了点头，接受了卫生委员这一任务。自那以后，卫生委员成了班级最抢手的职务，大家也认识到老师是为了让他们更全面地发展才实施班委轮换制的，这让我在以后的班级管理上也省力不少。

小 D 的故事：提升班委的思想境界

在一次优秀团员评选中，学校只给了四个名额，结果我们班选出了八个，我们班的团支书小 D 来找我，问我怎么办。我说："你找团委再商量商量。"面对这个突发情况，我也没有马上想出主意，需要时间思考。不出所料，团委没有答应她的要求，只能给四个名额。于是，我对她说："学校才给四个名额，我们选出八个，说明你团支书的工作做得很出色。但是，作为一名干部，一定要学会牺牲、大气。"她说：

"老师，就把我拿下来吧。"说完，小D略显郁闷，紧跟着又说："那其余的三个人呢?"我说："小B、小C、小Z也拿下来，我想他们也会像你这样做的。"到班级后，我表扬获得优秀团员称号的四个同学后，说道："这次我们只有四个名额。作为团支书，小D主动放弃了荣誉，我们为她的高境界鼓掌。"同学们掌声雷动。"还有三个同学，我觉得他们也和小D的想法一样，所以我没有经过他们的同意，就替他们放弃了荣誉。"我一说完，小B同学第一个鼓掌，又一次掌声雷动。我被感动了，真心地对他们说：

"我最大的幸福就是带出了高境界的你们。"

小S的故事："欲擒故纵"有个性的学生

一次连堂的作文课上，同学们奋笔疾书，唯有小S同学在座位上摆弄自己的钢笔。因为连堂，课间不做集体休息，几个同学在得到允许陆续离开座位后，小S也向我举手示意，但我想抓住这个契机对她进行一次教育，于是我示意不允许她去洗手。果然，她在座位上开始咬牙切齿、捶胸顿足。

小S同学从初一开始就有马虎的毛病，但是做事一向特别认真，尤其是对语文课，那就更没的说了。我时常鼓励她，要喜欢其他科目。在她将近三年的初中学习中，我对这种有文学天分的孩子不由自主地多了一份偏爱和一份投入。

进入初三后，目标的缺失使很多孩子充满了茫然，出现学习懈怠的现象。单靠说教简直是对牛弹琴，只有各个"击破"了。下课后，我问小S怎么了。她很委屈地说："老师，您对我不公平。"我充满诚意地微笑道："我想看看我不让你去你会怎么办，结果你原形毕露了。"她马上开始有了一丝愧意。我又追加了一句："三年中，我对待你要是和对待其他同学一样的话，你不定在老师面前哭过多少次了。"从她略为发红的眼睛里，我断定她读出了话语中饱含的严厉批评。说完，我头也不回地离开了教室。下午放学，她来找我聊天。我跟她一起回顾了她近三年的初中生活，分析了班里同学和她的懈怠状态，帮助她重新树立了人生目标。

从后来的情况来看，的确起到了非常好的效果。苦口婆心虽体现了教师对学生的爱，但是并不一定有效。孔子曾言："不愤不启，不悱不发。"我们要机智灵活地处理课堂教学过程中发生的小插曲，让我们的教育变得更为有效起来。

本文发表于《北京教育（普教版）》2012 年第 11 期

心理分析：让学生自己与自己对话

中国有句古话——"求人不如求己"，在学生成长的道路上，是不是也"求人不如求己"？对学生来说，犯错误时"求人"（教师批评）固然很好，但他们认识到错误时是否有过"求己"（自我启发）的经历和体验？源于对我们日常单一教育方式的反思，源于对古训的重新理解，我开始尝试让学生进行自我教育，在学生承认错误后，让他撰写长篇心理分析，深入反思自己的错误，自己与自己对话，有疑问后，让他自己去寻找答案。

【案例一】 班长A，上课说话，被老师批评后并没有真正认识错误

某班班长A上课说话，老师批评后，班长承认了错误，但并没有深刻认识到自己的错误。为了让他真正地认识到错误，从而改正错误，我与他商量后布置给他一篇4 000字的心理分析。除字数外，我还要求他不能写成检讨书，不能有大话、空话、套话，要实实在在剖析自己的内心想法，在叩问中挖掘自己的灵魂。

班长追述了老师教育他的细节："老师中肯的谆谆教诲，我竟然没有放在心上，在一次次的作业中我始终丢三落四。老师不厌其烦地找我强调我却不以为然，以为老师是找我的茬。我被自己对老师的不敬蒙蔽了双眼，从此产生了隔阂……"

然后，他分析此次事件背后的问题："虽是与同学讨论问题，但在老师上课时这样做也是不对的，老师没有直接点我，已经给足了我面子。本该下课主动找老师承认错误，但我还理直气壮，下课与老师擦

肩而过，竟然不理不睬。当老师主动问我时，我还公然挑衅说没看见……经过两天的思考，随着自己心结的打开，我对老师的抵触慢慢消失了，反而回忆起老师对我们的负责，对我们的爱。爸爸对我说过，做人，犯了错误先把自己择清楚，是最没本事的……"

最后，他分析自己一直以来的问题："态度决定成败。前一段时间，我的处事态度确实相当不好，把一系列的小事都搞砸了，最终酿成大错。尊重别人也是对自己的尊重。只有自卑的人才不会尊重别人，我对老师的不尊重是自我膨胀、自以为是、目空一切的表现，也是极度不自信的表现。"

分析到这里，还有什么心结打不开，什么事情搞不清楚呢。

学生都会犯错，发现学生的错误时，我们不能只是单纯地批评教育，而应该交由他自己反思，反躬自问，这样做，有时会起到事半功倍的效果。这个班长，从这件事后懂事了不少，也开朗了许多，自信了许多。

【案例二】 某男生C，为逃课谎称发烧，将体温计插入开水杯

某男生C，为了逃课，来到医务室声称自己发烧，为了制造假象，偷偷将体温计插入大夫好心给他倒的热水里致其炸裂。C匆忙清理现场后溜之大吉，害得大夫们满校园找他。我又听他的班主任和课任老师反映，班里如果没有C，会有秩序得多。由此可见，C平时在班里就是一员闹将，我决定趁这个机会"修理修理"他。

我叫来C谈这件小事背后的大隐患，谈我从班里了解的情况，感觉他有了一丝惭愧。我就安慰他，谁都会犯错误，但这么幼稚的错误背后其实是一种幼稚的心理。我问C想不想快些成熟起来，他面露喜色。我问他愿不愿意通过完成一件艰巨的任务来彻底改头换面，他说愿意协商。在和他商议，并争得了家长的同意之后，我给他布置了任务——撰写两份道歉信：给医务室的道歉信、给班主任的道歉信，分别是1 500字左右；撰写两份心理分析：关于体温计事件的心理分析、关于课堂纪律的心理分析，分别为1 500字左右。

几天之后，家长和孩子一起来把这份特殊的作业交给我。家长告

诉我，孩子从来没有对一个错误进行过这么深刻的反思，好像把自己心里摇摆不定、模棱两可和偷懒侥幸的思想根源都挖掘出来了，连他们看了都深受感动。

C在写给医务室的道歉信中说："我不找任何借口，因为借口不能掩盖自己的错误。希望医务室老师给我一个机会，原谅我的过失。我绝对不辜负你们对我的信任，绝对不会再被懒惰和逃避控制内心，我以后会坚强面对所有困难。我会把这件事当成一个深刻的教训，并继续进步，直到变得成熟起来……"

C在写给班主任的道歉信中说："您身上总带有一种和蔼的严厉，把班级管理得井井有条，可是我却成了班里的一个特例，总是把您的话当作耳旁风，三番五次挑战老师的权威，经常打纪律的擦边球……"

C在关于课堂纪律的心理分析中写道："我为什么在上课时会有这么多小动作？第一，忽视校规校纪；第二，没有学习的积极性和对知识的渴望；第三，没有养成良好的学习习惯；第四，没有责任心……"

C在关于体温计事件的心理分析中写道："懒惰的劣根性使我出此下策。当然我懒惰的问题也不是一天两天了，这是一个长久的问题，只不过长期以来我对这个思想问题不关注、不理睬、不重视，才导致这病根越来越大，不断膨胀，直至完全吞噬掉我的本心……"

从此，这个学生发生了巨大的转变。

【案例三】 某"优秀生"D，没有车证硬闯，冲撞保安

D同学因脚伤，未及时到医务室协商领取临时车证，保安拦截家长的车询问情况时，遭到D同学的粗暴对待，态度极其蛮横，霸气冲天。

在教育中，D的母亲当面为他辩护，D对母亲的态度也很蛮横。我发现了问题的严重性：D成绩优秀，但缺失父亲教育，而母亲溺爱。

我们动之以情，晓之以理，威之以势，终于让D认识到自己所犯的错误。我们跟D分析了他现在的状态以及这种状态对他今后学习和生活的影响，尤其是进入社会之后会招致的麻烦，让他清醒地意识到问题的严重性。接下来，我给他布置了三个任务，从挖掘自身心理出

发,撰写三封道歉信,分别向当事保安、全体同学及班主任、母亲致歉,每封信1 500字左右。

D对当事保安致歉说:"我当然明白您的辛苦,我都看到了。我自然不是忘恩负义的人,我知道是您维持了校园秩序,保证了校园的安全。我自然也明白学校的规定,一旦开了汽车入校的先例,校园秩序将不堪设想,校园内悠悠漫步的岁月将不复存在。我周五的表现着实像一个不知天高地厚的纨绔子弟。而造成这种现象的原因正是由于我平时长期处于膨胀状态,或者说是自大。"

D对全体同学和班主任致歉说:"在我身上发生这件事不是偶然。从高一开始,我就因冲动而屡屡犯错,老师曾多次牺牲自己的宝贵时间,对我进行友善的教导,希望我能不再受冲动困扰,平和处事。同学们也多次宽容我,希望我能自己步入正轨。但经过了一个寒假,也许是缺乏了老师的督促,也许是我不注意反省自己,本学期开始没多久,我便又因冲动而犯下了如此大错……"

"仔细反思,我最大的问题便是易冲动。长远来看,这对我在社会中的竞争也是极为不利的。没有人愿意和一个长期处于冲动状态的人交往,冷静的人即使能力稍逊,也更容易被人接受,因为他们令人放心……"

"过于有主见,不听取别人的意见也是我的大问题。在与老师解决问题时,我没能立即认识到自己的错误,未能听取老师的意见,只是一味辩解。我的思想有时过于偏激,这与我读的书和不爱与人交往有很大关系。可能是由于自作聪明,我时常喜欢揣测别人的心理,轻易地定义别人的思维,并以自己的思维方式来判断别人的行为。再加上消极的想法,我时常感觉处处与人为敌,这是极不正确的,我应该先做好自己……"

D同学对妈妈致歉说:"早晨您叫我吃饭时,我总是嫌烦,有时还对您发牢骚;外出时,我总是习惯慢半拍,耽误了您无数宝贵的时间。您从没有说过什么,只是默默地支持我,但当您因故无法按计划完成时,我给您的却只有责备,有时甚至会对您发火。现在想来,真是愧疚万分，您做了作为妈妈能做的一切，我却根本没有体谅过您，没有尽到一个儿子的义务。我应该多多理解您养我的不易，做事时考虑您的感受，力所能及地为您做一些事，不再让您伤心。这不是为了尽义务，而是为了报答您作为母亲对我付出的深深的爱；表达一个儿子对您，对我亲爱的母亲的诚挚的爱……"

D同学在老师们的引导和教育下，通过对自我进行三个维度的心理分析，清楚、深刻地认识和分析了自身存在的问题，意识到了问题的严重性，并下大决心改造自己。这件事，让他转变为名副其实的优秀生。

心理分析绝不同于检讨书，检讨书是向师长承认错误，而心理分析是叩问自己犯错的心理，直指内心深处，不只解决一个问题，更是挖掉一个错误的思想根源，逐渐地强大自己。事实证明，对心理进行深刻分析后，大多数学生不但改正了错误，而且形成了人生的正能量。

本文发表于《北京教育（普教版）》2014年第2期

涓涓清流润幼林

教育管理：教育需要爱心，更需要智慧

内容摘要

在教育的过程中，教育理论转化为切实可行的教育行为是一个艰苦的过程。我们一线教师不断地在摸索，在实践，也在总结，也在苦思冥想。本文中，笔者以教育者所应固有的爱心为出发点，主要阐述从自身的教育实践中撷取的几个颇有意思的小案例，本着"以学生的发展为本"的教育理念技巧性地帮助学生解决自身问题的过程。

关键词

教育　爱心　智慧　工程师

无数的中外教育家都论述过教育者必须有爱心，在实施教育过程中也需要方式方法。但是，从宏观的教育理论来看，论述爱心对于教师职业的重要性好像更多一些，却很少从方法上给予教育者必要的指导，一线的我们也只好摸着石头过河，在实践中去探寻教育的本源。

随着教育的不断发展和教育改革的不断深入，我们好像越来越推崇某种概念意义上的教育模式，什么成功教育、赏识教育、激励教育等，好像教育只是一种模式，殊不知教育内容包罗万象，既包括对学生的成功意识的引导，对学生的优势的挖掘，又包含在教育过程中让学生经受挫折，让他们体验失败。凡此种种，都应是教育的内容，而不能让一种模式涵盖教育的全部。况且，对于一线教师来说，微观的做法好像比宏观的概念更要立竿见影。

下面是笔者在一线教育实践中遇到的几个案例,希望能为大家抛砖引玉。

案例一:"您为什么让别人出去,不让我去?"

一次连堂的作文课上,同学们奋笔疾书,唯有一名女同学在座位上摆弄自己的钢笔。因为连堂,课间不做集体休息,个别需要方便的同学在得到允许后可以离开教室休息几分钟。几个同学在得到允许陆续离开座位后,这名女同学也向我举手示意。我一瞧,她的手上满是墨水,原来是把自己的笔弄破了。在跟她进行极其短暂的目光对视时,我想抓住这个契机对她进行一次教育,于是我轻轻地摇了摇头,示意不允许她去洗手。果然,事情向有利于我的方向发展,她在座位上开始咬牙切齿、捶胸顿足,但还是听从老师的命令没有离开座位。

这名女同学从初一开始就有马虎的毛病,但是做事态度一向特别认真,尤其是对于语文课,那就更没的说了。作业本上字迹特别清秀,虽然时常会出现小小的瑕疵,但我从她母亲口中得知,她为了写好语文作业,常常是拿出对待其他作业认真几倍的态度来对待语文;而且在几次公开课上,语文课上一向不发言的她却回答过几个颇有难度的问题,给足过老师"面子"。我也时常不间断地鼓励她,不要只喜欢语文,还要喜欢其他科目,不单是喜欢,而是要学得最好。在她将近三年的初中学习中,我对这种有文学天分的孩子不由自主地多了一份偏爱和一份投入。只是进入直升班后,目标的缺失使很多孩子充满了茫然和懈怠。单靠说教简直是对牛弹琴,只有各个"击破"了。

连堂作文下课后,我来到要去洗手的她的桌前,问她怎么了。她没好气又很委屈地说:"老师,您对我不公平,您为什么让别人出去,不让我去?"平时这个"您"字听着那么中听,今天从她嘴里说出来却是非常地刺耳,可见她已经满腔怒火了。但她没有失去礼貌,因为在她看来,所有的错误都在我的身上。我对她也很刻意地笑了一笑说:"怎么?想不明白?那就想明白后我们再谈吧!"

三天中,我从她的眼神里依旧能读出不解与愤恨,几次问她想明白没有，她都未改初衷。

该到时候了！

一节语文课后，我叫住了她，依旧问她相同的问题："想明白没有？"她的回答仍旧在意料之中："老师，我就是觉得您对我不公平，您为什么不让我出去？"我充满诚意地微笑道："我想要看看我不让你去你会怎么办，结果你'原形毕露'了。"她的脸上开始有了一丝愧意，我马上又追加了一句："三年中，我对待你要和对待其他同学一样，你不定在老师面前哭过多少次了。"从她略为发红的眼睛里，我断定她读出了话语中饱含的严厉批评。说完，我头也不回地离开了教室。

意料中的，下午放学，她来找我，说是聊聊天。我跟她一起回顾了近三年的初中生活，分析了班里同学和她的懈怠状态，帮助她重新树立了自己的人生目标。近两个小时的谈话，我们推心置腹。从后来的情况来看，的确起到了非常好的效果。

> **点评**：现实教育中的苦口婆心体现了对学生的爱，但是我们有没有考虑过我们教育的收获呢？孔子曾言"不愤不启，不悱不发"，这是多么朴实的道理，在我们的生活节奏日益加快的今天，这个道理也应该发挥它的巨大作用，让我们的教育变得更为有效起来。

案例二："我们不打了！"

一天放学后，一个同学来到办公室，说两个男生在教室打起来了，打得特别凶。我闻讯赶到教室，见是两个平时关系还不错的学生，这就心里有谱了。我把他俩叫到办公室，我骑上自行车，告诉他俩，在后面跟上。

咱们101中学的操场远是出了名的，我飞一般地骑车，他俩也飞一般地在后面紧追。到了操场，我把自行车一放，一屁股坐在了天然草坪上：真舒服啊！

等他俩呼哧带喘消停之后，我给他俩下达了命令："开始打吧！我做裁判。"他俩你瞅瞅我，我瞅瞅你，几乎是异口同声地说道："不打了!"我又确认了一下:"真的不打了?"回答是肯定的:"真的不打了。"

得到肯定的答复之后,我骑上了自行车又飞一般地回了办公室,留下他俩在操场之上。

过了几天,我发现,那两个家伙比原来的感情好像还铁呢!我就问他俩:"那天为什么打起来?"他俩彼此一笑:"唉,不值一提!"

到现在为止,他俩打起来的原因我都没有再去打听,只是知道他俩的关系从那次冲突之后的确更近了一步。

> **点评**:有时放松一下,让学生自行去处理彼此间的矛盾,比起由老师来处理,可能学生收获到的东西比我们费力非弄出个谁对谁错来要大得多。不信?您试试!

案例三:"你做班长!"

初一入学两周多,由于班委未定,班里的纪律不太好。我早就放出话来说,我们要"评选"出班里最不遵守纪律的同学通知家长。在周四班会课的投票"选举"中,一名男生以40多票的绝对优势"光荣"当选。

但是,来到我的办公室,他已是泣不成声。我心想,真是把孩子吓坏了,小孩子最怕老师请家长了。这名同学一直流着泪苦苦哀求不要告诉家长,家长会很伤心的,说不准还要挨打了。看到此情此景,我忽地来了个想法:给他个机会,让他做个班长试试。

我和他约定:"先不会告知家长,但这笔账要记上。给你个将功补过的机会,你做个代理班长。"他一听,好像发现新大陆似的,俨然想把这活儿干好的样子。

随着时间的推移,这个孩子身上不守纪律的毛病改了不少,在选举班委的过程中,他还真就当选了班长,学习上的劲头也更足了。

这不,现在这届班长是由初一年级唯一一个丢失鼠标垫的电教管理员"提拔"上来的,不但工作干得好,学习上还是学生纷纷效仿的榜样呢！

> **点评**："忍一言心平气和，退一步海阔天空。"学生没有不犯错误的，关键是他犯错误之后会怎样去做。作为教育者，应该给每个学生机会，对于那些犯错误的同学，他们更需要这个受教育的机会去改正错误。正是有了犯错误的同学，我们的教育才真正体现出应有的价值，正是您给了他们重新改过的机会，您的教师称呼才会更加熠熠生辉！

时代在进步，社会在发展，教育情况也会层出不穷。我们已经抓住"爱心"这一法宝，但是需要"智慧"作为双翅，只有这样，我们才会在纷繁复杂的教育现象面前处变不惊，才会真正成为一名合格的教育工作者，一个真正的"灵魂工程师"！

第二篇　教学篇

《植树的牧羊人》学科阅读教学设计

一、单元教学设计

本单元人文主题为"人生之舟",这个单元的课文都是关于人生的,体裁丰富,形式多样。有的是对美好人生的礼赞,有的是对人生的憧憬和感悟,还有的是对人生经验的总结和回顾。选择这些课文,试图引导学生初步思考人生问题,学会规划人生,珍爱生命。

单元目标:

(1) 理解作者对生活的思考,体味不同的人生,学会思考人生真实生命;

(2) 学习默读,学会圈点勾画;

(3) 学会在默读中厘清作者的思路。

植树的牧羊人作为一篇绘本故事,以叙事为主,以时间为顺序,展示牧羊人改造荒原的努力,最后以议论点题,是先叙后议的典型。在人物方面,本文是诠释人生意义和价值,彰显理想光辉和人格力量最典型的篇章。在词句理解层面,圈点勾画主要涉及的点是词句层面、理解层面和结构层面,本文更侧重于理解层面和品味层面。

二、本课时教学设计

(一) 课题

植树的牧羊人

（二）课型

新授课☑　章/单元复习课☐　专题复习课☐

习题/试卷讲评课☐　学科实践活动课☐　其他☐

（三）教学内容分析

法国作家让·乔诺讲述的是一位老人坚持种树，直至让这片土地从荒漠变绿洲的故事，淋漓尽致地体现了老人的超凡毅力和创造力。在老人植树之前，这片土地上的人纷纷逃离；在老人与自然抗衡三十多年之后，这片土地已经成为人们安居乐业的地方。

纵观三次见面，历经三十二年，时间跨度大，说明老人种树有恒心有毅力，他的执着精神让人感动。三次见面详略各有侧重，内容互为补充，特别是高原的变化对比明显，既有渐变也有巨变。

《植树的牧羊人》中艾力泽·布菲用行动为自己打开了生命之窗，很好地诠释了人的价值和力量，也为他人带来了生命之光。

（四）学习者分析

学生升入初中以前，普遍缺少阅读量，对于文本，多数停留在读故事层面，缺少感性思考的意识，对于文本内涵和意蕴没有概念，虽然能够做到利用工具书解决文字障碍，梳理文章大致内容，厘清作者行文思路，但缺少对字词句的品味能力。七年级学生有了一定的生活经历，对人生意义有初步的考虑，但总的来说阅历尚浅，对生活的理解和对生命价值的认识还没有特别认真地加以思考，需要教师引导。另外，学生对牧羊人精神品质的理解会比较顺利，对于支撑他几十年如一日的信念理解会有些困难，包括文章感染力强的原因方面，可以从写作的角度加以启发引导。

（五）学习目标

（1）核心素养目标：真诚准确地理解作者的话语形式与话语意图；从思考人物精神逐步尝试品析人物的人生意义和价值；让学生体验到文学带给人的愉悦、情趣，唤醒学生对人生意义的思考与探索。

（2）学科阅读目标：继续培养学生筛选信息和概括信息的能力；通过阅读赏析与引领，能让学生在过程中产生兴趣，在"学用结合"中提升语言建构能力和思考能力。

（六）学习重点、难点

（1）继续练习默读与朗读，在整体感知文章、了解基本内容的基础上，争取提高阅读速度，并勾画关键语句。关注描写人物言行的具体语句以及表达作者主观情感、评价的语句，一边阅读一边进行勾画。

（2）品读重点语句，了解牧羊人这个人物形象，感受人物精神和人格魅力。对人物形象的把握是理解本篇的关键。文章写人，既有正面描写，也有侧面描写，透过字里行间，体会作者在这个人物形象上寄托的深刻而丰富的含义。

（3）难点：结合自己的生活体验，思考牧羊人植树行为的意义。这个问题与对人物形象的理解密切关联。对本文主旨的解读，可以是多方面、多层次的。例如，可以探讨人与自然的关系，也可以探讨"坚持"的意义。可以自主地多角度地思考，得出自己的理解。

（七）学习评价设计

（1）课堂表现：上课专心听讲；主动举手发言；能独立思考，并敢于质疑；能倾听他人想法，参与讨论。

（2）学业水平：能准确找到文本信息；能对信息进行合理筛选和整合；能对关键信息进行深度阐释；能联系生活体验或阅读体验解读文本。

（八）阅读材料运用的意图、策略、方法等

意图：

（1）阅读材料和学习文本同为植树内容，更能激发学生对文本的兴趣，促进学生更加深入地走进文本深处；

（2）明确客观现实事件和文学虚构故事之间巨大的不同，更能感受到文学散发出来的魅力。

方法：印发文字材料和 PPT 展示相结合。

（九）教学流程

1. 环节一　概括大致内容，理解人物形象

以"他是一个____的人"的形式说说你对牧羊人的认识。注意结合课文中描写牧羊人的相关语句，包括直接描写和间接描写。对课前做的圈点批注进行补充和修正。

设计意图：结合内容理解人物形象。学生可以多角度评价，但要言之有据，要能结合具体文本谈，教师适当引导，并归纳人物塑造的方法。

人物塑造：议论抒情语句；具体事件；正面和侧面描写；富有表现力的细节。

人物特点：勤劳不懈、坚忍执着、一丝不苟、慷慨无私、不图回报、自信、安静、忠厚……

阐释创造奇迹的凡人的不平凡之处。

2. 环节二　探讨作品感染力的原因

这篇文章是作者于1953年应美国《读者文摘》杂志专题"你曾经见过的最非凡、难忘的人是谁"的约稿而写的。文章打动了编辑，他们就派人去寻找文中描写之地，却发现那个地方根本不存在这么一位老人，稿子就被退了回来。可是没多久这篇文章就风靡许多国家，产生了巨大的轰动效应，引发了众多的人到普罗旺斯地区去探访这位植树的牧羊人。我们想，这虚构的故事，为何能打动人？除了主人公精神的伟大、细节的生动描写，作者还用了什么方法使得这个故事如此真实而富有感染力呢？

（1）第一人称的使用。

"我"作为一个叙事主人公，有自己具体的人生经历，在三个具体的时间来到普罗旺斯，目睹了一片荒漠之地变成了宜居的森林村庄，并对所见所闻都有细腻的情感变化。

（2）人们相信美好的心愿。

"这是一个难得的好人。"

（3）对比手法的运用。

人的渺小与荒漠恶劣环境形成对比；

人的不起眼的初衷和取得的巨大成就形成对比；

人们的逃离与牧羊人的逆行形成对比；

人们最后的欢呼与牧羊人的默默无闻形成对比；

植树前的荒漠与植树后的绿洲形成对比；

世界大战毁灭与牧羊人的创造形成对比；

……

（4）静的力量，仪式感的画面冲击。

（5）知其不可为而为之的精神力量。

（6）人对自身命运的抗争。

……

直抵人心，震撼人心。

3. 环节三　探讨作品的象征意义

《植树的牧羊人》就是倡导我们要多种树吗？是，又不是。还在倡导一种精神？

艾力泽·布菲并不是一个真实的人物，而是作者虚构出来表达其理想的小说人物。

首先，他是一个普通人，创造了伟大的事业，以一己之力把不毛之地变成富裕的村庄，这是人类精神与肉体力量的体现。只要心存美好的愿望，运用这种力量，经过长期不懈的努力，就能改造恶劣的环境，为人类造福。这是作者的信念，通过艾力泽·布菲这个形象表现了出来。

其次，牧羊人始终默默无闻，不求名利和回报，人们享受到了他的赐予，却没有感觉到他的存在。因此，可以说他是一个具有奉献精神的人。

最后探究：作者这样虚构的意图是什么？

（十）作业与拓展学习设计

（1）参看中央电视台"感动中国"人物颁奖词，为牧羊人颁发

"感动世界"奖,为他写一段颁奖词。

(2)在文学作品和现实中找一找心存美好默默无闻为他人奉献和造福的人,讲讲他们的感人故事。

(十一)板书

植树的牧羊人

奇迹——平凡

象征:心存美好　奉献造福

(十二)附录

植树的牧羊人

让·乔诺

想真正了解一个人,要长期观察他所做的事。如果他慷慨无私,不图回报,还给这世界留下了许多,那就可以肯定地说,这是一个难得的好人。

那是在1913年,我走进法国普罗旺斯地区,在游人稀少的阿尔卑斯山地,做了一次旅行。这里海拔一千二三百米,一眼望去,到处是荒地。光秃秃的山上,稀稀拉拉地长着一些野生的薰衣草。在无边无际的荒野中,我走了三天,终于来到一个废弃的村庄前。我在倒塌的房屋旁边支起帐篷。从前一天晚上起,就没有水喝了。现在,我必须去找点儿水。我猜想,这里虽然成了废墟,但是,像马蜂窝一样、一间挨一间的房子周围,总会有一口水井,或是一眼泉水吧!我确实找到了一个泉眼,可惜已经干涸了。这里有五六栋没了屋顶的房子,任由风吹雨打。旁边还有一座教堂,钟楼也已经坍塌了。这一切,让人能想象出当时人们在这里生活的情景。如今,却一点儿生气也没有了。那是六月晴朗的一天,太阳快要把人烤焦了。在毫无遮拦的高地上,风吹得人东倒西歪。狂风呼啸着穿过破房子的缝隙,像一只饥饿的野兽发出吼叫。我打消了在这里过夜的念头。

继续向前走了五个小时,我还是没有找到水,连一点儿希望都没有。到处是干旱的土地和杂草。我看见远处有一个黑影。开始,我以为是一棵枯树。但没有选择,我还是朝那儿走了过去。原来是一个牧羊人,他周围还有三十来只羊,懒懒地卧在滚烫的山地上。

牧羊人让我喝了水壶里的水,又带我去了他山上的小屋。他从一口深井里给我打了一些水,井水甜丝丝的。井台上,装着简单的吊绳。这个男人不太爱说话,独自生活的人往往这样。不过,他显得自信、平和。在我眼里,他就像这块不毛之地上涌出的神秘泉水。

他不住帐篷,而是住在一座结实的石房子里。看得出,他是一点一点地把一座破旧的房子修整成现在的样子的。屋顶很严实,一滴雨水也不漏。风吹在瓦上,发出海浪拍打沙滩的声音。房间里收拾得很整齐,餐具洗得干干净净,地板上没有一点儿灰尘,猎枪也上过了油。炉子上,还煮着一锅热腾腾的汤。看得出,他刚刮过胡子。他的衣服扣子缝得结结实实,补丁的针脚也很细,几乎看不出来。

我们一起喝了热汤。饭后,我要把烟袋递给他,可是,他回答说不吸烟。他的那条大狗也像主人一样,安静,忠厚,不张扬。

牧羊人拿出一个袋子,从里面倒出一堆橡子,散在桌上。接着,一颗一颗仔细地挑选起来。他要把好的橡子和坏的橡子分开。我抽着烟,想帮他挑。但他说不用我帮忙。看他挑得那么认真,那么仔细,我也就不再坚持了。这就是我们所有的交流。过了一会儿,他挑出了一小堆好的橡子,每一颗都很饱满。接着,他按十个一堆把它们分开。他一边数,一边又把个儿小的,或者有裂缝的拣了出去。最后,挑出了一百颗又大又好的橡子,他停下手来,我们就去睡了。

和牧羊人待在一起,让人心里很平静。第二天,我向他提出,要在他家里再住一天,不是我需要休息,而是我很好奇,想知道更多牧羊人的事情,他痛快地答应了。我感觉,没有什么事能打乱他的生活。他要赶着羊群去吃草了。出发前,他把装着橡子的袋子,在水里泡了一下。我看到,他没有带木棍,而是拿了一根一米半长、大拇指粗的铁棒。

我假装随便溜达,走在和他平行的山路上。羊吃草的地方在一个山窝里。牧羊人让大狗看着羊群,然后爬到我站的地方。我以为他要来说我,嫌我一直跟着他。可是,他没有。这本来就是他要走的路。他还说,如果我没事,可以和他一起去。

我们沿着山路,又向上爬了大约两百米。他停了下来,用铁棍在地上戳了一个坑。然后,他轻轻地往坑里放一颗橡子,再仔细盖上泥土。他是在种橡树!我问他,这块地是你的吗?他摇摇头说,不是。那是谁的地?是公家的,还是私人的?他说不知道。看起来他并不在意,他只是一心一意地把一百颗橡子都种了下去。

吃过午饭,他又开始选橡子。趁这个机会,我刨根问底,才从他嘴里知道了一些事。三年来,他一直这样,一个人种着树,他已经种下了十万颗橡子。在这十万颗橡子中,有两万颗发了芽。而在这两万棵树苗中,有将近一半,可能会被动物咬坏,或是因为其他原因死掉。剩下的一万颗树苗,会在这光秃秃的土地上扎根,长成大树。听到这儿,我开始琢磨牧羊人的年龄。他看上去五十多岁了。他说,他五十五岁,叫艾力泽·布菲,原来生活在山下,有自己的农场。可是,他先是失去了独子,接着,妻子也去世了。他选择了一个人生活,与羊群和狗做伴,平静地看着日子一天天地流走。他说,这地方缺少树;没有树,就不会有生命。他决定,既然没有重要的事情做,就动手种树吧。

第三天,我和牧羊人道了别。

这样过了一年,第一次世界大战爆发了。我应征入伍,在军队里待了五年。战争结束了,我只得到一笔微薄的酬劳。好想去呼吸一下纯净的空气啊!不由得我又踏上了去往那片高原的路。这一带乍看好像没有什么变化。不过,当我来到那个废弃的村庄旁,向远处望去,看到了一片灰灰的薄雾,像地毯一样,铺在高原上。从昨天晚上开始,我又想起了那个植树的牧羊人。我想,那一万颗橡树应该已经长成一大片树林了吧!

牧羊人还活着,而且,身体还很硬朗。现在,他不再放羊。他说,羊吃树苗,就不养羊了,只留下了四只母羊。他添置了一百来个蜂箱,改养蜜蜂了。战争并没有扰乱他的生活。他一直在种树。种橡树，种山毛榉，还种白桦树。

1910年种的橡树，已经长得比我都高，真让人不敢相信。我吃惊得说不出话来，他还是那么沉默寡言。我们就这样静静地，在他种的森林里，转悠了一整天。这片树林分为三大块，最大的一块，有11公里宽。当我想到，眼前的一切，不是靠什么先进的技术，而是靠一个人的双手和毅力造就的，我才明白，人类除了毁灭，还可以像上帝一样创造。

这个男人坚持做着自己想做的事。这片一眼望不到边的山毛榉树林就是证明，它们长得足足有我肩膀这么高了。那一大片的橡树也长得很茂盛，不用再担心被动物吃掉了；就算老天爷想把这杰作毁掉，也只能求助龙卷风了。他还指着一片白桦林说，这是五年前种的。他认为谷底比较湿润，就把白桦树种在那里。他是对的。这些白桦树棵棵鲜嫩、挺拔，像笔直站立的少年一样。

路过山下村子的时候，我在这个曾经干旱无比的地方，看到了溪水。这是老人种树带来的连锁效应，是我见过的最了不起的奇迹！

从1920年开始，我几乎每年都去看望这位种树的老人。我从没见过他有任何怀疑或动摇，只有天知道这有多难！

1945年的6月，我最后一次见到植树的老人。那年，他已经87岁了。我再次踏上这条通往荒原的路。我完全认不出这条我曾经走过的路了。一切都变了，连空气也不一样了。以前那种猛烈而干燥的风，变成了飘着香气的微风；高处传来流水般的声音，那是风穿过树林的响声。

昔日的荒地如今生机勃勃，成为一片沃土。1913年我来时见到的废墟上，建起了干净的农舍，看得出人们生活得幸福、舒适。树林留住了雨水和雪水，干涸已久的地里又冒出了泉水。人们挖了水渠，农场边上，枫树林里，流淌着源源不断的泉水，浇灌着长在周围的鲜嫩薄荷。那些废弃的村子一点点重建起来。从地价昂贵的城市搬到这里安家的人带来了青春和活力，还有探索新生活的勇气。一路上，我碰到许多健康的男男女女，孩子们的笑声又开始在热闹的乡村聚会上飘荡。一直住在这里的老一辈人，已经被舒适的新生活改变了。加上新来的居民，一万多口人的幸福生活，都源于这位叫艾力泽·布菲的老人。

每当我想到这位老人，他靠一个人的体力与毅力，把这片荒漠变成了绿洲，我就觉得，人的力量是多么伟大啊！可是，想到要做成这样一件事，需要怎样的毅力，怎样的无私，我就从心底里，对这位没有受过什么教育的普通的农民，感到无限的敬佩。他做到了只有上天才能做到的事。

"不一样的"作文讲评

一、指导思想与理论依据

传统的写作教学注重写作结果,其主要弊端在于学生的"写"与教师的"阅"单独进行,忽略了学生在写作前、写作中及写作后一系列交互、协商、监控等主观能动作用。

新课标对语文学科写作方面的要求进行了重新定位,强调"写作要感情真挚,力求表达自己对自然、社会、人生的独特感受和真切体验"。作文不但要表达感情,更要表达自己的思想。不仅如此,作为语文老师,把学生的做人与作文紧密地联系起来是我们的使命,我们要在点滴的教学过程中去完成这个使命。

二、教学背景分析

学习内容分析:半命题作文对于学生来说并不陌生,属于难度适中的一类文题。而且出现在半命题作文上的问题基本上也适用于其他文题。因此,我们尽力解决的是在写作中"找米"和"用米"的问题,而不是写什么文体的问题。

学生情况分析:学生步入初三年级,经历过的作文训练为数不少,然而成绩却不容乐观。强调过的问题,在下一次的训练中依然故我。作为毕业班的学生,在原来读书的大环境的熏陶之下,已经初步形成了自己的思想,但是不能很轻松地将自己的思想顺畅地表达出来,甚至是自己根本就封闭住了。

前期教学状况：此前，对学生进行了近一年的思维训练，针对自然界的事物感悟出人生哲理，碰撞出思想火花。本节课是对以往思维训练的拓展，是由思维火花向有思想深度的文章更进一步的发展。

问题、对策等研究说明：在平时的教学实践或指导学生写作的实践中，发现他们在自由写作方面存在着巨大的潜力，这说明学生心中还是有话要说，有思想要表达。但是，针对考场作文来说，学生以为考场作文限制了他们的思想，限制了他们的自由。本课试图通过展示考场作文写作思路，以考场作文题书写自己思想的形式，激发学生考场作文写作的兴致，提升他们的写作层次。

三、本课教学目标设计

知识与技能：发现优秀文章的"美"，"见贤思齐"。体味并学习司空见惯的素材如何闯入考场作文中来，从而在考场作文中运用平时的写作素材。

过程与方法：尝试通过"佳作剖析思想碰撞""写作与阅读""写作与日记""学生作文与名家名作对决"等导学环节打开学生写作思路。自命为"导学法"，其实质是通过教师引导，由写作优势资源外化为人所共知的写作思路，高境界的带动普通的，正确的纠正错误的，从好的学生中来，到所有同学中去的过程和方法。通过思想碰撞，打开学生尘封的写作思路，激发学生潜在的写作灵感，勾起学生原有的写作热情。

情感态度与价值观：引导学生对生活的热爱与关注，形成良好的思维品质，将作文与做人紧密结合在一起，激发他们对生活的感悟。

四、导学过程

（一）学生演讲，导入课堂

[本环节设计思想]

进入初三以来，为了培养学生关注时事的意识，培养他们分析时事的能力，将读书与社会联系起来，特意设置了演讲环节。指定一名学生拉开演讲的序幕，下一个演讲者由他指定，以此类推，争取每天都有演讲。演讲稿都是经过几天的反复修改才最后定型，再经过多次练习，学生最终站到讲台上。这个思考成熟的演讲稿，包含了对于演讲者的锻炼，更重要的是为全体同学提供一个讨论的话题，大家利用课上时间进行充分的讨论，以训练学生的思维，加强学生对社会的深刻认识。这一招长期坚持下来的确很有作用。因此，在这次区级研究课上也没有省略掉。从课上情况来看，一切都很正常，学生依旧收获很大。

[导学过程]

学生照例演讲，轮到张文煊同学，她演讲的题目是"差异"。然后学生对"差异"这个话题进行讨论，激烈而又有思想，进而激发学生的思维火花，产生巨大的思想碰撞，引出今天的作文讲评——半命题作文"不一样的____"。

"差异"与"不一样的"有非常强的相似之处，由此引出贴切而自然。

（二）引出文题，教师分析

[本环节设计思想]

对半命题作文写作原则进行回顾，对本次考场作文的整体写作情况进行介绍，并对本次作文中出现的优点和不足进行分析，以便于学生了解作文的整体情况。

[导学过程]

教师讲解：如何写好半命题作文，原来曾经给大家讲过，在《101

《中考》中也有所涉及。区别于命题作文，半命题作文拟题最为关键。与话题作文不同，话题作文的拟题只要跟话题相关即可，而半命题作文的拟题也就是补题直接决定了作文题的难易程度，因此，半命题作文的补题一定要遵循几个原则：熟悉性原则；可写性原则；小巧型原则；创新性原则。梁衡曾说"文章为思想而写"，就是不但补题要有创新性，而且文章立意必须有思想上的高度。

教师分析：我们得写自己熟悉的材料，看看同学们自己的拟题。我略微把同学们的补题归了一下类，发现作文题目的提示当中有好多词语，结果有的同学中招了，写一些虚无缥缈的东西。我们说作文一定要写自己的所见、所闻、所感，有的同学通篇写感受，写自己的心境、想法、感觉，但不是选取了具体的事件去表现，也就是这种心境、想法和感觉是否符合可写性原则，内容空洞。从补题上就已经有创新的，比如："不一样的债"，"债"补题夺人眼球。

教师总体点评本次作文：

不足：思路不能表达立意；内容上欠充实，缺乏具体的事，只是空发感慨。写作首先要有"情"，这是写作最根本的，我们要把"情"给表达出来，一定要用文笔驾驭住"情"，这才是写作的高手。

优点：大家经过两年的阅读，语言上已经达到一定水平。

（三）佳作剖析，思想碰撞

[**本环节设计思想**]

从本次作文的优秀作品中精心挑选出六篇，分别代表了不同层次写作水平的同学所达到的优秀程度。在这些优秀作品之中，不同层次的同学都可以找到自己学习的楷模，从而获得同步发展。本环节尝试通过作者谈构思与立意、教师引导、同学挖掘作品闪光点的形式将不同层次的优秀作品整体展示出来，让同学们看到、体味到，进而能够学习到，激发出将自己的思想入题的思维意识。

[**导学过程**]

教师引导：54个同学，优秀作文22篇。选择了部分佳作，不见得是这次考试当中最优秀的，但都是我们可以去学习的，不同层次的同学可以从中学到不同的东西。我在选择时也是忍痛割爱，其他优秀作品发到了公共邮箱。选的这些有记叙文有散文，有写景有写情有写思。

1. 彭瑞作品《不一样的微笑》

教师引导：实话实说，彭瑞的这篇文章有点俗，但在没有一些大事的时候，我们一定要学会在考场之上"俗中取胜"。这是这篇文章的优点。下面请彭瑞来谈一下文章的整体构思。

彭瑞谈构思：我看到这个题目，如果写槐树等，写作起来比较单一，我选"微笑"，我可以在同一篇文章中写几个微笑，从而增加文章的可写性。

教师点评：有些同学理解这个题目有些狭隘，他以为与众不同就是不一样，然后写一个，他没有考虑过，几个相互不同的放在一起本身就是不一样。这是俗中取胜的原因。而且他采用了我们最简便的作文形式——镜头式，这也是在考场上最为稳妥的一类形式。让自己的文章处处有着落。除此之外你还能发现这篇文章的什么优点或闪光之处？

龙嘉铭同学：格式成熟，一个引子，后跟三段，可以略去其他过渡的文字。彭瑞同学不以文字见长，却以格式取胜，简便明了。

赵心怡同学：第一部分他用了好多普通但很有趣味的词，比如不经意间、直勾勾地、晴天霹雳。炙手的试卷，有如晴天之霹雳。用词形象生动，经典。写的思路特别清楚，层次感特别强。

教师引导：他的层次感特别强，除了有"情"之外，还有"思"融入其中了。他的每一个片段都有一个总结，从每一个微笑当中都品味出了内涵，这就是"思考"。

2. 刘惟一作品《不一样的开端》

刘惟一谈构思：开始想写这篇文章，主要是因为写"开端"的人会比较少。乍看文题，避开提示中的词语，从拟题上先给人以新鲜感，其实选的事例一点都不新颖，如果说还有好的方面，就是觉得结尾的升华特别好，感觉意义很深刻。总之一句话，我觉得写出了自己的思想。

教师引导：事情是俗事。我们原来讲过一个故事，小和尚看见旗动，中年和尚说是风在动，老和尚说是你的心在动。这是不同的境界，写作亦是如此。旗动是所见，风动是所感，心动是所悟。写作也是如此，看到的是俗事，感情也无异于常人，但我的感悟、立意却是高人一筹的。我们笔下的所见所感都是源于生活的，关键在于你是否有悟。刘惟一感觉到了自己的与众不同。其他同学看到了需要你学习的哪些地方？

荆艺同学：第四段对于少年动作的描写和对自己心理的描写很出色。描写生动具体，尤其是心理描写给人以很真实的感觉。结尾也值得我们学习，她的文章大部分都是我们司空见惯的材料，从前面读起来你根本感觉不到她的结尾，升华的东西很耐人寻味，也很深刻，揭示了人生的道理。

教师点评：这就是于"俗"中写出了"不俗"。

张偲偲同学：看文章的第三段，最后一句话，"一副正经严肃的样子，可偏偏却炫耀似的一只手扶把"矛盾的写法，为下文埋下了伏笔。

教师点评：这就是除了关注材料的可写性，还增加了文章的可读性。这是我们应该学习的。

陈思睿同学：其实我看到了这个事例，我觉得比较难写。因为我们的这些优秀作文，都是写自己亲身经历的事。她写自己看到的，在行文中就必须注意她与少年的关系，如果处理不好的话，就很容易写跑。把自己的心理变化融入事例，她这个处理得很好。

教师点评：借用一下小说《故乡》的说法，把自己在文中的出现处理成了"叙事主人公"。还有哪些是我们可欣赏或学习的地方？

赵博轩同学：她在叙事中穿插自己心理的变化，写出了真情。其实写的就是对于事件本身的认识，既是作者的评论，也是作者思想的转变。把读者的思考先带歪了，然后在结尾来一个三百六十度大转弯。这种写法挺引人入胜。

教师点评引导：这就让我们想起了一班赵雨妮的文章《生命》，通篇都在写生命，人生之路如何走，写到最后来一个大转折，原来是在跑步。"意料之外，情理之中"，这其实是小说的特点。用在我们的作文之中，同样会引人入胜。你看刘惟一写的心情有什么变化？心之所悟，那是在最后一段。她为什么写这篇文章？你作为读者，推算一下，这篇文章的情之所动应该是什么。突然一下来个情感的大转弯，从原来的"鄙夷"到"羞愧"。

学生："我下意识地朝他右手一望，居然是一只空空如也的袖管。"

教师引导：有没有写作手法在里边呢？

学生：欲扬先抑。

教师小结：所以你不要奇怪，这么通俗的文章是怎么给她这么高分的。经过分析，人家的文章的确是高层次的。

3. 朱姝的《不一样的冬天》

朱姝谈构思：我刚开始是怕写跑题，看提示的词语中有"冬天"这个词语，就把它写上去了。一下笔觉得自己写的事情跟"冬天"好像关系不大，就想起别的事情，把它们揉在一块儿来写。

教师引导：从她的这篇文章中你有什么收获？

张劲冶同学：文学源于生活而高于生活。拿朱姝这篇文章来讲，她注入了自己的真情实感，略微带了些夸张在里面，景物的描写刻意烘托出冬天时对于同学的帮助。我能体会到作者的真情所在。

教师引导：这其实就是真情，这是写作的根基。树再大再高，根基一定要牢。

罗悦同学：她写的是同学之间的友谊。她大可以写成"不一样的友谊"，但是那样的话，文章就会掉下一个层次。她的描写也很好，第九段"我听见内心深处花开的声音，虽然很微小，微小到如一根针掉进大海"，独特的景与冬天里这么独特的事和自己独特的情很好地融合在一起，这是个很大的优点。

赵心怡同学：她的开头和结尾也有很多亮点。很多同学的作品都在开头和结尾强调这个"不一样"，这也是最明显的点题和扣题。这篇文章有所不同，是含蓄而自然的，结尾与开头又有呼应。

侯梦雪同学：她写的景物很多，但不嫌杂乱，且让人感觉就是为中心服务。即为了写冬天的"不一样"，又为了写友情的珍贵。正因她的材料为中心服务，所以在结尾的时候，感情来得就很扎实，很真实，很自然，并没有斧凿的痕迹。再加上开头与结尾的照应，我觉得这是一篇非常漂亮的文章。

教师引导：结尾其实就是一句"这个冬天不一样，因为我心花怒放"。这就结束了。但是作者并未这么写，而是写得很漂亮。"景之所用"，就要用到最真实最关键的地方，起到"四两拨千斤"的作用。用"不一样的友谊"，照样切题，那就俗化了，也就没办法升华了。冬天寒冷萧瑟，但是让我感到温暖。

4. 刘臻的《不一样的债》

教师引导：我们初三了，叛逆了，我们最容易把自己的怨气撒给自己的亲人，尤其是自己的母亲身上。我从一班的文章中往下删，就仅剩下这一篇了。你从这篇文章中能发现什么过人之处？

陈思睿同学：整篇文章是一个整体，哪一段拿出来都不行。她前面有很多铺垫和蓄势。中间两个事例的对比：妈妈老了，自己成熟了，比较逆反的意味体现在了自己的身上，又把怨气撒在了母亲身上。

赵博轩同学：她想写一种母爱吧，比较新颖。债本应该是她还给母亲的，结尾却是母亲在为她偿还岁月的债，比较新颖独特。

教师引导：这是她说的。是不是本文的主题就定位为母爱？

刘惟一同学：这篇文章之所以感人就是作者把这种对母亲的愧疚说成是一种债。事例的选择也并不太新颖，但是她把普通的事写得很好。

教师引导：这个也是镜头式，但是她高于第一篇文章（彭瑞的）。就是她运用了对比，不一样——两个层次，原来对待母亲和现在对待母亲，这是一个不一样；但这不是不一样的债。这篇文章如果定位为母爱就定低了。定位为什么更好？应该是一种感恩，一种对母爱的理解，这岁月的债本应自己来还，结果落到了母亲身上，这又是一个不一样。这个立意我们挖掘出来的话，这篇文章应该是非常精彩的。还有一个精彩之处。第八段,写到漂亮处用"时光荏苒,日月如梭",这都用滥了,而作者的"花开,蝉鸣,叶落,雪飘……"更加形象和独特。作为写作者来说,你怎样有自己创新的东西?本文作者刘臻同学说,她把曾经读到的一个母亲给女儿列账单的故事化用到了自己的文章之中,这是可行的,更是超越的。这是创新。还有一个例子,有一篇母爱话题的文章,作者的创新在于,他写的是母猪对小猪的爱,城里的孩子到农村去,对猪很感兴趣,就用木棍捅正在吃奶的小猪,结果惹恼了母猪,被母猪追击,文章结尾升华为"母亲的爱就连牲畜都尚且如此,更何况人类"。

5. 赵佳颐的《不一样的风景》

教师介绍:说实话,第一遍没有读懂。读第二遍仍然没懂。咱们来听听她当时是怎么想的?

赵佳颐同学:这是我第一次考试时不是为分数而写作文。原来是想在作文时如何写让自己感动,让老师感动,好得个不错的分数。这次我是看到了景物,受到了刺激,非常想把它写出来,正好碰到了"不一样"这个文题,马上就有了一个灵感把它加进去了,一吐为快。

教师引导:你觉得这篇作文的过人之处在什么地方?刘惟一给自己发现了两条。

赵佳颐同学:我也没有觉得有什么过人之处,只是觉得写得比较舒服。

教师引导:赵佳颐同学太谦虚了。其他同学帮她找一找。

周乐同学:这篇文章容易让人读不懂,可能是我境界太低了,她写得太好了,立意非常深刻,语言也非常华丽,给人以美的感觉。

教师评价:说实话,的确有些作文令有些同学读不懂了。

荆艺同学:我也说不好是不是读懂了这篇文章。但是感觉她写得的确很好,有一种意蕴在其中。文学有多义性,我也不知道自己理解得对不对。一开始读她的文章,感觉文辞华丽,到后边感觉到了前后都照应着。能够体会到第十段与第二段是有联系的,好像是有音乐来贯穿着文章,而且通篇有很多哲理性的话,在写景的基础上,让自己的文章又提升了一个层次，而不是单纯写景的文章。

龙嘉铭同学：读这篇文章让我立刻想到了王维，苏轼有一句评论说"品摩诘之诗，诗中有画，味摩诘之画，画中有诗"。她这篇文章让我感觉到，文章里面有画，画里面有音乐，音乐里面还有文章。两条线索的文章，非常出色。加上赵佳颐同学本身画画就非常出色，所以才能写出这么优秀的文字。中间几段，景物描写有音乐美，"灰紫与黑褐，在阳光下相互映衬着"，颜色搭配得很好，诗画音乐整体交融，如太极一般，泾渭分明，又彼此交融，有一种大家风范。

教师总结：这篇文章有很多过人之处。首要的一个是令好多人读不懂了，写得比较深刻。但是女生一读就特有感觉，为什么呢？有一句歌词，叫作"女孩的心思你别猜"，我妄加揣测，我猜了猜，追到了她的立意，也就是文章最后感悟的东西。"你能感觉到吗？"一句话，突然拉近了同你的距离，告诉你了：读不懂吧。"轻松与繁忙之间。"这本身是一个状语。"你看到了吗？"你其实是看到了，但是还是问你，很有品位。"不一样的风景。左岸与右岸，在湖的周围画了一个圈。"其实写的就是我们一道门与二道门之间右侧的那个湖，你观察观察，完了你到那里去走两圈。然后，"起点，是指控一切的规则"，这是自然的规律，有美好的心境才有美好的风景，有美好的心境感悟，在你眼中的风景才与众不同。回头查一篇高考作文，题目好像就是《左岸与右岸》。

6. 龙嘉铭的《不一样的生活》

教师引导：这篇文章，我们让作者来谈一谈就可以了，只准欣赏，不准模仿。因为你模仿不来。

龙嘉铭同学：这是我几个月前写的一篇习作，现在把它挪到了考场上。说它是议论文吧，里面有我，肯定不算；如果说是记叙文吧，又没有什么情节。所以，文章主要是表现自己的思想，而不必拘泥于体裁。张劲冶同学说我的文章前面是在调侃，很幽默，后面又转变为那种优美的议论。前后形成对比，这是文章的优点，对此，我也比较赞同。张洲同同学说，我的文章不点题，开头不点，结尾不扣。高手写文章就不应该点题，点题了就会有些突兀。我给他讲了一个故事，有一篇高考作文，讲到感情亲疏不能影响对事物的认识，用文言写的，后面突然来了一句白话文，文章立马就掉价了。文章写得好了，处处没有"不一样"这三个字，但处处都有"不一样"这个意思。我这也是双线叙事：开头的故事很有意思，接着引用了不少古诗，后面讲到了几个非常典型但不为人所知的例子，能起到夺人眼球的作用。后面的议论与前文的例子一叠加，将产生一种震撼的效果，对文章是一个升华。

教师评价：这才叫有个性。我们把掌声送给他。这应了老子的话"无为而治"，无点题而点题，上升了境界。这才是写作的高境界。看来我们判卷老师也得提高境界，不必非得看到"不一样"，有些文章我们必须静下心来去读。龙嘉铭的文章已经超越了作文的范畴，奔向了另一个层次。但在考卷之上，我们最好还是低就一点。

教师总结：我们的构思就说到这里。每一篇优秀作品都有自己的优点，但是优点不同并不影响作文里最重要的东西——立意。通过完整的思路和充实的内容表达好立意，这就是优秀。

精彩片段赏析我们留到课下去做，我们不能让片段的精彩影响到通篇的表达。

（四）精心阅读，轻松写作

[本环节设计思想]

学生写作素材的来源很广泛，其中一个最重要的方面是阅读。本环节是启示学生意识到在自己读过的文学作品或篇章中，就已经潜藏了无数的写作素材，我们要善于思考文题，确定立意，充分调动脑海中的储备，将类似立意的他人的材料优化成自己的作品，通过类似的内容展示出自己的独特思想。"用别人的故事表达自己的思想"，从而抓牢考场上的写作。

[导学过程]

张劲治同学的《不一样的评论》。写作与阅读，就是把写作与阅读打通。有的同学说，老师，我没有生活怎么办？我们就要把书中读到的化为自己的东西，这就是对文章精髓的理解。《大师的画》是2007年一篇中考满分作文。张劲冶化用了一下，显得文笔更为厉害。但是最后的一段有些画蛇添足，非要点个题，致使文章层次降低。

张祎雯同学的《不一样的课堂》。她的立意也很好。我们说课堂就是来学东西的，生活中也能够学到东西，那么生活也就是课堂。这是根据文章《生命，生命》的立意写出来的一篇作文，原文写的是蜜蜂，她的这篇写的是蝴蝶。所以说，如果我们没有真正的生活经历，那只有从阅读到的、看到的、听到的材料中来寻找内容了。

（五）情思日记，投入写作

[本环节设计思想]

中学生应当形成记日记的习惯。本环节从中选出两篇曾连续两次根据同一材料获得考场作文高分的文章作为例文，旨在提醒学生平时记日记的重要性，并且形成将自己的所见所闻所感所悟随时记录下来的习惯。在考场上，要善于把自己的所记有机地整合到作文中。平时也要训练这种能力，方能以不变应万变。此所谓"有心人才能得高分"。

[导学过程]

当然，最根本的作文材料应该源于你的生活，那才是动了真感情的东西，那才有打动人、感染人的力量。赵雨妮同学的两篇作文，一篇是《倾听那大山》，是初二下学期的考场作文，另一篇是《不一样的爱》，材料完全相同，都是源自她的日记，是自己的亲身经历，写的父爱。只是开头和结尾略微有些变化，这就是同一素材适用于不同文题。为什么她的两篇文章好多语句都是相同的？就是因为那是自己心血的结晶，肯定在多年以后文章中哪个词用得好也会依然记得。

（六）对决：学生作文，名家名作

[本环节设计思想]

这是本节课的高潮部分。本环节旨在让学生意识到自己潜藏着巨大的写作潜力，从而激发他们的写作热情，使他们充分保持自己写作的自信；让学生了解到自己与名家名作的差距，继而在平时的生活中注意提升境界，形成自己独特的思想，成为一个充满写作动力的学习者、观察者、思考者和创新者。

[导学过程]

教师引导：一看到汪可佳这篇《不一样的槐树》，我就立刻喜欢上了，头脑当中涌现出贾平凹的一篇名作《泉》，两篇文章有异曲同工之妙。下面请汪可佳同学给大家读一下自己的作品。

汪可佳同学：今天的嗓子不太好。

教师引导：那谁来替汪可佳同学读一下她的作品？

同学齐声：请张劲冶。

教师引导：那就请张劲冶，众望所归。

张劲冶同学：（读汪可佳的《不一样的槐树》。）（掌声）

教师：刚才我们听了张劲冶替汪可佳朗读的《不一样的槐树》，读得很好。下面我替贾平凹读一下《泉》。刚才是初三（2）班汪可佳，这个是著名作家贾平凹。我来读一读，读得不如张劲冶读得好，大家原谅。

教师：（读贾平凹的《泉》。）（掌声）

教师引导：（不是我读得好）是人家贾平凹写得好。我听过贾平凹的讲座，这个人非常地讷于言辞，但是他的文笔的确是非常老到。当然了，有个前提，汪可佳是五十分钟的一篇考场作文，贾平凹可能是在闲散时期，可能是几易其稿的一篇文学大作，咱们对决一下。你发现了他们哪些相同之处和不同之处？有一说一，有二说二。

许天丽同学：这两篇选的题材都是老槐树，而且老槐树都经历了一次重创。两篇文章的立意相同，都是通过槐树写出了生命的坚强。可佳这篇最后写出槐树长出了新绿，是实写的，而贾平凹最后是写的泉，是虚拟的，虚写的。写的感觉不同，但落脚点相同。

教师引导：好。一个是实来立意，一个是虚来立意，殊途同归。其他同学。

李赓同学：这两篇的立意是相同的，都是写挫折后的希望。汪可佳这篇因为是考场作文，为了拿分，需要让判卷老师一眼就看出中心是什么，所以直接把希望点了出来。而贾平凹就含蓄了一些，更令人回味无穷，体现出大家风范。

教师引导：立意一样，写的槐树的经历也相同。哪里不同？（引导）同学们不要看到大家的作品之后就望而却步，现在正是我们和大家肩并肩的时候，所以要积极寻找，尽快发现。

张洲同同学：我觉得汪可佳这篇活力相当浓，而贾平凹这篇的活力不是特别强烈。这能从几个地方看出来：首先，汪可佳写的槐树跟她本人并没有多大的关系，她并没有什么记忆依存在这棵树上，而贾平凹写的槐树跟他从小一起长大，可以说是一个玩伴性质的事物，它的消失引起他的痛苦是自然而然的。但对于汪可佳的这篇，槐树的消失并不是她记忆中的损失，而是她对外界事物的一个感觉。从这一点上来说，汪可佳是比贾平凹要高出一个层次来的。

教师引导：好。我们的研究更深了一步，我们把掌声送给张洲同，更要送给汪可佳。汪可佳还有没有高于贾平凹之处？

张洲同同学：还有一点就是，贾平凹在第五段已经看到槐树长出了嫩枝，但是还没有感悟到希望的诞生，而是在结尾处由他小儿子点到了才感悟到。这不是他的功劳，而是父子俩的功劳。汪可佳的这篇在第四段还没有看到嫩芽的时候就已经在期待它的花香，因此抱有一种希望，但贾平凹在第四段不但没看到一丝希望，相反，甚至是一种绝望。从这一点上来说，汪可佳是非常积极的，是高于贾平凹的。我就找到了这两点。（掌声）

教师引导：分析得非常好！还有没有？小时候印象特别深的东西，感情特别深的东西没了，引起的触动和伤心是自然而然的，那就是"见"所造成的，两个时期"见"的不同引发伤感。这个经历放在谁的身上都会有这个感觉，贾平凹的这个起笔是比较低层次的，只是他写出来了你没有写出来而已。而汪可佳这篇从起笔就是"感"，通过形象的东西抒发感受，是以乐观的心态看待生活，槐树是她的一个载体。

那么在这个环节上,汪可佳取胜。(掌声)

教师引导:汪可佳的文笔也很好,第四段的描写"它一直引以为豪的高高举起的一段树枝,被突如其来的闪电烧得焦黑,一丝不挂地立在最高度,在湛蓝的天空下显得刺眼而突兀",显得独特而精彩,贾平凹的是一种成熟。等汪可佳长大以后,文笔肯定比贾平凹还厉害。但是,作家能把自己的心声外化到文章当中,作家的一些优势在什么地方?我们在写法上来一个对决。没准优点就成为不足了,没准他的缺点就成为优势了。

张劲冶同学:读到汪可佳的第五段时,"第二年"春天,中间一年你都与槐树干什么了没写。就是说,上文为下文服务太直接了,有点突兀。而贾平凹的文章非常流畅非常自然,每一个环节都不能少,结构非常紧凑。我父亲曾跟我说过,书法大家写字为什么好看呢?是因为功底深,字的每一笔都动不得。你为什么写字难看?因为你的字动一笔之后会更好看。写文章也是一个道理。贾平凹的文章结构非常紧凑自然,显示出作家的老到。汪可佳的虽然直接,但在考场之上,在那么短的时间之内写到如此,水平也是相当高了。(掌声)

芈大羽同学:我们还是年龄小。汪可佳的是考场作文,经历的积淀不是很多,是看到了槐树受到重创之后激发了自己的情感。贾平凹文章中的槐树跟他自己有点命悬一线的感觉,毕竟他同那棵树一起长大,就好像自己的兄弟,随着时间的推移,兄弟也老了,也有可能受到挫折了,看到了兄弟的不好,又联想到自己的处境,所以就有些绝望。但是小孩出来以后,他又看到了新的憧憬,看到了自己的"兄弟"新枝的长出,希望油然而生,这是两个不同的希望。一个是他本身经历过挫折,重新燃起希望,一个是他对未来生活的渴望。

教师引导:正如《故乡》中的"迅哥",一回到故乡,先谈起闰土。后来感觉看不到希望了,最后谈到"希望是无所谓有,无所谓无的",但是这种希望"茫远"呀,闰土又拿走了烧香拜佛用的香炉和烛台。贾平凹看到的也是一种希望,少年的伙伴重新燃起了希望。散文和小说也有相通之处。谁再来谈一谈?

陈思睿同学：这两篇文章对比一下，我们可以看到，写的槐树基本上经历了三个阶段，第一是遭到重创之前的，第二是遭到重创之后的，第三是重新又有生命的迹象。汪可佳的是按照时间的推移写出来的，而贾平凹的这篇是先写的重创之后的，有点先夺人眼球。个人觉得贾平凹写的还是更精彩一些。当然在考场之上，时间比较仓促，我们没有更多的时间来考虑这些写法。

教师引导：也许贾平凹的第一稿跟汪可佳的开头是一样的，后来改过来的呢。因为他是在课下，他有的是时间，会考虑得更为深入，会在技法上高人一筹。

张偲偲同学：汪可佳的结尾立意很直接，但作家往往追求立意的深刻，正如贾平凹的这篇，很发人深省。

教师引导：最后我们欢迎作者来谈几句。

汪可佳同学：其实我在写这篇文章之前根本没看过贾平凹的《泉》。

教师引导：你肯定没看过，要看过的话那一定比贾平凹写得还好。

汪可佳同学：我是在考试前一天想着考试作文这件事的时候，就看到了这棵槐树，它的确是被雷劈了，我当时没有观察这么细致，也没经历这么多事。它是被雷劈的，这引发了我的很多感悟，我就顺势把前边的内容通过想象给填充了，然后前后一连贯，为我的中心来服务。看到"不一样的"，我就想这个"不一样"，一个是被雷劈了，跟原来的自己不一样了，一个是跟其他的槐树也不一样了。把这个"不一样"体现得比较充分，写"不一样的槐树"，也是为自己写作缩小范围，如果写感受类的比较抽象，也不好写。

教师引导：你觉得自己从贾平凹的文章里学到了些什么？

汪可佳同学：贾平凹肯定写得比我高出一个层次，比较深刻。他虽然也是在写事，但是对树的描写比较少，他能写出树的精华。结构非常新颖，立意也很深刻。以后我要向大家多多学习。（掌声）

教师引导：从网上搜一搜贾平凹的地址，给他写封信。（掌声）

（七）总结课堂，激发情思

教师：我们这节课其实就讲了一个问题——要从生活当中挖掘素材。人家看了一眼槐树能写出一篇特别优秀的文章，你天天看为什么写不出来？朱自清写《春》也没一会儿到梨树那观察，一会儿到桃树那儿观察，肯定不会的。《岳阳楼记》的作者也没有亲眼见到所写之景，就是加入了自己的联想和想象的成分，让它顺理成章。再一个就是多读书。"情"与"思"成就我们考场上的"巨作"。

附：教学流程图

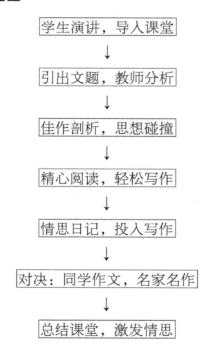

五、学习效果评价

通过本节课精彩的展示和活跃的讨论，同学们从中领略到了优秀的风采，充满了对优秀的渴望，心中涌动着写作的热情。教师也好像看到了同学们的优秀作品越来越多的美好前景。

1. 本次教学设计与以往或其他教学设计相比的特点

本节课并不是孤立的，而是整个写作教学系统的一个缩影。

初中生写作文处于尴尬的过渡期。上承随意化的小学写作：刻板化的描写，流水账式的叙述；下启高屋建瓴的高中写作：哲学思辨式的议论，饱含情感的叙述，言简意赅的描写。尴尬之中，我们在寻找初中作文的出路。

然而，从教学的角度来说，写作的本质在不同的阶段是不应该泾渭分明的，但是各个阶段为了追求阶段目标，把学生有情的写作无情地割裂开来。

与以往或其他教学设计相比，本节教学设计意在抓住写作的本质"文章为思想而写"。针对学生写作无话可说的现状，我们"用心灵发现生活，用思想垂钓世界"，积累各种各样的写作素材，让自己的素材树越长越茂盛，坚决杜绝为写作而写作、单纯为分数而写作。

与以往或其他教学设计相比，本节教学设计重视把人、书、生活三位一体地展示在课堂之中考虑写作的构思与选材。从学生的优秀作品出发，展示学生优质的写作构思与高水平立意；从广泛的阅读经历出发，启发学生随时化用阅读中的材料展示自己的思想；从普通的日记写作出发，激发学生形成记日记的习惯，在考场上"以不变应万变"投入地写作。

与以往或其他教学设计相比，本节教学设计创造性地把学生的习作放到了名家名作面前进行"对决"，既提升了学生对待写作的思想境界，又激发了他们继续深刻写作的热情。既让学生了解到了"人外有人，天外有天"，又提升了学生的阅读品位和写作层次。

2. 教学反思

在褚群生老师的精心打造下，我的这一节研究课结束了。

我的心情放松了许多，这个放松一是源于完成了任务，派给我的和我自行寻找的，二是源于在此过程中经历了对自己以往教学的深入反思，心绪释然了。

这节课，是以往的写作教学的一次浓缩性的展示和总结，更是迈入一个新的写作教学境界的开始。

几年来，自己矻矻于对于写作教学的琢磨，其中有酸甜苦辣的成功与失败,也有很多徒劳的无用功。自己的思考与探索好像在几年中画了一个圈,从起点又回到了起点:原来写作就是"表达"。"表达",这是多么常见和简单的一个词,我才刚刚认真地审视它。老天好像给我开了一个玩笑,同时也告诉了我一个真理——事物的真谛往往蕴含在单纯之中。是的,写作就是表达,是表达自己,表达自己的感情,表达自己的思想,以同外界交流。基于这一点,我们可以推知,表达自己首先要有自己,表达自己的感情首先要有感情,表达自己的思想首先要有思想,要表达自己首先要有表达自己的渴望。事情就是这么简单。

因此,"交流"就变得非常关键。在语文课上,教学相长,学教学长,生教师长,彼此形成一个三位一体的稳固的交流系统是交流的前提。在这节课上,作者、学生、老师稳固的交流系统一目了然。

这节课结束了,它带给了我深深的思考:

第一,语文课的精彩源于大家都是带着思想来。我们的学生和老师在课下一定要多阅读优秀的文学作品、人物传记、历史哲学,只有了解了杰出人类的思想,我们才会拥有自己的思考与创新,我们才会在语文课上迸发出自己的精彩,引发出别人的更精彩,才会更有益于自己。让语文课堂变成一个思想交流的阵地,我们整天快乐着。我们在晚上,也可以与自己来交流,把日记当作自己与自己心与心的对话。

第二,学会共享与共赢。学会碰触别人的思想,同时也要学会展示出自己,形成良性循环。这个激发大家的任务无疑落在语文老师身上。

第三,让学生了解社会,了解时事。这样,他们的语文学习才是活的,他们的写作才会有源头活水,他们也才不会"一心只读圣贤书",也才能通过我们的写作和语文课培养真正大写的人。

综上所述,看似好像并不是在反思本节课的教学,其实应了一句话"语文学习,功夫在语文之外"。这节课带给我的思考,也在这节课之外。

附件：学生和老师共用的课上材料

"不一样的____"考场作文讲评

[考题再现]

题目：不一样的____

要求：

1. 在横线上填入一个词语，如心情、感觉、朋友、春天、角度……，将题目补充完整，并抄写在作文纸上。

2. 除诗歌外，文体不限。

3. 字数不少于600字。

4. 作文中不要出现所在学校的校名和师生姓名。

感觉　心灵　安静　胸怀　微笑　想法　心情　感觉

感触　心境　爱　气度　感觉

生日　冬天　风景　秋雨　秋天　春天　中秋　秋

天空　槐树　落叶　雷声　百合花　生日礼物　叶

老师　母爱　朋友　邻居　自己　酒窝

挂面　香味　晚餐　柚子　一顿饭

长跑　初三　课堂　生活　体育课

角度　开端　评论　眼光　交流　陪伴　追求　超越

债　奥运　窗外　童话　美丽　不公平

一、隆重表扬

本次考场作文佳作：

汪可佳《不一样的槐树》　　高芳菲《不一样的朋友》

刘惟一《不一样的开端》　　韦　来《不一样的角度》

段　誉《不一样的邻居》　　张祎雯《不一样的课堂》

荆　艺《不一样的安静》　　罗　悦《不一样的秋雨》

陈思睿《不一样的长跑》　　张文煊《不一样的百合花》

黄绪昕《不一样的朋友》　　朱　姝《不一样的冬天》

李雨琪《不一样的感觉》	王俪璟《不一样的生日》
彭　瑞《不一样的微笑》	赵博轩《不一样的角度》
张子威《不一样的朋友》	张洲同《不一样的秋》
王丹绮《不一样的风景》	龙嘉铭《不一样的生活》
侯梦雪《不一样的秋》	谭　菲《不一样的老师》
刘紫嫣《不一样的陪伴》	赵心怡《不一样的秋天》
赵星宇《不一样的秋雨》	张劲冶《不一样的评论》
赵佳颐《不一样的风景》	李　宇《不一样的秋》

[部分佳作赏析]

不一样的微笑

初三（2）班　彭瑞

1. 我的生活，经历了许多波澜起伏，也见证了来自各方的微笑。这些微笑虽没有"一笑解千愁"之"化干戈为玉帛"的宏伟功用，也没有"相视开怀大笑"之酣畅淋漓，但都是特别的微笑，是不一样的微笑。

老师的微笑

2. 考试的卷子正在下发，我坐在座位上激动地等待见证胜利的一刻。"××同学，78分。"我心中一颤，"啊，怎么如此之低！"我上前拿了卷子，眼睛直勾勾地盯着拿卷子，不敢看老师的脸。但我不经意间一抬头，老师正在对我微笑呢，我心中更是忐忑不安。面对这炙手的试卷，有如晴天之霹雳。下课了，我却是无动于衷，抬头看老师，老师还在对我微笑呢！

3. 后来我懂得，老师的笑是在安慰我，并教会我戒骄戒躁的道理。老师的微笑，为我指明航道。

妈妈的微笑

4. 早上起床，吃过妈妈准备好的早饭，背上书包。妈妈对我说

"考试时一定要细心,注意计算,不要忘记……""哦,我知道了。妈,您放心吧!""还有,你的兜浅,饭卡钥匙什么的要注意些,不要丢了……""知道了,我去上学了。"我匆匆应答着,她又为我打开门,我疾步走了出去,她却在一直注视着我。走着走着,仿佛突然想起忘记了什么,又赶快转回来对妈妈说:"妈妈,我会注意的,谢谢您。"我看到了妈妈嘴边溢出的微笑。

5. 妈妈的微笑与嘱托,是我生活中架起的一道通往成功的捷径。在妈妈的"絮语"中,我明白了付出与珍惜。

陌生人的微笑

6. 下雨了,豆大的雨点直打下来,地面都被砸出了许多小水坑。我打着伞,走在雨中恬美的遐想中。在路口,旁边有个骑车人,默默地守着大雨的洗礼,粉色的衬衫被雨点砸出了片片水渍。我走过去,尽量把伞举高,让我的伞也为他多遮蔽一些雨水。他似乎感觉到了我的雨伞,转过头来对我笑了,说:"谢谢你,同学。"我忙回敬以微笑,"没什么。"

7. 在与陌生人三言两语的交谈中,我感受到了帮助别人的快乐。他的微笑至今还烙印在我的脑海里。

8. 像这样的微笑充满着我的生活。不一样的微笑给了我不一样的感悟,而我就是在这不一样的微笑中进步,成长。

不一样的开端

初三(2)班 刘惟一

1. 想开始其实不难。只要你迈开脚步,路就会在你脚下延伸;只要你扬起帆,就会八面来风……

——题记

2. 每天忙碌的清晨,我都会看见那个跟跄的背景消失在茫茫人海之中,他是那么的平常,可在我心里,他却是那么高尚……

3. 有一天清晨,我在楼下踱着小碎步,安详地享受着这难得的宁静。突听"咣"的一声，一声极不和谐的声音打破了这无声的世界。我四处寻找着，终于发现了一老一小两人。我看了看表，才五点多一点儿，他们在搞什么名堂？我慢慢走近，才发现原来是一个白发苍苍的老人在教一个和我年纪相若的少年骑车。这么大了，还不会骑车？我有些鄙夷地朝那少年瞧了一眼，见他满脸都是汗珠，一副正经严肃的样子，可偏偏却炫耀似的一只手扶把。

4. 果然，才骑了两三米，那自行车就"轰"的一声全部压在少年的身上。我不禁有些幸灾乐祸，谁让你非要逞能？那老人正欲蹲下去扶那个少年，可又忽地停住，站了起来。这一老一小都够奇怪的，我心里暗想。那少年挣扎了几下，用手推开了车子，又立即去握住车的横梁，然后又借助车起来的那一刹那的惯性，调整手的位置去握住车把。这一系列的动作是那么的不谐调，僵硬得几乎呆板，但是他始终只用他的左手，难道从地上爬起来也不忘耍酷？我下意识地朝他右手一望，居然是一只空空如也的袖管，原来他没有右手！霎时间，悲痛、羞愧立时像一股汹涌的海水冲上我的心头。

5. 他是一个残疾人，为什么老人在他摔倒时还不扶他一把？我有些幽怨地看了老人一眼，老人眼中也是写满了心痛，但更多的却是充满一种东西——骄傲。

6. 少年越骑越远，老人也不跟着，反而是向我这边走来。我奇怪地问："您为什么不跟着他，保护他？"老人望着那少年的背影说："我跟着他，他也不让我帮助他。这孩子虽然有缺陷，却是心比天高，家里距学校远，也偏不让我们接送，他想像正常人一样生活，他想把骑车作为独立生活的一个开端……"老人已哽咽地说不出话来。

7. 我望了望我的这一双手，像审视一件珍宝一样。原来拥有一双手在一些人眼里也是一个遥不可及的梦。尽管骑车是那么微不足道，可对少年来说，却是一个不一样的开端。少年虽然起点和我们不一样，但人生比的不是起点，不是开端，而是谁能在这条路上走得更远、更好。少年现在已和我们有同样的起点，但这不一样的开端，却注定会让他走得比我们更好，更远……

不一样的冬天

初三（2）班　朱姝

1. 看到这个题目，我的记忆大门就好像一下子被冲开，无数五彩斑斓的片段涌现出来，让我想起了那个冬天，那个不一样的冬天。

2. 那是去年的事了。

3. 我手中拎着琴盒，无精打采地走在喧闹依旧的大街上。班会和合唱节的事让我感到烦心。倒不是我不热爱班集体，只是作为主持人兼伴奏，要忙的事情实在是太多太多了。台词、乐谱、服装……这一个个词不断地在我眼前闪现，让我有一种欲哭无泪的感觉。

4. 紧了紧身上厚厚的羽绒服，但还是有一丝丝冰冷透过皮肤，直窜入心底，无助的感觉让我感到窒息。这个冬天好冷！

5. 到了学校，照例还是脱了羽绒服去上操。冬天的校园是灰色的，树梢上一抹绿也没有，只剩下光秃秃的树枝在寒风中张牙舞爪地摆动着。"呀，你的手怎么这么冷啊？"朋友惊叫起来。是啊，真的很冷啊。

6. 做操时，突然感到腹中一阵绞痛，忍不住慢慢蹲了下去。朋友见状连忙搀我到医务室休息，并打电话叫我爸接我回家。"可是，"我犹犹豫豫地说："班会和合唱的事今天还得弄呢。"她轻轻地笑了笑，握着我的手，轻声安慰道："你今天好好休息，明天一切都好了。"我看着她，无奈地点点头。

7. 第二天上学的路上，我郁闷地想："又浪费了一下午，今天得更忙了。"慢吞吞地蹭向班中，不想面对一天繁杂的事。这个冬天……

8. "哈喽！"一张放大的笑脸出现在我面前。我被吓了一跳，定睛一看，原来是她。"怎么啦？""给你看样东西！"说着，她变魔术似的从背后掏出一张纸，得意地在我眼前晃了晃。我仔细看了看，竟然……是"乐谱！"我惊喜地叫了起来，绕着她高兴得转了几个圈。

9. "还有呢！"她脸上挂着调皮的微笑，光亮的眼睛闪着狡黠。"衣服，我们其他女生已经给你准备得差不多了。台词吗，也有人帮你写了。"身旁的其他同学也都微笑地望着我。霎时间，我听见内心深处花开的声音，虽然很微小，微小到如一根针掉进大海。它慢慢地鼓动花瓣，制成越来越多的爱和感激，蔓延在我心中。我望着四周可爱的同学们，也笑了。

10. 谁说冬天没有花开呢？那个冬天就不一样，有很多很多朵美丽纯洁的花，绽放在我们的心中。它们散发出的芬芳，弥漫在我的心中，我的世界。

不一样的债

初三（1）班 刘臻

每一只蝴蝶的前生都欠了一朵花的债，所以她要用一生来偿还。

——题记

1. 你相信前生吗？

2. 当造物主在冥冥之中将我创造成人，当我第一次睁开眼睛看到母亲慈爱的眼神，我知道，这个女人就是我一辈子偿还的对象。我欠了她的债，不一样的债。

3. 有人说，没有做过母亲的女人生命是不完整的。因为我和我的债，母亲的人生自此圆满了起来。

4. 记得为母亲拔下第一根白发时，我还是个幼稚得很懂得撒娇的女孩。那天黄昏，我正兴高采烈地向母亲讲述学校发生的趣事，忽然惊呼："妈妈，你长白头发了！"母亲一愣，随即笑着说："是吗？替妈妈拔下来吧。"我轻轻将白发拔下，递给母亲。母亲接过叹了口气："女儿大了，我也老了。""没有没有，妈妈永远也不会老，永远都年轻！"我撒娇地扑到母亲怀里。夕阳下，母亲的笑容和白发一同闪着金光。

5. 母亲静静地合着苞，等待着那只蝴蝶的破茧。

6. 花开，蝉鸣，叶落，雪飘……

7. 我已亭亭玉立，却依旧未记起曾经承诺一生的不一样的债，而此时，母亲已不再年轻。

一天黄昏，母亲又拉我坐下，请我讲讲学校的趣闻。我极不情愿地坐下，心中想着怎样应付过去，口中支支吾吾地拣些不足轻重的事说着。偶然地一瞥，瞥见了母亲极认真的神情，以及那一缕缕在微风中轻拂的发丝。我不禁心中一动："妈，你又长白头发了。"再看母亲，脸上认真的神情不知何时隐去了，换上满面我从未见过的感伤，轻叹一口气，便不再说什么，更没有让我替她拔下。我习惯性地走过去，分明看到母亲眼底闪过的一丝惊喜。我抚着一根根白发，心中泛起莫名的一股愁。

8. 这根根白发，分明是岁月讨的债。而这债，原本是向我讨的，母亲却用她细密的爱将这债补上，这不一样的债！

9. 母亲啊，你的爱就是我的债，而这白发就是债的化身，变成我如丝的牵挂在你身。蝴蝶在花儿的注目下终于破茧而出，将用一生来偿还欠下的债，不一样的债。

不一样的风景

初三（2）班　赵佳颐

重要的，不是沿途的风景。而是看风景的心情。

——题记

1. 向右转头，只是刹那，我看到了铁锈斑驳的栅栏外——那片最美的风景。

2. 是晨，入秋的风把整个早晨吹冷，不到七点钟的光景，阳光正好。自行车轮"喀嚓喀嚓"地响，和着风飞驰而过的吟唱，是学校这天拉开序幕的咏叹调。因为早，校园"两门"之间行走的人并不多，是可以让人骑车哼着歌而不用紧盯路面的良好路况。左瞧右瞥，简单的转头，却像齿轮交错般碾过，打乱和碾碎了。

3. 求学日单调简洁的节奏和例日的沉重烦琐。耳边忽然有一首歌，是大幕重新打开，逐渐变强的铜管吹奏，炸碎耳膜和眼眶。

4. 轻柔低缓的女声独唱，正式引入了眼前的那片景色。如此与众不同，大概从未领略过。长茎的花朵，在微风和阳光中呼吸摇摆，五彩的交杂错综，似是天上彩虹遗留的光晕，齐密地布满湖的左岸。虽离我最近，却模糊得看不清楚，大概是已经被晃花了眼吧。花朵向后延伸出一片青翠的绿色，想要遮挡住太阳的光芒，却又不小心让它从指缝间流泻下来。月华般的湖面被那光芒打动，让金黄与自己的银绿融合。奇妙的色泽——是左岸的树木为其献上的礼物。

5. 右岸则是杂乱纷扰而绝美的陈设。石与木，灰紫与黑褐，在阳光下相互映衬着，又独自享受着馈赠。迷蒙腾起的雾缭绕其中，让那石与木后好似还隐藏着一整片森林。冷清与温热的碰撞——那雾气就这样飘散成风，漫过湖去；右岸因同左岸分享了光芒与温热，特地送来了还礼。

6. 湖水只是一个介质，将左岸的繁花浓彩挑淡抹到右手边的画布上，用右岸的冷清空灵为左方的气质注入静谧和神奇；但它终是将在阳光和空气下的繁华与清冽倒映了出来。静，当事实被呈现，连空气都停止呼吸，静像薄纱一样向人们拥来……湖水下是一切事物存在的意义，声音的消失不能让它们流亡，反而时间的停止使它们更为清晰。有一首歌还在，是轻柔低缓的女声独唱。

7. 就在我的眼前，挺立着那棵坚直的树。是它打破了一切。也并非竖直的树，这躯干和枝条或许比其他树木还要弯曲，却又一直以一种"规划者"的姿态站立，操控着左岸的花、右岸的树和那暗自涌动却又连一丝波纹都不曾出现的湖——按照它的旨意去做吧！它怎么可能是弯曲的！

8. 无论是什么，都会在相互干扰和影响之中却也完善着。有人尝试融合这一切，但也有一项规则在默默注视……

9. 你能感觉到吗？

10. 轻松与繁忙之间。

11. 你看到了吗？

12. 不一样的风景。

13. 左岸与右岸，在湖的周围画了一个圈。起点，是指控一切的规则。

不一样的生活

初三（2）班 龙嘉铭

小男孩问雕刻家：你怎么知道天使藏在石头里？

雕刻家说：石头里其实什么也没有。天使藏在我心里。

——引子

1. 有许多人习惯于抱怨生活的苦闷、平淡和不公。曾经的我也一样——做数学题时面对试卷上纷繁复杂的公式图形，我会抱怨自己为何在读罢无数本侦探小说后逻辑思维仍然如此匮乏；打球时被对手撞得东倒西歪，我会哀叹上帝为何没能给我一副略健壮些的体魄。我长得不帅，成绩一般。别说白马王子，有头黑驴骑就很般配了。无数个夜晚，我坐在窗前凝望着深沉的夜色，幻想着彩票中奖，从此摆脱平凡的生活。同时，在不变的平凡中度过第二天。

这使我更加失落。

2. 其实，你也是一个雕刻家，只要你热爱生活。——我的所悟

3. 我们大部分人的生活就像一块未经雕琢的顽石，它可能被随意铺在地上，为人所踏；亦有可能被永远埋没在深深的土层之下。目前，它看似一钱不值。许多拥有与之类似生活的人便开始怨天尤人——自己的生活缘何不能像翡翠碧玉一般高贵稀有，万众瞩目。反而只能忍受着石灰剥落的墙壁，永远也织不完的毛衣，散发着潮味的床单，等等——带给他们无尽苦闷的这般生活。

4. 然而他们却忘了，在天真的小男孩严重的那块"藏着天使"的石头，在被雕刻家的巧手雕琢之前，也仅仅是块平凡无奇的石头罢了。

5. 事实上，他们所欠缺的，仅仅是一把刻刀，而不是翡翠。

6. 雕刻家之所以能够刻出栩栩如生的天使，是因为他将自己心中美丽的天使用刻刀重现在石头上，使这块本来平凡的石头变得美丽而珍贵。

7. 山水诗人王维晚年隐居深山，在"猿狖群啸兮虎豹嗥"的山林之中仍有"松风吹解带，山月照弹琴"的雅兴，那一份在水穷之处坐

观云起云落的闲情，若非用心灵去拥抱山水之灵，又怎能领悟得到？

8. 三毛曾与她的丈夫一起在撒哈拉沙漠居住，这种地方自然不是什么清雅之境，但她正是在这段时间迎来了创作的巅峰。《菜根谭》中那句"草际烟光，水心云影。闲中观去，见乾坤最上文章"，在看似恬淡中告诉我们，只要用心去品味，在任何地方都可咀嚼出生活的快乐和美好。

9. 生活的价值不只在于名利，只要能够真正去热爱它，那么纵使如白开水般平淡的生活也会因你品尝出其中蕴含的真味而变得甘之如饴。

10. 接近完美的生活不是每个人都能拥有的，"平平淡淡亦是真"。用一双能够发现平淡生活之快乐的眼睛来雕琢自己的生活，你终将得到属于自己的天使！

[精彩片段赏析]

李雨琪《不一样的感觉》

时光流逝，我们都在成长，成长意味着越来越多的不一样。曾经的我，还是一个稚气未脱的小孩，在姥姥家的院子里尽情地玩耍，在昏黄的灯光下享受无忧的童年；而现在的我，却少了几分天真，多了几分沉着。纵使我回到了童年玩耍的地方，也早已有了不同的感觉。

朱姝《不一样的冬天》

"还有呢！"她脸上挂着调皮的微笑，光亮的眼睛闪着狡黠。"衣服，我们其他女生已经给你准备得差不多了。台词吗，也有人帮你写了。"身旁的其他同学也都微笑地望着我。霎时间，我听见内心深处花开的声音，虽然很微小，微小到如一根针掉进大海。它慢慢地鼓动花瓣，制成越来越多的爱和感激，蔓延在我心中。我望着四周可爱的同学们，也笑了。

侯梦雪《不一样的秋》

　　下课了。走在回教室的路上，腿仿佛踩着棉花。秋风依然猛烈严厉，吹得树叶哗哗作响，仿佛抽打着不愿离家的孩子。树叶的脸羞得红了，与湛蓝的天空相映煞是美丽。我抬头望望，这是北方特有的秋的天空，这样干燥温暖，却又严厉深邃，带来挑战，更带给人们拼搏的信念。

　　一片叶忽然吹落，轻飘至我的耳边：要记住，拼搏。我听见秋风如是说。

赵佳颐《不一样的风景》

　　轻柔低缓的女声独唱，正式引入了眼前的那片景色。如此与众不同，大概从未领略过。长茎的花朵，在微风和阳光中呼吸摇摆，五彩的交杂错综，似是天上彩虹遗留的光晕，齐密地布满湖的左岸。虽离我最近，却模糊得看不清楚，大概是已经被晃花了眼吧。花朵向后延伸出一片青翠的绿色，想要遮挡住太阳的光芒，却又不小心让它从指缝间流泻下来。月华般的湖面被那光芒打动，让金黄与自己的银绿融合。奇妙的色泽——是左岸的树木为其献上的礼物。

张子威《不一样的朋友》

　　这时，一个熟悉的声音响起："跟我去那边。"威严且不容拒绝，是我最好的朋友，他。我麻木地跟着他，走到湖边上，脑子里一片空白。本以为他会安慰我几句，没想到他却说："哭什么哭，还是个男人吗。"

　　我诧异地抬起头，迷惘地看着他。这，也算是朋友吗？我都这样了还训我。他却继续劈头盖脸地骂道："瞧瞧你那鬼样，就知道整天玩啊玩，玩你个头，父母真是白养你了。再像这样下去，你就等着去打工吧。"我想反驳他几句，却又找不到理由。他继续说道："你以为你是谁？天才？不想好好学还想考好，做你的白日梦。我告诉你，你这次是活该。"我回击道:"我,我怎么没好好学?"话说出口,却显得那样苍白无力。

罗悦《不一样的秋雨》

当深蓝统治这个社会时,星空接替了他的泪眼,他们笑着、眨着,看着这个他们喜欢的世界。

此时此刻,我的每一寸肌肤都在呼吸,吸进定格在这里的隽永与芬芳,呼出这个社会的繁杂与聒噪。我突然觉得这个都市好像突然变慢了,没有了冷漠与繁忙,让秋意细细绽放。

冷雨知秋。但这美妙的时刻不正是"自古逢秋悲寂寥,我言秋日胜春朝"的最好诠释?

黄绪昕《不一样的朋友》

有人说,挚友如茶,甘苦尽在自己;哥们儿如酒,一醉方休;知己如水,平淡却受用终生。都是朋友,却各自有不同的特点。反观自己,茶、酒、水三类朋友悉数具备,却有一个朋友,难下定义。

陈思睿《不一样的长跑》

"加油!"她在喘气的空闲处小声地、坚定地对我说。我没有回答,但是给了她回应。那是一种一同奋斗的过程中,心照不宣的默契;那是一种一道拼搏的路途上,相互呼应的鼓励。好像有着从内心散发出的力量,在友谊厅堂下回荡着,填满了空虚,驱散了恐惧。外界的阳光终于照入了心底,眼睛里的信念直射无云的蓝天。

李宇《不一样的秋》

"呜呜",有风在吹。离那个秋有四个年头了吧!那豆酥,那渔公河,那咳嗽声。是什么发生了变化?是这秋吗?还是我的心?

有冷风轻吹过。有叶,簌簌落下。

赵博轩《不一样的角度》

有人担心，换个角度是否依然前路茫茫。但韶华易逝，时不我待。人生道路千万条，总有一条适合自己。有勇气换个角度，就多一份成功的机会。有位哲人说过："没有缺憾的人生是最大的缺憾。"既然如是，我们无须犹豫，在人生的道路上遇到缺憾时，就换个角度试试，带着一份快乐的心情和感恩的心态，还有顽强的毅力和成功的决心，去努力，去拼搏，一定会描绘出美丽多彩的人生画卷。

张洲同《不一样的秋》

坐在考场之上，心中的琐屑一同涌上，试卷分发下来，拿起笔，正欲书写时，无数的思虑从心中涌上笔尖，伴随着对未来的恐惧，滞涩了手中的笔，一种空白，夹杂着数不清的思绪绝望地浮现，握着笔的手，僵住了。

会在寒风过后，有终生难忘的收获。

忽然，我心中的叶仿佛大片大片地飞落，掷地有声，而心灵也变得轻快，仿佛插上了翅膀，手中的笔也轻快地跳动了起来。

赵心怡《不一样的秋天》

在这个秋天中，我收获着自己努力换来的果实，心情像蜜一样甜。在这个秋天里，我也成长了，成熟了。我终于明白秋天收获的背后是春夏的辛劳。

这个不一样的秋天见证了我生命的足印，也饱含了太多太多的回忆。它比以前的秋天更充实、更成熟，也更有深意。的确，这个秋天还不是终点，我要在下一个秋天收获更多！

回首，那一地盛开的菊花，是秋风中最美的金黄。

王丹绮《不一样的风景》

突然，我的视线被一抹淡雅的绿色吸引。那是一名二十不到的少年，中等身高，在绿化带旁半弯着腰，像是在赏花的样子。"真是好兴致啊，"我想，"必定是好的环境或顺利的事业，才会有赏花的心情吧。"但正当我一步步走近他时，有一丝疑惑在心中蔓延开来。他为什么要戴墨镜？为什么手上还有一支拐杖？是腿脚不好吗？忽然，一个大胆的想法如闪电般划过我的脑海。莫非？不，不可能。我马上否认了自己，人家明明在赏着花，怎么会……

但他的下一个动作证实了我那最不愿承认的猜想。只见他缓慢地直起了腰，嘴角还挂着一丝满意的微笑，然后用手中的拐杖一点点地在地面上试探，再小心翼翼地迈出了步伐。

赵星宇《不一样的秋雨》

雨又大了些，调皮的风儿也凑热闹，过来与书页追逐。我抚平书，只觉得一股久违的清新在胸中荡漾。椅后的垂柳轻轻抚弄我的双耳，风儿载着雨珠轻轻降落在我的两颊。此时的我，望着手中的诗集，望着澄明的天空，望着呼风唤雨的云朵，望着秋雨点在水塘上，绽出一片片透明的荷叶。此时的我，已经完全被雨绘制的这一幅清丽的山水画所折服。我真正感受到秋雨带给我的诗意，带给我的唯美的意境。这时的秋雨，多么温柔浪漫啊，哪里有一点点悲凄和哀愁呢？

二、写作与阅读

不一样的评论

初三（2）班　张劲冶

1. 从前，有一个著名的画家莫千之，他的画誉满世界。然而，他已然年至耄耋，却未有半个传人，虽然有很多学生，但也仅仅是一般学生而已。

2. 为此，他很是苦恼，而却没有任何一个人真正理解他。当然，此时的媒体便有了题目，都在臆度大师，更有胡编乱造者，数不胜数。同时，大师也在想，是时候收个可以传他衣钵的人了。

3. 不久后，一群年轻人中的"精英"汇集在大师的画展厅。这些

"精英"中，有的是研究生，有的是博士生，也有的是已在画坛小有名气的"小师"，还有一些名不见经传。他们来此的原因只有一个——争夺莫大师的传人宝座。

4. 大师没有出任何一项题目，着实令在场的人疑惑。大师只是叫大家来欣赏一幅画作。

5. 这幅画上有几抹淡淡的云，一座斜山，一座小茅屋，冒着几片烟，还有几只小白羊，只是那太阳生长出几个分叉，全幅画作显得极不协调。引来的固然是啧啧称赞。

6. 此时，一个戴着眼镜的人开口了："大师这幅画为我们展现了一派田园风光，表现清心寡欲，如陶渊明般的智慧，吸引人们对纯真、淳朴生活的向往。"

7. 大师没有说话，只是默默微笑。

8. 另一个人开口了，他的眼镜似乎比前一个人还厚一些。只听他道："那茅屋上的片片炊烟是在等待出去农耕的丈夫归来吗？是在召唤远方的亲朋吗？抑或是……引人无限的遐想。"

9. 大师还是低头不诺，默默地笑。

10. 紧接着，全场的人都开始了高谈阔论，大师愁眉不展。

11. 终于，又有人站了出来。

12. "我想这幅画的笔法拙劣，意境散乱，根本连佳作都称不上。如果这真是您的作品，那么这就是您的败笔。"

13. 全场哗然！"大师的画怎么会如此呢？"

14. 大师满心欢喜，看着这个勇于发表真意见的学子哈哈大笑："没错，这是我的小孙子胡乱涂抹的。"之后，那个学子成了大师衣钵的传人。

15. "前面几个人的评论虽然不同，而且相当'精彩'，实则无异，全是空假的，敢于说真话，发出真正不一样的评论的人，才是真正懂艺术的人。"大师好像在呼吁什么似的……

附：

大师的画

1. 莫千之画得一手好画，在国内外享有盛名，但人已过六旬，却无一门徒，这是他的一块心病。虽然拜师者络绎不绝，可莫大师暂时并不想收徒，他想物色一个真正合适的弟子，而后将自己生平所知倾囊相授。

2. 一日，几个年轻人来到了莫大师的工作室。初见德高望重的大师，他们不由得紧张而谦恭，生怕在大师面前显得浅薄鄙俗。大师微笑着，捋着胡须说："老头子都被搞得神经兮兮的了。你们怎么还站着不动？"大家都笑了，气氛也缓和了许多。

3. 大师领着大家参观他的画。人物各有神韵，山水笔锋雄健，素描笔法流畅，大家都不禁啧啧赞叹，每个人都不免发表一番宏论，争相表现自己。莫大师始终微笑颔首，有时也应上一两句："你们有不同的看法是自然的，因为每个人对艺术都有自己独到的见解，这也包括对我的画作的评论。"

4. 大家这时走到一幅画前。这幅画在众多的画作中显得很特别：一座简陋的屋子，屋子周围有几棵树，小屋顶上烟囱正冒着白烟。画的左上方有一弯弦月，几颗星星，几抹浮云。线条弯弯曲曲，月亮还无端地生出个小杈，与周围的画显得很不协调。

5. "我觉得这幅画以简洁的手法为我们描绘了一个世外桃源般的意境。"其中一个人说，"其中蕴含的对自然的无限向往尤其令人感动，不由得勾起我们心中深藏的情感。"他说完后，大家都望了望莫大师，大师依然是一脸的微笑，不否认也不赞许。

6. 又一个人说："刚看到这幅画，我就被烟囱冒出的缕缕炊烟深深地吸引了，深夜为何燃灶？等候夜行未归的丈夫吗？还是有陌生人求宿呢？留给我们的是无尽的遐想。"众人都点头称是。

7. 第三位说："我想画中想表现的应是一种人性的回归与对自然

的渴望吧！那颤动的笔法勾勒出的曲折的线条表现的正是现代人颤动的心灵。"

8. 大师还是不语。

9. 又一个人淡淡地说："我认为这幅画的笔法很拙劣，根本谈不上灵气和美感。若是大使所作，那么它就是大师您的败笔。"众人惊愕地望着他，大师的画怎么可能如此呢！

10. 莫大师捋须笑道："这幅画确实很差，它是我小孙子胡乱画的。"不久，第四个人成了大师的衣钵传人。大师说："艺术是要远离虚伪的。只有真人，才会有真的生活，才会有真的思想。"

不一样的课堂

初三（2）班 张梓雯

1. 从小到大，我曾经在教室里上过无数堂的课，老师的谆谆教诲让我学到了知识，但是有一堂课让我至今记忆犹新，那不是在教室里的一课，而是生活教我的一堂课。

2. 那是去年秋季的一天，雨淅淅沥沥地下了一整天，刚刚发下的考试卷上少得可怜的分数让我无比失落，生活仿佛变得没有了希望，我落魄地走在回家的路上，任凭雨水打在我的身上。无意间，我发现前面的泥地上仿佛有东西在动，我走过去一看，原来是一只蝴蝶陷进了泥地中，挣扎着想要出来。

3. 那是一只十分美丽的蝴蝶，黑色的翅膀上有着各色的条纹，无比绚丽。它的翅膀不住地扑闪，却仿佛并不那么灵活，也许它受伤了，但它依然做着无力的挣扎。猛然间，它停了下来，也许它放弃了，在命运面前，它的挣扎显得无比苍白无力。我突然发觉我们的命运是那么的相似，上天好像与我们作对，让我们深陷泥潭，不能自拔，狠心地阻断了我们的希望。就在我深深为自己的命运而抱怨的时候，蝴蝶已经重新扇起了翅膀，这一次仿佛比上次有力了许多，它的身体不断向着上方努力，却依然没能起飞，但它仿佛不甘被命运打倒，一次又一次地不断努力，向着蓝天的方向进发。终于，它飞了起来，它战胜了自己，战胜了命运，让命运在它的面前低下了头。

4. 我震撼了，被一只小小的蝴蝶所震撼，它用自己坚定的信念和顽强的拼搏创造了属于自己的奇迹。我猛然间明白，原来命运掌握在自己的手中，只要你有必胜的信心和不懈的努力，一切困难都不算什么。雨停了，我抬头仰望天空，在蝴蝶飞去的方向上，天边出现了一道彩虹。这是生活教给我的一课：不经历风雨，怎能见彩虹。

5. 柔弱的小草告诉我们顽强就能创造坚韧；挺拔的大树告诉我们向上才能拥抱蓝天；奔流的小溪告诉我们坚持才能属于大海……生活就是一个课堂，是生活这个不一样的课堂教会了我生命的真谛。

附：

生命，生命

1. 有一个夏天的下午，我一连在山上割了几小时的柴草，最后决定坐下来弄点吃的。我坐在一根圆木上，拿出一块三明治，眺望那美丽的山野和清澈的湖水。

2. 要不是一只围着我嗡嗡直转的蜜蜂，我的闲适心情不会被打扰。那是一只普普通通的，却能使野餐者感到厌烦的蜜蜂。不用说，我立刻把它赶走了。

3. 蜜蜂一点儿也没有被吓住，它很快飞了回来，又围着我嗡嗡直叫。这下，我可失去了耐心。我一下将它拍打在地，随后一脚踩进沙土里。

4. 没多久，那一堆沙土鼓了起来。我不由得吃了一惊，这个被我"报复"的小东西顽强地抖着翅膀出现了。我毫不犹豫地站起来，又一次把它踩进沙土里。

5. 我再一次坐下来吃晚餐。几分钟后，我发现脚边上的那堆沙土又动了起来。一只受了伤，但还没有死的蜜蜂虚弱地从沙土里钻了出来。

6. 重新出现的蜜蜂引起了我的内疚和关注，我弯下身子查看它的伤势。它右翅还比较完整,但左翅却褶皱得像一团纸。然而,它仍慢慢地一上一下抖动着翅膀,仿佛在估测自己的伤势。它又开始梳理那沾满沙土的胸部和腹部。

7. 这蜜蜂很快就把目标集中在褶皱的左翅。它伸出腿来,飞快地捋着翅膀。每捋一次,它就拍打几下翅膀,似乎在估量自己的飞翔能力。哦,这可怜的瘸手瘸脚的小东西以为自己还能飞起来。

8. 我垂下双手,跪在地上,以便能更清晰地观察它那注定是徒劳的努力。我凑近看了看,心中想到,这只蜜蜂想必完了——它肯定完了。作为一个飞行员,我对翅膀太了解了。

9. 然而,蜜蜂毫不理会我对它的小生命做出的自以为是超级智慧的判断。它继续整理着翅膀,并似乎慢慢恢复了体力。它振翅的速度加快了,那薄纱似的、因褶皱而不灵活的翅膀,现在几乎被抚平。

10. 蜜蜂终于感到自己恢复了体力,可以试着飞一飞了。随着一声嗡嗡的声响,它离开了困住它的地面,从沙地上飞了起来,但还没能飞3英寸远。这个生灵摔得那么可怜,它在地上挣扎着。然而,接下来的是更有力的捋翅和扑翅。

11. 蜜蜂再一次飞起来,这一次飞出6英寸远,最后撞在一个小土堆上。很显然,这蜜蜂已经能够起飞,但还没能恢复控制方向的能力,它遭受了一次又一次的失败。每一次坠落后,它都努力去纠正那新发现的失误。

12. 蜜蜂又起飞了。这一次,它飞过了几个沙堆,笔直地向一棵树飞去。它仔细地避开了树身,控制着飞行,然后,慢慢飞向明镜似的湖面,仿佛去欣赏自己的英姿。当这只蜜蜂消失后,我才发现,自己还跪在地上,已经跪了好久好久。

三、素材源于平时写作

不一样的爱

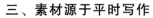

1. 如果说母爱是一股涌动的清泉,那么父爱就是家乡的那座

大山。

2. 如果说母爱是耳旁温柔的絮语，那么父爱就是暴风雪中那刚毅的肩。

3. ……

4. 经过一番手忙脚乱之后，再看表，公交车是赶不上了。

5. 我急得不禁大叫一声。

6. "我送你。"不容置辩的声音，一双有力的大手忽然拽起我的小胳膊，三步并两步走到门口，哗地拎起书包，哐当一声敞开了大门。

7. 扑面而来的是暴风雪的肆虐！我轻叫了一声，接着又被不容分说地拉上了自行车的后座。"可抓紧了！"一个帅气的出发令，那严肃的脸上忽然闪现出一个让我猝不及防的微笑，我们便嗖地一下冲进了漫天迷茫。

8. 漫天迷茫啊，我什么都看不见，我此刻的全部世界只有爸爸大衣后的褶皱，只有爸爸宽阔的肩。两个小小身影在狂风狠狠的撕扯下，却是充满勇气的，一路向前。此时此刻，我觉得爸爸是我的一座山。

9. 顿时思绪万千——

10. 小时候，我的家乡三面环山。这个大山怀抱的小地方，便成了块宜人的宝地。那里有一股清清的泉水，是我们最常玩耍的地方。而我最畏惧的地方，却是那雄浑大山。

11. 搬来北京后，依旧忘不掉对那山的隔膜，就像爸爸，总是……那么高，那么远，那么无法亲近，那么……

12. 不爱我吧。

13. "冷——不——冷？"

14. 忽然间那有力的声音劈手扯断了我遥远的思绪。

15. "不——冷——！"

16. 我大声喊着，喊声被翻滚的雪花卷上了天，远远落在身后，再也听不到。

17. 风雪漫天飞，挡在我前面的是一座山。我曾经那样爱恋家乡的泉水，却远远躲着，躲着那怀抱着泉水汩汩送到我们脚下的大山。我确是听过奶奶讲大灰狼的故事，我确是忌惮着爸爸每一次严厉的面孔、扑面而来的巴掌，而他的嘴角，又何曾没有上扬，他的眼眸，又何时不把深深埋藏的温柔流泻？

18. 紧紧贴着爸爸的心跳，我听到了那心底下涌动的父爱。

19. 那一定是一种不一样的爱吧。

20. 就如家乡那怀抱我的大山，就如此时此刻眼前这让我依偎的臂膀，给我慰藉的肩——那是一种自始至终保持着沉默，却无时无刻不在冲我呐喊着的爱，这不一样的爱，一直一直，拥抱着我丝毫未曾察觉的心。

附：初二期末作文《倾听____》

倾听那大山

初二（1）班 赵雨妮

1. 经过一番手忙脚乱之后，再看表，公交车是赶不上了。

2. 我急得不禁大叫一声。

3. "我送你。"不容置辩的声音，一双有力的大手忽然拽起我的小胳膊，三步并两步走到门口，嗖地提起书包，哐当一声敞开了大门。

4. 扑面而来的是暴风雪的肆虐！我轻叫了一声，接着又被不容分说地拉上了自行车的后座。"可抓紧了！"一个帅气的出发令，那严肃的脸上闪现出一个典型的爸爸式的微笑，我们便嗖地一下冲向了漫天迷茫。

漫天迷茫啊，我都看不见，我此刻的全部世界只有爸爸大衣后的褶皱，只有爸爸宽阔的肩。两个小小身影在狂风狠狠的撕扯下，确是充满勇气的，一路向前。此时此刻，我觉得爸爸是我的一座山。

5. 顿时思绪万千——

6. 小时候，我的家乡三面环山。这个大山怀抱的小地方，便成了一块宜人的宝地。

7. 那里的人们都是敬山的，爸爸却常跟我说，山外有山。

8. 每每我跟爸爸走在晚归路，日头西坠，把大路尽头的那片山泼上一片红红火火。牵着爸爸的大手，那时我觉得，这山好高，好高，好像世界的头顶。

9. 八年了，我不知道山后的世界是个什么模样。虽然爸爸总跟我说山外有山，而我倔强地一撇小嘴，说我偏要看看那山外的山。

10. 爸爸的大手抚摩在我柔软的发丝间，说，学会倾听这山啊……

11. 忽然，耳边有力的声音劈手扯断了我遥远的思绪。

12. "冷不冷？"

13. "不——冷——！"我抬起头使劲地喊着，却猛然发现爸爸的耳朵已经被冻得发紫。忽然间有一种冲动，我轻轻抬起两只裹着手套的暖和小手，紧紧地焐在爸爸的双耳上。爸爸纹丝未动。

14. 我觉得有一种温暖在洋溢，好像那在夏日午后轻轻推门而入的美丽阳光。

15. 不料，过了一会儿，爸爸突然回过身，斜着个眼儿对我说，"你堵上我俩耳朵，叫我拿啥来听汽车喇叭？！"

16. 我赶紧很快地把手拿下来。

17. 风雪漫天飞，挡在我前面的是一座山。我曾经那样向往山后的世界，却从未像爸爸说的那样，倾听一下眼前的这座山。紧紧贴着爸爸的心跳，我终于明白，倾听那大山，便是倾听爸爸的心！我从未想过去心疼家乡的那座山，但是面对眼前这让我依偎的臂膀，给我慰藉的肩，这矗立不败的大山，爸爸，我的心在绞绞地疼。

18. 此刻我觉得，爸爸好高，好高，成了世界的头顶。

四、与名家名作对决

不一样的槐树

初三（2）班　汪可佳

1. 五月，是槐花飘香的时节。那沁人心脾的芳香，不知曾飘入多少人的梦中。槐树也因此足以在万木丛中傲视群雄。然而，我要说的，是我家门前一棵不一样的槐树。

2. 这是一棵怎样高大粗壮的槐树！从我记事起，它就这样静静地倚靠在我家门前一排红红的砖墙边，粗大苍老的根系毫无畏惧地袒露在泥土之上，苍劲有力地抓住大地，那黝黑的主干上爬满了岁月留下的皱纹般的沟壑，即使一个成年人也无法完全将它抱住。朝暮更替，四季轮回，它抽芽，它开花，它茂绿，它枯落，它做着每棵树年复一年重复的平凡的事，但它那写满沧桑的脸分明在告诉我：它是平凡的树，却不甘于平庸！

3. 每天，夕阳西下之时，我都会遇见这位老友，听它诉说数十年的风雨变迁，或抱抱它，像拥抱一位可爱的老者，感到树干如此粗糙不平。它的样貌我再了解不过。

4. 可是，天有不测风云，树也难逃这一自然规律。某天晚上，风雨大作，雷电交加，我在梦中惊醒，突然想到了它。天一亮，我飞一般地冲下楼，顿时惊呆了：槐树原本翠绿的枝叶上，多了一片枯黑。它一直引以为豪的高高举起的一段树枝，被突如其来的闪电烧得焦黑，一丝不挂地立在最高度，在湛蓝的天空下显得刺眼而突兀。我冲过去抱住它，心中默默为它哭泣。如此大的伤痛，定会让这年迈的槐树承受不住。它本来已经如此苍老，更何况……我不忍往下想。我只能等待，等待来春的五月，期待着飘来奇迹般的槐花香。

5. 第二年春天，我又一次经过这遭重创的槐树，正想为它比一般树要可悲得多的命运感慨。我走近它，想给它一个春天般的温暖拥抱，却惊异地发现，它那在冬天秃秃的枝干上，奇妙地添上了些许新绿！嫩绿的小芽，好像刚刚睡醒，好奇地探出头，伸着懒腰，眨眨眼欣赏外面的世界。星星点点的绿，近观极其微小，远看却成片成片，绿满枝头——除了那被闪电审判过的高枝，陷入了一个永远不会苏醒的梦。我问槐树："你为何不像一般的树那样选择放弃生的希望？"槐树无言，但它的新芽已告诉了一切：我要做一棵不一样的树！绿的芽，黑的枝，多么鲜明的对比！而这芽，仿佛在生长，仿佛在壮大，仿佛要开花！它们毫不在意头顶上死亡的枝，如同一切都只是一个印记：见证槐树战胜了闪电，远离了平庸。

6. 我释然地笑了，轻轻对槐树说："一次打击的确毁灭了许多，但它不能毁了你的一生。一次灾难留下了创伤，也留下了希望。对吗？"一阵风吹过，槐树的嫩芽，以笑容回答了我。

7. 槐树，我永远记住了你，记住了你不一样的皱纹，不一样的枯臂，不一样的新芽，更记住了你告诉我的每一句话。因为，你是有灵魂的，是与众不同的魂。你不仅留下一树花香在人间，更留下了独特的、永不消散的花香在我心间。

附：

泉
贾平凹

1. 我老家的门前，有棵老槐树，在一个风雨夜里，被雷击折断了。家里来信说：它死得很惨，是拦腰断的，又都列开四块，只有锯下来，什么也不能做，劈成木柴烧罢了。我听了，很是伤感。

2. 后来，我回乡去，不能不去看它了。

3. 这棵老槐，打我记事起，它就在门前站着，似乎一直没见长，便是那么的粗，那么的高。我们做孩子的，是日日夜夜恋着它，在那里落秋千，抓石子，踢毽子，快活得要死。冬天，世上什么都光秃秃的，老槐也变得赤裸，鸟儿却来报答了它，落得满枝满梢。立时，一个鸟儿，是一片树叶；一片树叶，是一个鸣叫的音符：寂寞的冬天里，老槐就是竖起的一首歌子了。于是，他们飞来了，我们就听着冬天的歌，喜欢得跑出屋来，在严寒里大呼大叫。

4. 如今我回来了，离开了老槐多年的游子回来了。一站在村口，就急切切看那老槐，果然不见了它。进了院门，我立即就看见了那老槐，劈成粉碎片，乱七八糟地散推在那里，白花花的刺眼，心里不禁抽搐起来。我大声责问家里人，说它那么高的身架，那么大的气魄，骤然之间，怎么就在这天地空间里消灭了呢？！如今，我幼年过去了，以老槐慰藉的回忆再也不能做了，留给我的，就是那一棵刺眼痛心的树桩了吗？！我再也硬不起心肠看这一场沧桑的残酷，蕴藏着一腔对老槐的柔情，全然化作泪水流下来了。

5. 夜里。我无论如何都睡不着，走了出来，又不知要走到何处，就呆呆地坐在了树桩上。树桩筐筛般大，磨盘样圆，在月下泛着白光，可怜它没有被刨了根去。那桩四周的皮层里，又抽出了一圈儿细细的小小的嫩枝，极端地长上来，高的已经盈尺，矮的也有半寸了。

6. 小儿从屋里出来，摇摇摆摆的，终伏在我的腿上，看着我的眼，说：

7. "爸爸，树没有了。"

8. "没有了。"

9. "爸爸也想槐树吗？"

10. 我突然感到孩子的可怜了。我的小儿出生后一直留在老家，在这槐树下爬大，可他的幸福、快乐并没有尽然就霎时消失了。

11. "爸爸，"小儿突然说，"我好像又听到那树叶在响，是水一样的声音呢。"

12. 唉，这孩子，为什么要偏偏这样说呢？是水一样的声音，这我是听过的，可是如今，水在哪儿呢？

13. "爸爸，水还在呢！"小儿又惊叫起来，"你瞧，这树桩不是一口泉吗？"我转过身来，向那树桩看去，一下子使我惊异不已了：真是一口泉呢！那白白的木质，分明是月光下的水影，一圈儿一圈儿的年轮，不正是泉水绽出的涟漪吗？我的小儿，多么可爱的小儿，他竟发现了泉。我要感谢他，他真有发现了新大陆的哥伦布一样的伟大！

14. "泉！生命的泉！"我激动起来了，紧紧握住了我的小儿，想这大千世界，竟有这么多出奇，原来一棵树便是一条竖起的河，雷电可以击折河身，却毁不了它的泉眼，它日日夜夜生动，永不枯竭，那纵横蔓延在地下的每一根每一行，该是那一条一道的水源了！

15. 我有些不能自已了。月光下，一眼一眼看着那树桩皮层里抽上来的嫩枝，是多么的精神，一片片的小叶绽了开来，绿得鲜鲜的，深深的：这绿的结晶，生命的精灵，莫非就是从泉里溅起的一道道水坝柱吗？那锯齿一般的叶峰上的露珠，莫非是水溅起时的泡沫吗？哦，一个泡沫里都有了一个小小的月亮,灿灿地,在这夜里摇曳开光辉了。

16. "爸爸,这嫩枝儿能长大吗?"

17. "能的。"我肯定地说。

18. 我说完了,我们就在没有言语,静止地坐在树桩的泉边,谛听着在空中溅起的生命的水声。

中国现代诗读写相通训练

一、现代诗读写训练目标

相对于古典诗歌和其他文学样式的教学，现代诗教学现状确实堪忧。其中主要有两大原因：一是现代诗的学习仁者见仁，智者见智，无法达到理解的共识；二是现代诗不在高考范围。因此，语文教学中不可避免地就出现了"头痛医头，脚痛医脚"的现象，把现代诗剔除出了课堂，踢出语文教学。

但是，我们忽略了现代诗抒情的魅力、易于激起青年人情感波澜的特点，而这两点正是培养学生理解作品情感和培育学生内心情感的优势所在，也正是阅读和写作最根源的动力所在，是法宝。而且现代诗的学习还会产生巨大的育人作用。

因此，我们的教学目标就会围绕"育人"展开：

（1）面对现代诗歌，解决读懂问题；

（2）在诵读中体验，在赏析中审美；

（3）在过程中感悟，在探究中钻研；

（4）在解读中张扬个性，在启发下开阔视野；

（5）走入诗人的情感世界，开启敏锐的情感之旅；

（6）让学生充分体会诗味，感受文学魅力；

（7）激发学生自主合作探究的意识，培养他们的查阅、筛选和整合资料的能力；

（8）激发学生深入挖掘自身潜力；

（9）提升学生自身魅力，提升学生气质；

（10）激发学生互相欣赏的意识，激发学生对人或物的感情；

（11）培养学生个性化写作意识，提高写作水平；

（12）让学生浮躁的心沉静下来。

二、现代诗读写训练综述

（一）对于现代诗歌

新课程标准有明确的阐述：

（1）在诵读中感受和体验作品的意境和形象，得到精神陶冶和审美愉悦；

（2）重视作品阅读鉴赏的实践活动，注重对作品的个性化解读，充分激发学生的想象力和创造潜能，努力提高审美能力；

（3）教学中不要一味追求统一答案，也不必系统讲授鉴赏理论和文学史知识。

《中国现代诗歌散文欣赏》阐述：

要真正提高文学鉴赏水平，不要过多地指望本册教材或你身边的老师给你提供什么"绝招"，其实"绝招"就藏在你身上，它产生于多读作品的过程中，正如古人所说"涵泳玩索，久之当自有见"。（朱熹）让心思沉浸在作品中，什么样的深意不能发现呢？什么样的方法不能体会得到呢？

（二）对现代诗的认识

（1）诗是情感的流露，尤其是现代诗，还挣脱了格律的束缚，情感的抒发更加强烈；

（2）诗是有形的情，情是无形的诗；

（3）情感是诗的生命！

（4）带领学生读诗、品诗其实是走进诗人的生命中来获得审美体验。

（三）设计策略

个体自主读诗—合作选诗探究—合作展示交流—新诗创作—制作诗集—原创新诗朗诵会。

这是一场盛宴，读写盛宴，是一场大语文理念下的情感体验之旅，是一场学生自主合作探究之旅。

三、现代诗读写策略

（一）个体自主读诗

在老师的指导下，学生广泛阅读优秀的现代诗歌，在脑海中形成丰富的感性认识，初步积累感性材料，极大地动员学生对新诗的热情。

（1）观看中央电视台的《新年新诗会》，观看徐涛、鲍国安、陈宝国、韩军等富有激情的朗诵视频，然后对比讨论。

（2）把学生带到网络教室自主欣赏新诗朗诵，充分地感受新诗。

（3）找有朗诵底子的学生培训，带动班级朗诵氛围。

（二）合作选诗探究

在大量感性材料阅读的基础上，语文小组选中共同有兴趣的一首诗，进行合作探究。合作探究的目的和方式可在老师的指导下进行，读懂，读出作者的情感或精神，读出探究者自我，读出启迪。

我们依照诗歌主题分为三轮对现代诗歌进行自主合作探究：第一轮为"不限主题"选诗，目的是让学生依照自己对于新诗的兴趣轻松地进入诗歌欣赏的道路上来。第二轮为"亲情友情爱情主题"选诗，因为这三种情感是学生人生最基础的情感，学生也相对最有感触；第三轮为"家国情思悲悯情怀主题"选诗，这是在前三种情感上的升华。

简而言之，一为"兴趣"引领，二为"小我"情感，三为"大我"情怀。将新诗作为载体，引领学生在情感的河流中徜徉。

（三）合作展示交流

本环节分为三轮，共十二个语文小组，每组每轮一首诗，三轮共三十六首诗。分为三周完成。

可以从三个角度完成讲诗的切入：第一，从配乐朗诵的角度体会诗人的情感。要在完全理解诗歌创作背景的基础上，了解作者的经历和要抒发的情感，涵泳诗句，把自己想象成作者或者诗歌主人公，进入诗歌情境，沉浸其中，如同演员进入角色，专注地领悟诗歌内涵，真切地感受诗歌优美的语言、浓郁的情感。第二，从意象和意境的角度体味诗人的情感。将诗歌中意象的意蕴解读出来，找到解读诗歌情感的钥匙。第三，从探究主题的角度把握诗人的情感，调动起自我情感，赏读诗歌，体察诗人个性，感受诗人情感脉搏的跳动，独立进行主题探究，撰写相关诗文。主题探究文字绝不是材料的简单叠加，而应是在充分整合材料的基础上运用个性化的语言进行的创作，通过诗意的笔调书写并动情地传达给学生，引领学生把握诗人的情感。

在讲诗的文本形式上：可以是对联、填词、诗歌、散文、小说、访谈等多种形式的综合运用。鼓励形式上的创新。

在讲诗之余，进行选诗推介：本组同学根据自己的阅读经历和阅读兴趣，向全班同学推介三至五首诗，每首诗必须有优美、吸引人的推介理由，优美文字推介印发给大家。

（四）新诗创作

选取生活中的动情点，用心灵发现世界，用思想垂钓生活，用文字抒发真性情。用业余时间创作一至二首新诗。

语文课上，在老师的组织下，小组内和小组间进行互评互改，在讨论中收获，在启发中提升，在评改中超越。

（五）编辑诗集

在老师的带领下，组成由语文课代表负责的诗集编辑委员会，将关于新诗选修模块每组的展示文稿、每人的原创诗歌编辑成集，留作成长的记忆。

（六）原创新诗朗诵会

手执自己的诗集，感情充沛地配乐朗诵我们成铅的文字，我们优美的诗行，我们真实的内心世界。

附：学生自主合作探究文案

最是人间留不住

——从古典性角度赏析《错误》之美

高二（1）班　王怡人　李安宁　张子威　王亦泰

[开场]

或许，"作为树的形象和你站在一起"的爱情宣言是坚贞崇高的美；

或许，"不为修来生，只为途中与你相见"的虔诚呼唤，是诗意柔情的美；

不论是天涯与共，还是萍水相逢，目光交汇的刹那，心弦荡漾，情愫暗生，美，由心而生。

倘若这一切只是一个错误？这份错位的美，又如何让前人来者的心随之跌宕起伏？

最是人间留不住，让我们从古典性角度赏析新诗，品读"错误"的美丽。

[题解]

阅尽天涯离别苦，不道归来，零落花如许。花底相看无一语，绿窗春与天俱暮。待把相思灯下诉，一缕新欢，旧恨千千缕。最是人间留不住，朱颜辞镜花辞树！

——王国维《蝶恋花》

我们将以古典性为角度，从诗歌意象切入，以红楼梦判曲形式批注。带领大家，走进三月江南，走进一片朦胧而又唯美的绵长情境中，探寻那是怎样的一个美丽错误。

一、旧情重温：配乐朗诵

（配乐：神秘园）

我打/江南走过

那等在/季节里的容颜/如莲花的开落

东风/不来，三月的柳絮/不飞

你的心/如小小/寂寞的/城

恰若/青石的街道/向晚

跫音/不响，三月的春帷/不揭

你的心/是小小的/窗扉/紧掩

我/达达的马蹄/是美丽的错误

我/不是归人/是个/过客……

二、追根究底：探寻作者

（配乐：月光边境）

我们填写《红楼梦》判曲［枉凝眉］，品读台湾著名"浪子诗人"郑愁予。

枉凝眉

一边身属西化现代诗派，一边情承中华传统文韵。若言不现代，技法偏又不一般；若言现代派，处处流淌古文化。

一面是仁侠豁达之浪子情怀，一面是欲语还休之绵绵情韵。豪放堪比子瞻，婉约犹如义山。想心中需积淀多少文蕴并情怀，才如此字含古香，诗映民生？

郑愁予其人其诗都有一种矛盾的美感：他是现代诗派的主要干将，诗句中又处处流淌着古典韵味；他是个多情书生，其诗大多以旅人作为抒情主人公，同时又深受传统仁侠精神的影响。也正因如此，他的诗总是现代而满怀古韵，婉约又美而不艳。

本诗便是这一特点的集中体现，淡淡的古典情韵萦绕于诗的字里行间，一个错误，便也少了一丝愁怨，多了一丝唯美。

三、咬文嚼字：意象 & 手法

下面，我们将从诗歌所用意象上探寻这首诗背后的古典积淀。

这是李安宁同学仿写的《红楼梦》惜春判曲，其中融入了《错误》里用到的典型意象。

虚花悟

将那窗扉望穿,江花似火待如何?把这青石踏遍,盼那渐近蹄声。念什么,夕阳逐归影,然过客匆盈眸。回首叹,何曾愿得偿?则看那,往日飞絮乍沉寂,袅袅东风绵无力。更兼着,跫音零落没佳期。这的是,朝思暮想颜戚戚,乍暖还寒莲落毕。似这般,阴晴圆缺谁不遇?翠眉低,心画月夜畅故情,梦醒归人散尽。

下面就让我们一一品读这些意象的含义吧。

1. 江南

(1)山清水秀,明媚艳丽:"暮春三月,江南草长,群莺乱飞。"

(2)男女之情与相思:"如今却忆江南乐,当时年少春衫薄。"(韦庄《菩萨蛮》)。

《错误》取的是第二义,在江南如诗如画的背景下,烘托女子的情思。

江南,一个风缱绻,雨缠绵的地方;三月,一个草长莺飞,明媚艳丽的时节。古诗中的江南之春,便常用来衬托男女之间的情思暗长。

如:"如今却忆江南乐,当时年少春衫薄。"《错误》开头一句"我打江南走过"便暗示了将要发生的美丽的中国式际遇。

2. 柳絮

"柳"与"留"谐音,古诗多用柳絮作喻,状写离愁:"撩乱春愁如柳絮,悠悠梦里无寻处。"(冯延巳《鹊踏枝》)

《错误》反其道而用之,柳絮不飞而盼归不归的情思依然,更显内心的孤寂难耐。

"柳絮"是另一个作为背景的意象。春愁繁多缭乱,如东风中的柳絮纷飞。《错误》反其意而用之,柳絮不飞而盼归不归的情思依然,更显出女子内心的孤寂难耐。

还有一些作为喻体出现的意象。

3. 莲花

六朝风行采莲之俗，莲花成了男女们表白爱情和传达思念的媒介。

相思难消的女子借采莲来排遣忧闷，却愈增思念："低头弄莲子，莲子青如水。"（《西湘曲》）

本诗赋予了莲花开落的动态美，"你"误认"我"是归人，笑容如莲花绽开，发现这错误，笑容又收敛如莲落。

如"莲花"。莲是历代男女们表白爱情与传达思念的媒介。它的美丽与纯洁像爱情，亦如爱人。又因其谐音，而表达"怜爱"之意。《错误》中为莲花赋予了开落的动态美。"你"误以为"我"是归人，惊喜期盼的容颜如莲花般绽放，而当发现这只是个错误时，你的笑意又如莲的凋落。此外，莲花还可以理解为喻指女子容颜美丽；开了又落暗示女子等待时间之久，漫长的相思令她红颜憔悴，也恰若莲的凋零。

4. 窗扉

思妇思念征夫，守窗观天色，一天希望又落空："琐窗日影又还西，翠眉低。"（曹勋《酒泉子》）

《错误》中思妇如窗扉紧掩的心，装载了数不清的相思愁苦与失落。

"窗扉"是日复一日守望的开口，《错误》中思妇在深闺中守望，等来的却是对错误的失落与绝望，于是心窗重又紧掩，那之中数不尽的相思愁苦，只有自己品尝。

5. 归人与过客

（1）思念之人终于归家的温馨："柴门闻犬吠，风雪夜归人。"（刘长卿《风雪宿芙蓉山主人》）

（2）没有归属感的无奈："官守二年如过客，风流千古是虚名。"（鲍粹）"生者为过客，死者为归人。"（李白）

《错误》用过客与归人形成强烈对比，"不是"直接否定了归人带来的温馨，取而代之的是过客的无奈与伤感。

"归人"与"过客"是诗中最重要的一对情感意象。

"归人"含着终于至家的温馨;"过客"却是没有归属感的无奈。当归人的温暖,被过客的漂泊取代,那一瞬的心理落差,足以令人动容、扼腕。一切等待,一切因希望而生的欢喜随着达达马蹄的远去,消散成空。只因我只是过客。

6. 闺中女子

本诗还有一大重要情感意象,便是闺中女子的形象。

思妇闺情诗是中国传统诗歌中一个重要分支,笼统地说主要分为以下两类:抒发别离苦情和表现对游子的思念、想望。

(1) 多少泪珠无限恨,倚栏干。([五代]李璟《摊破浣溪沙》)

闺中少妇不知愁,春日凝妆上翠楼。忽见陌头杨柳色,悔教夫婿觅封侯。(王昌龄《闺怨》)

(2) 打起黄莺儿,莫教枝上啼。啼时惊妾梦,不得到辽西。(金昌绪《春怨》)

而《错误》中,女子小小的心则多了几道波澜。马蹄达达,来者岂是日思夜想的归人?那种惊喜之感不言而喻。过客无言,莲花凋落,失望萦绕于心房。一颗满怀期待的心,在一次次的惊喜、失望、惊喜、失望后,或许,只剩下了寂寞。望眼欲穿的想望,因了一个美丽的错误,显得愈发悲凄寂寞,情思,也在不知不觉中化为了愁思。

心理变化:

马蹄达达——打江南走过　惊喜

季节容颜——莲花开落　失望

跫音不响——春帷不揭　期待

寂寞的城——街道向晚　封闭

东风不来——柳絮不飞　寂寞

思念、想望——(美丽的错误)——愈发悲凄、寂寞

情思——(美丽的错误)——愁思

江南梦

千里忆江南,梦中识归舟。

执手相看无语泪流。

魂归来梦醒不见君,扶栏独自忧。

待何时相聚春风里,一笑忘离愁。

闻客来,马蹄声声复又远,过客去,归人不回泪难收。

纵然是,春花秋月好,难解相思扣。

弹指老,红颜离恨几时休?

但只叹,思寄南国梦悠悠。

《错误》中的女子亦逃离不了那种等待的哀愁,江南春景中,一个美丽的错误,将女子前后内心波动展现在读者面前。这份寂寞的感伤,也便来得更加朦胧,读来,心里不由蒙上一层浅浅的美丽忧愁。

四、真知灼见:美丽错误

小结:对比传统闺怨诗。

经过前面意象的分析,不难看出这首新诗的传统烙印和厚重的古典文韵,但本诗又明显有别于传统闺怨诗,我们认为有以下两点高明之处。

首先是视角的不同。无论是"过尽千帆皆不是,肠断白蘋洲",还是"山月不知心里事,水风空落眼前花",传统思妇闺情诗中,诗人总是站在女子的角度,道出思妇心中无尽的哀愁与悲凉。

而《错误》中,"打江南走过"的是"我","你"没有"泪",没有"愁",但在"你""我"情感的共鸣中,一种淡淡的感伤弥漫于唯美的时空之中……

本诗最大的高明之处在于情感的交杂。弥漫在江南春色中的,不仅是幽闺之哀怨,更包含隐隐的羁旅愁苦。

寂寞?谁?女子?路人?抑或两者皆是。

多少日落晨曦,故人不归,空留一声叹息。

路人流浪无依,不见故乡影子,何处是归路?

寂寞,为了见不到的亲人,为了回不到的故乡……

归人,女子,一个错误,让他们如何心弦荡漾,又转瞬凋零。此情无计可消除，一曲《世难容》道出这个颤动人心弦，隐隐怀着无奈与遗憾的美丽错误。

世难容

叹年来踪迹，何事苦掩留。日日念归人空心殇。你道是独倚望江楼，肠断白苹洲；却不知帘外春将暮，过客亦思归。千万恨，山月不知心里事；独掩窗，水风空落眼前花。到头来，只叹得最是人间留不住。怎无奈，过尽千帆皆不是；终难平，马蹄达达过客行。

王国维说：红杏枝头春意闹，著一闹字而境界全出；云破月来花弄影，著一弄字而境界全出矣。

诗尾以一个"美丽"修饰"错误"，全诗具有了一种错位的美学意义。这种欲说还休的情绪，使闺中女子的寂寞与伤感表现得婉转缠绵，使过客游子的渴望与无奈表现得淋漓尽致。

（配乐：相思曲）

小小的窗扉绽开，只为，你轻轻的马蹄，毫不掩饰的浓浓归意。

三月的花信，拂开久落的春闱。无数次梦中的笑颜，于此刻苏醒。

一瞬间，陌生的容颜，才翘起的嘴角，复又无声滑落。

一瞬间，莫名的心痛，眼前的你，重叠着远方的他的影子，缠绕在心中一个柔软的角落。

秋风扫过初绽的荷塘，你目光中相似的哀愁，徒给我失落的凄惶。

窗扉紧闭，马蹄踏着轻轻的企盼走远了。

我的心如弦，却载不动你归心的箭。

我走近你的窗前，只为，多看一眼，你莲花般的容颜。

目光交汇的刹那，我的嘴角，不由画开一抹难以察觉的弧度，那是一种由心而生的温暖，因了你眼光中的期待。

一瞬间，莲花凋零，看到你低垂的眼帘，我的心，蓦然空了一下。

一瞬间，清傲如雾，看到你深深蕴含的眼神，我的心弦荡漾，远方，也有这样美丽的春色，执守于春色中的莲花。

一颗沉寂的心为我而鲜活，你美丽的笑容敲醒了我沉睡的梦境。

青石小路泛着温柔的光，我骑着马，轻轻，轻轻地离开。

等待，也可以是我们自己内心深处一个最隐秘、最美好的愿望，许多次误以为它将变成现实，心弦为之荡漾，颤动心中那一个不为人知的柔软的角落，结果却发现一切只是一个美丽的错误。于是我们继续默默地等，独自固守着它，任凭魂牵梦萦、望眼欲穿。

但，或许，这便是其美丽之处，正如丰子恺先生所言："世事之乐不在于实行而在于希望，犹似风景之美不在其中，而在其外。"

朗诵：《错误》

（配乐：神秘园）

沉醉烟雨中

——《错误》散文日记版解读

高二（1）班　李臻臻　谭菲　王雪　彭博

错误

我打江南走过

那等在季节里的容颜如莲花的开落

东风不来，三月的柳絮不飞

你的心如小小的寂寞的城

恰若青石的街道向晚

跫音不响，三月的春帷不揭

你的心是小小的窗扉紧掩

我达达的马蹄是美丽的错误

我不是归人，我只是过客……

1920，民国九年，江南。

我是独自从北方的家乡南下，经过这个小镇的。

彼时天色仍是青白，氤氲的水汽缱绻在青砖灰瓦边，宛若未醒的酣梦。三月的柳絮如雪，肆意卷着东风。马蹄声声敲打在青石板上，原本铿锵的足音，竟也如梦一般轻妙空灵。

我不觉一拉缰绳。马儿轻嘶一声，似也微醺般地停住脚步。

咔哒。尾音弥散于淡雾织的烟愁中。

眼前是一面斑驳湿润的墙，静默着，嵌着扇小小的木门。紧掩着的是陈旧的年华，还是多少隐秘的心事？

我正沉醉在思绪中。忽然，"吱"——那木门微锈的锁轻颤了一下，我猛然一惊，一个女子的面庞从门缝里急切地现出来。那是怎样一张清秀的脸——玉簪斜坠，几缕尚未挽好的青丝温柔地散落在鬓旁、缠绵于风中，更衬得那小小的面颊分外单薄忧伤。可我分明看见，那藏在苍白面容下抑制不住的渴望，如同风中的莲花，炽烈着颤抖着，美得让人心痛。

眼神相交的那一刹，我真真切切地迷失了。

如莲的容颜顷刻凋落。茫然、倦意、失落，飘了江南一季的天空。

静谧。一切的一切在这一刻停滞——如水，倒映着破碎的寂寞。眼前的我于她，只是一个陌生的过客。一切等待在这一刻幻灭，只剩下一声叹息，一个错误。

东风滞留在遥远的地方，柳絮惊醒了又睡去，不管人间的等待和梦。

青石的街道踏出了深痕，马蹄过尽皆不是，肠断无言中。

饱满氤氲的水汽不易察觉地侵蚀上她的双眸，那黑色幽深处的痛苦与隐忍暗涌着，仿佛随时就要从眼角落下。

我无措，立在原地，任江南的水汽凝成纷乱的泪，碎入流年。恍惚间发觉藏匿在脑海深处，我不曾揭开细察的，似乎亦有这样一双眼睛——

痛苦、隐忍，那暗涌的波澜……

（背景音乐：以上《月光边境》，转《命运》）

1919，民国八年，晋城。

这是我的家庭，一个随着清王朝没落的官宦家族——封建、保守、沿袭了几千年来一成不变的阴魂般的传统礼数。两扇沉重的暗红色宅门，如同永不会开启的铁闸，隔绝了这个纷争的世界，还有南方大地上风起云涌的革命怒潮。

  她，便是这深宅里又一个无奈的囚徒。

  她本不该陷入这样的命运。她出身书香门第，知书达理，又端庄清丽，几乎集合了传统意义上贤妻良母的一切特质。因此父母在她尚未及笄之时，便一眼相中了她，要她以后做我的结发妻子。

  这注定是一条没有出口的路——因为我。我是个浪子，一个叛逆者。

  家道还未没落时，我赶上了"留学热"而远渡重洋学习。在那里，我接触到了西方先进的文化，那层出不穷的新思潮，让从小便与这个带着腐朽气味的家格格不入的我，忽然觉醒了！

  自由、民主、科学终有一天要如怒吼的洪流般冲破旧社会的铁闸，而开启闸门的重任，在我、我们，这些痛苦却清醒的先觉者身上！

  而她，纵然清丽如出水的莲，却只能在深闺中守着日同一日的年华开落，丝毫不去奢求庭院外亮得刺目却意味着自由的阳光。

  阴暗的宅，宅中的事，事中的人，我挣不开这沉重的枷锁；压抑的黑云，也容不下我向往自由光亮的心。

  我是一定要离开了！

  当我急不可待地打点行装时，回首看到了她，静静地在门边立着，温柔的眼里闪着晶亮的光。

  我毫不心软，却只想逃脱。

  "你要离开了？"这不是问句，她的声音轻得像江南的雨。

  我装作没听到，转过头继续收拾行李。她也不再追问，只是细细地叠好一件一件衣服，指尖抚过，再默默地递给我。时间静得，如同这深深宅院里几百年波澜不惊的岁月。和人一起锁在这里，不曾流走，也不曾停断。

我出门，父亲竟就在门口，身后跟着母亲。他面无表情，沉重得如铜铸一般。我迈步，他看到我的包裹，那拐杖挡住了我的去路。

"哪去？"

"出门。"

"不许去！"

"我要去追求我的理想！"

"不着边际！"

"你永远不会懂。这个家容不下我。我要走了！"

父亲向后跌了个趔趄。

我用力咬紧牙，头也不回地向前。

"你给我站住！"震雷一般的怒吼在庭院里轰隆隆地回响，我不由得定住了。

"我受尽了这个家的黑暗和压迫，你从此就当没有我这个儿子吧。"

父亲的身子一震，猛然抄起门边的笤帚，举过头顶。

突然，那个瘦弱的身影冲向父亲。"扑通"——她跪下了，跪在父亲和母亲脚下，"爹，娘，不要生气了。先生他只是……一时冲动。别气伤了身体。"声音里带着颤抖的哭腔。

我看她，她的剪影嵌入门外的景。

庭园中的藤，只剩下干枯的枝，如虬龙的尸。弥漫在这里的，是滴血的记忆，是挥之不去的痛。

父亲拿着笤帚的手剧烈地颤抖。那佝偻的身躯仿佛枯干的老树，随时就要轰塌："你这个孽障！……不肖子！你……你给我滚！永远别再踏进这个家一步！"

"好！我不会再回来了！"我决绝地回了一句，最后看了眼父亲青筋暴起的和母亲眉头紧蹙的脸，却无意间瞥到了她的——那双倔强又无助的眼睛。那黑色幽深处的痛苦与隐忍暗涌着，那么像要溢出，她却用尽全部的力气噙着。

她一直保持着跪地的姿势，单薄的身躯像是一阵轻风就能将它吹散。苍白的容颜如同风中的莲花，颤抖着，好像竭力不想凋落，只为最后一刹那的美丽。

我决绝地转头，永别了！这个囚牢样的家，这个没有门窗的死城。

（转《月光边境》）

1920，民国九年，江南。

眼前的这位女子，不又正是远方的那个她。她眼中的哀怨，心底的寂寞，那同样在深处暗涌着的痛苦与隐忍，那同样藏在苍白面容下抑制不住的渴望，又会是怎样？

从此，丰腴的江南在心中消瘦，风景变了数旬，如莲，在开开落落之间只剩下一支干枯的荷梗。

当我义无反顾地迎向革命的阳光，当我一心想要解放人民、解放社会、解放这个中国时——却把她最后一扇希望的窗扉，关了。

她在紧闭的深闺里，把归鸿望断，把秋水望穿，却终是一人，永远地，锁在寂寞的城。

我心中的愧，抽丝般的痛，无人诉说。

是我的错？是时间的错？还是我们在一层层错误中迷失了方向？

　　　　我打江南走过
　　　那等在季节里的容颜如莲花的开落

　　　东风不来，三月的柳絮不飞
　　　你的心如小小的寂寞的城
　　　　恰若青石的街道向晚
　　　跫音不响，三月的春帷不揭
　　　你的心是小小的窗扉紧掩

　　　我达达的马蹄是美丽的错误
　　　我不是归人，我只是过客……

江南

——《错误》诗化小说版解读

高二（1）班　邵嘉艺　韩云凝

错误

我打江南走过

那等在季节里的容颜如莲花的开落

东风不来，三月的柳絮不飞

你的心如小小寂寞的城

恰若青石的街道向晚

跫音不响，三月的春帷不揭

你的心是小小的窗扉紧掩

我哒哒的马蹄是美丽的错误

我不是归人，是个过客……

一、漂泊　他

纵马缓行于杨柳道上，只逆着长亭与短亭。

吟游在外，原本清秀的脸庞上已然隐现风霜，剑眉下的双眸暗淡无光，一袭月布白衫不知是不是因天的阴郁而略显灰暗。踽踽行于田垄间、古道旁的他，怎么看都是一个落魄书生的模样。

此时的他，早已不是当初那个整日嚷嚷着要仗剑走天涯的少年了。离家已经三年了，漂泊也快要三年了。从最初的意气风发，立志访遍名川大山，穷极天柱南溟，到现在真正的漂泊，伶仃子然，不知所向何处。这其间，他或舌战群儒，或剑指八方，或风餐露宿，留连山清水秀，或秦淮猎艳，倾遍花舫秀舟，或访宗师高人，问道于经室，或觅二三知己，醉饮于月下。也曾遭过劫道，蒙过栽赃，救济过饿殍，怒扣过朱门，哀过万骨枯而一将成，泣过忠臣死而奸佞拥。一路上潇洒过，失意过，风流过，落魄过，这一切的一切如同油浸刀刻，水过沙磨，斩掉了招摇的棱角，磨去了败质的糟粕。终于，他弃了剑，收敛了眼中的精芒，如一块温润的玉，在阴暗时甚至会显得有些暗淡。

但他还是在漂泊，一路向前，因着一丝执念，仍不愿把马头朝回那个他离开了三年的地方。

不愿，抑或是不敢？

他快加几鞭，猛跃上了道旁的土丘，轻叹了一声，勒住了一路陪伴着他的马。下马伫立，不知第多少次遥岑远目，向着曾经梦想的天柱南溟。

却再没有踏前一步。

细雨开始飘零，前路雾气蒙蒙，如刚刚收笔的泼墨山水。他苦笑着摇摇头，僵硬地转过身，第一次向着那个他三年来努力克制着让自己不去眺望的方向，眼神复杂。

在那里，有着他的好友，有着他的至亲，当然，还有她。

胸口再也忍不住地疼了起来，他再也不能保持古井无波洞悉世事的表情。一直以来苦苦夯实加固的防线竟显得那样脆弱，一种很久没有出现过的叫作恐惧的感觉由心底滋生，一经萌芽，便一发不可收拾。

他不敢，是的，他不敢！他不敢面对少时无话不谈的伙伴随年龄增长而渐渐变厚的那层隔阂，他不敢面对父母那虽然被重逢的喜悦愈合却最终落成一个疤的离愁，他更不敢面对那因他毅然离去而伤心欲绝的她，更害怕，她是不是还像少时，他每天晚归，看到她房里那永不熄灭的烛火在等待着他呢？

江南的雨，正如新妇送郎君远游时的矜勉劝慰，听着温柔，落在脸上却让人疑是下了泪，落在嘴里，只觉出了苦涩。

他轻抚身旁这匹一直陪伴着他的马。马儿早已没有了当年他驯服它时的桀骜不驯，绝尘而去时的丰神俊朗，于风吹雨打中渐显了老态，双眸里有着不加掩饰的疲乏。

"呦，看你这样子，想家了吧？"他语态故作轻松，却是讲给马听。

可这马儿却像是因为和他处得久了，竟长嘶一声，通人性地点了点头。

他一窒，旋即苦笑，负手而立再不掩饰眼中的如剑精芒，思忖少顷飞跨上马，掉头扬鞭绝尘而去。一袭晃眼的白衫飞飘着，隐没于江南烟雨之中。

这一刻，浪子变归人。

二、江南　她

春水碧于天，画船听雨眠。

垆边人似月，皓腕凝霜雪。

未老莫还乡，还乡须断肠。

江南风物醉人，多出美女，于是就多了浪子。多了浪子，便惹了风流，落了幽怨，也多了故事。可往往，这些故事，却再多不了一个结局。

她，守着一个故事。

也在等待一个结局。

醒来时，帷子已透不进多少光了。

借着酒劲，难得地没再惊扰于梧桐夜雨，也难得地睡了个踏实。

可是摸摸枕头，为什么却湿了一半？

她起身，揉开双眼，玉钗自云鬓滑落，竟是说不出的慵懒。

估摸着将近黄昏的天色，嗅着那丝淡不可察却如幽魂般不散的酒香，秀美的娥眉微微一蹙。

下了床，径直来了妆台，步态轻盈曼妙，不经意间却像是最华美的舞步。

台前端坐，拭去脸上的泪痕，捻起那一支支秀笔、一扑扑玉霜。净颜、铺底、描眉、涂红、修鬓，一个个动作如行云流水，宛若天成。怕是没人能知道，这梳洗弄妆要多少次才能让每一动每一滞，每一涂每一抹都这样风姿绰约，这般万种风情。

只有她知道，她是在他离开的第二天开始的，只是不知还要画到何时。

他或许明天回来，或许再也不回来了。

可女人就是这样，总想把自己最完美的一面毫无保留地展现给风尘的你，无论你何时回来，哪怕你再不回来。

望着镜中那倾城倾国、颠倒众生的绝世玉容，她甚至没有一丝笑靥，只是轻抚着，轻抚着被画得越来越深以掩盖岁月的黛眉。

"数数日子，莲花又要开了吧。可开得再美，来得再长，也还是要谢的。想想看上次赏荷还是三年前，和他在一起的时候……"

容颜的变化竟如朝荷晚谢，明媚与忧伤竟可以那样接近，又那样遥远。

三年了，你不在我身边已经三年了，落寞而寂寥的等待也快要三年了。

夜泣梧桐辗转反侧是为哪般，低垂春帷空房独守是为哪般，日日红妆空掷青春又是为哪般？自己呵，你这样，值得吗？女人呵，你这样，值得吗！

像是再也抑制不住心里的委屈，她蹩到桌前抓提起笔，浓得化不开的忧伤顺着纤毫，恣意挥洒，一路写下竟是连蘸着的墨都没有用尽。

梳洗罢，独倚望江楼。

过尽千帆皆不是，斜阳脉脉水悠悠……

"笃笃，笃笃，笃笃，笃笃……"

写到这句，那窗外竟是出现了马蹄声。

她再也不能尽情流畅下去了，因着这不知已听过几百几千遍的蹄声，因着她无数次"过尽千帆皆不是"的失落与委屈，更因着这蹄声里那与众不同、毫不掩饰的浓浓归意。

"是他吗？是的，这次一定是他！"

她甩开毛笔，任那墨汁恣意洒落。乱了字迹她不管，污了华服她不顾，只是用尽了力气推开窗帷，沿着青石街道逆着晚霞，迎向那蹄声的方向……

纵马扬鞭，只因归途太紧，也太长。

他来到了一座小城。小城太小，没有烟花，也容不下太多的兴旺与热闹，有的只是江南最简单的小桥流水，白壁青瓦。

马蹄声不可抑制地越来越快，笃笃，笃笃，笃笃，笃笃……

踏着千篇一律的青石板，沿着河流，穿过弄巷……直到转过那个弯角。

他似心有灵犀地抬头，便看见了她和她的眼睛。

一时间，他竟呆住了。

一路归途，就连三月的绮丽春色、江南的烟花巷柳都未得其正眼，可他却因路边一个女子，呆住了。

"笃……笃……笃……笃……"

他亲眼看那个女子，本如莲花般绽放的绝美容颜，慢慢凋零，双颊苍白得没有一丝血色，只留一双仍在翻涌着情绪的眼睛，渐渐沉淀成一种他极为熟悉的眼神，回复了小城般的平静。

他的心突然好疼好疼，不仅震撼于女子那让整座小城乃至整个江南都为之黯然落寞的孤寂与凄清，更惊异于他在她眼中所体会到的，那种他以为本只属于他的她的眼神。

体味着女子清傲如莲花般的孤独，他身子一震，蓦然懂得了，她在他晚归时含笑而立，在他临行前如泣如诉时眼中深深蕴含的眼神，那种只会随着积淀越来越浓重的眼神，它真正的内涵：

她会等他。

她好似察觉到了自己的失态，远远地一笑，却显得有些惨然。

看着这个越走越近的过客，他眉间的风尘和眼中的急切渐渐清晰。

她的心突然好疼好疼。一时间，眼前晃动的影子竟与不知在何方的他重叠起来。纷乱如三月柳絮般的思绪与怨愤在此时竟全数化成了一腔绕指柔情，从内里一遍又一遍冲击着她自以为早已寒若冰雪固若金汤的心房，让她快要抑制不住冲下楼，轻轻为他拂去脸上风尘的悸动。

看着他带着歉意的微笑，匆匆从帷下经过，礼貌与急促竟能叠加得那样天衣无缝。

"他一定是去找他的她吧……"她暖暖地想着。

又想到她的他此时说不定也在另一个她的屋檐下经过，带着歉意的微笑匆匆的急切和淡淡的自豪，好像在说：

我让她等我。

他和她就这样凝视着，毫无矜持与羞涩，一眼之缘，一见如故，直到蹄声渐远，渐快。

"笃笃，笃笃，笃笃，笃笃……"

他策马消失在路的尽头，最后一分担忧也化为了归心似箭。向晚的青石街道，并不远。

她回到桌旁，取了新的宣纸，铺排开来，借着窗帷里渐渐洒下的月光，写到：

人有悲欢离合，月有阴晴圆缺，此事古难全。

但愿人长久，千里共婵娟。

《人间四月天》话剧版解读文案

高二（3）班　熊柏桥　李司棋　李竹轩　王海宇　张子铎

【人间四月天——我等候你】李司棋散文（略）

【演员】（PPT 介绍演员）

第一幕

背景音（徐）：邂逅是一种奇迹，上天让她眷顾，我已感激，无论将来发生何事……

（两人分站台上两角，手捧信纸）

（林徽因上，慢慢地，边走边读，到空地中间）

林：我亲爱的朋友，当这个世界寂静无声的时候，我总是想能听到你到我耳边低话，那使我常常要忘了我们活在凡尘间，而误以为天地中果真有无人之境……灵犀相通，夫复何求？纯洁的友谊是我们惟一可以握有的，一旦它受到丝毫的沾染，我们就只配一无所有了！——我想通这一点，理解对你没有怨尤，即使是善意的欺瞒，也使我相信那是因为你信守朋友的份际，信守你对我的承诺。

（徐志摩上，慢慢地，边走边读，到林徽因身边）

徐：徽音，我最挚爱的人，请容许我这样赤裸的表白。如果这使我成为一个背信失诺的人，如果因此我将被诅咒成为一个狂妄丧德的人，就让我是吧！因为即使我小心翼翼踩在悬崖的边缘，你依然远走苏格兰了。何不，就让我粉身碎骨相随，让我失去一切而保留我灵魂的完整——徽音，告诉我！在四月天的树梢上你看见了什么？在我的低语里你听见了什么？我不信，苏格兰没有春天。

旁白：这颗赤裸裸的心，请收了吧，我的爱神！因为除了你更无人，给他温慰与生命，否则，就把他磨成齑粉，撒入西天云，但他精诚的颜色，却永远点染你春潮的新思，秋叶的夜晚。

第二幕

（徐志摩回国，张幼仪被迫离婚。）

徐：幼仪，这段时间我考虑了很久，现在我已经想好了：我们得离婚。

张：可（是我们）……！

徐：不！你听我说！我们的结合，从一开始就不是出于真正的爱情，我受困于这封建婚姻已经够久了。现在，我找到了我真正想要的东西，那是这段婚姻所不能给我的热情与浪漫——我现在恳求你，放我自由，让我拥有去追求这份爱情的资格吧！（痛苦地抱住头）

张（含泪，扶住徐的手臂）：你怎么能说出这么狠心的话？我不求回报地爱你，并且会一直爱下去，这又有什么错？你离了婚，你想过你的名誉会遭到怎样的摧毁，你的父母、朋友又会怎样看待你？我们的结合也许不是出于真爱，可它是合理的，是长辈认同的，你又怎能违背他们的意愿！

徐：……不，那一切我都不顾了！让我和这个家庭彻底地决裂！我要切断我一切的后路，不再回头！让她指引我的方向，让我只身去追随她！这唯一灵魂的伴侣，灵魂的爱——得之，我幸；不得，我命！

第三幕

徐：徽音！我现在终于得到了自由，能够来见你了——幼仪成全了我们！我们离婚了！我向你承诺过，你还记得吗？我许你的未来？真不敢相信，它已经这样近在我们的眼前，变得这样真实……终于！终于！它终于要到来了！

林：不，志摩，不。

（徐激动的表情凝固在脸上，hopelessly confused.）

林：不……这样的未来不会再有了。忘了它！忘了那些永远不会真实发生的幻想，回到现实中来吧。你明明知道我们是不会有结果的，又怎能放弃一切循着这命运的陷阱，不顾一切地跳进来呢。你走吧！你走吧——

徐：徽音？你怎么能说出这样的痴话？如果这是你对我的爱情的考验……

林：我已经和梁思成订婚了。

（两人相视许久，约5秒，林徽因要记住下一句还是自己的）

林：让我走，别再来看我了。不要让我一直忘不了你。（下）

徐：（静默许久，转身面向大部分观众）（抬头）

　　　　我是天空里的一片云，

　　　　偶尔投影在你的波心——

　　　　你不必惊异，

　　　　更无须欢喜——

　　　　在转瞬间消灭了踪影。

　　　　你我相逢在黑夜的海上，

　　　　你有你的，我有我的，方向；

　　　　你记得也好，

　　　　最好你忘掉，

　　　　在这交会时互放的光亮。

（转身，走两步，可随意些）行走在阡陌红尘里，安之若素的你如一缕清风,轻轻拂过我的眼前,留下阵阵余香。你从繁华中浅笑而来,我掠过地平线上的日光,才看清你的脸颊。我轻如浮云,淡如静水,冷似冰山,近我者,皆免不了遍体鳞伤,而你却不以为然。望着你盈盈浅笑的脸庞,臆想,若是早些遇见你,这份尘缘是不是会更美丽?我不是拈花微笑的仙人,对于红尘中的爱恨情仇无心参与,亦不是阅历丰富的智者,对于迷茫的十字岔口果断抉择,我只是一名凡夫俗子,怀念往昔,眷恋红尘,仅此而已。而我错了,我看不清你我的路终不是一条。情字累人,我却学不会放手。你也许从未爱过我,但如若不是你,我不会懂得何为爱,何为真情;如若不是你,现在的我可以活得无牵无挂。可我做不到。没有你的我还是我吗?我问过自己,亘古不变的情真的存在吗?或许有,或许没有。又或许我们本不该相遇,如若不曾相识,那山,那雨,那彼岸沧海,那涉水茫田,那刻骨铭心的种种,还会纠结至今吗?一辈子,就做一次自己。这一次,我想给你全世界。这一次,遍体鳞伤也没关系。这一次,用尽所有的勇敢。这一次,可以什么都不在乎。但只是这一次就够了,因为生命再也承受不起这么重的爱情。这一次,依旧为了你,我不得不放手。至于曾经的温暖感动,你最好忘掉,因为美好的回忆是泪中的笑。泪让我流尽,只要你笑靥依然。把我当作陌生人吧,只是这个陌生人永远不会忘记你。

第四幕

旁白:1931年11月19日清晨,徐志摩搭乘国航"济南号"邮政飞机由南京北上,参加当晚林徽因在北平协和小礼堂的演讲会。飞行过程中大雾弥漫,机师降低飞行高度,不料撞上开山,坠入山谷,徐志摩遇难。

(林、梁、张上,哀悼,林手捧徐志摩遗像)

林:(同梁站在一起)突然地,他就这样闯出我们这共同的世界,沉入永远的静寂,不给我们一点预告,一点准备,或是一个最后希望的余地。——可他怎么能够?怎么能够,这样忍心地将我们抛入这样冰冷无情的绝望与痛苦？现在那不能否认的事实，仍然无情地挡在我们前面。任凭我们多苦楚地哀悼他的惨死，多迫切地希冀能够仍然接触到他原来的音容，事实是不会为我们这伤悼而有些许活动的可能！这难堪的永远静寂和消沉便是死的最残酷处。

（林向前几步，梁在原地）

我不迷信的，没有宗教地望着这死的帷幕，更是丝毫没有把握。张开口我不会呼吸，闭上眼不会入梦，徘徊在理智和情感的边沿，我不能预期后会，对这死，我只是永远发怔，吞咽枯涩的泪；待时间来剥削着哀恸的尖锐，痂结我每次悲悼的创伤。事实不容我安插任何的希望，情感不容我不伤悼这突兀的不幸，理智又不容我有超自然的幻想！……而志摩则仍是死去没有回头，没有音讯，永远地不会回头，永远地不会再有音讯。可这事实……我又是这样希望它不是如此的没有余地，至少不是这样的残酷逼人！

第五幕

旁白：然而这事实一天比一天更不容否认。志摩死了，这个简单残酷的实际早又添上时间的色彩，一周，两周，一直增长下去。在这时间无限的增长中，林徽因看到了生命的逝去，不久后也迎来了另一个在她体内孕育出的新生命的诞生。每当看到她自己与丈夫的亲生骨血，她却总是不自觉地想起另一个模糊的身影，那个在这孩子出生不久前离开的身影。

林：我说你是人间的四月天；
笑声点亮了四面风；
徐：你不必讶异，
轻灵在春的光艳中交舞着变。
更无须欢喜——

你是四月早天里的云烟，
在转瞬间消灭了踪影。

黄昏吹着风的软，
你记得也好，
星子在无意中闪，
最好你忘掉，
细雨点洒在花前。
最好你忘掉！
忘掉！

那轻，那娉婷，你是，
鲜妍百花的冠冕你戴着，
你是天真，庄严，
你是夜夜的月圆。

雪化后那片鹅黄，你像；
新鲜初放芽的绿，你是；
柔嫩喜悦，
水光浮动着你梦中期待的白莲。
（梁携儿子上）
你是一树一树的花开，
是燕在梁间呢喃，
——你是爱，是暖，是希望，
你是人间的四月天！
（孩子笑，单独一人诡异的笑）

旁白：生命，她看到了它的延续，它的生生不息。逝去的不再有挽回的余地，可"生命"却永远不会消沉归于虚无。总会有新的生命，总会有新的希望。

【最后散文收尾】

甲：我感激，人生不是只若初见。我们美丽的邂逅，你像人间四月的微风,吹过了我的面颊,在我的身边环绕,在我的唇上轻吻,在我的眉间徘徊。你带来了栀子花的清香,这味道太美好,我深深地呼吸着那清香中迷人的爱的芬芳,这是滋养我人生的珍宝。你带来了炽热的阳光,为我这迷茫的向阳花带来了希望,找到了人生的方向。我贪婪地吸收着阳光的温暖,脚下的根在你柔软的泥土中茁壮成长,你无私地给予着我雨露,在我的笑声中微笑,在我的奔跑中追寻,在我的泪中撕心裂肺,在茫茫人海中寻找灯火阑珊处。我的世界逐渐鸟语花香,清风拂绕,我知道那是爱的浇灌呵护出的国度。你迷人,你多情,你爱得轰轰烈烈,你不顾阻挠,你抛弃了一切,只因为我,我知道,那是爱到极致的疯狂,是我此生无法回报的缘。你是人间四月的风,在你的爱抚下,我像风筝一样追逐前方的美好,我不用担心风筝断线,因为你会牢牢地将我托住,托住爱。在我最美好的花季遇到了你,你让春天的我真正回归了春天,你拨动了我心中的弦,那变幻的乐章让我沉醉迷恋,唉,这美好的四月微风还能吹多久呢。

乙:清晨,雾霭茫茫,你裹挟着青草的芬芳,露珠的絮语,和那还未睡醒的花的呼吸,冉冉升起。你飘向还未放亮的天空,你向还在睡梦中的人们骄傲地说出我的名字,你在心上摆出了我的轮廓,你说情至此,无论天涯海角。你飘向云霄,你说你的爱要告诉天空,告诉大海,告诉星河,告诉所有会祝福我们的生灵。你说我们的相遇值得让所有人铭记。傍晚,黄昏的光晕在天边闪耀,醉人凄凉,那光亮越来越弱,最后一抹消失在屋檐之上,留下了茫茫黑夜,和还未来得及抓住的余光。你去哪,让我无处寻找。夜深了,你是否和我一样思念着对方。我走到窗前,我听到了你的呼唤,在天空中闪耀,你说要为我点亮夜空,即使傻得可笑。只因为我是向阳花,我喜欢暖暖的阳光。我安心地睡去,因为我相信明天早上你还会在那袅袅炊烟中说出爱的誓言,日复一日,此生不忘。可是,志摩,对不起,我承担不起这份沉甸甸的爱,我知道我们的名字再也不能在山谷中追逐地响,我知道时间这最好的药也无效,我知道这伤遍体,刻在了心上。我走入夏的奔放,而春的美好却渐行渐远,那淅淅沥沥的雨滴模糊了爱情,连花儿也在怨我,怨我在你心里刻下了年轮,留下了此生抹不去的伤痕。如果来生,我们能早一点相遇,如果来生,我能爱上你,如果我还可以选择。只是,今生今世的我们注定彼岸相望。

附：第三轮诗选

主题：家国情怀

1. 梁　飒　唐皓宁　王蕴卓　闻茉兵　张若鹏
（《祈祷》闻一多）

2. 何雨蒙　王佳宸　田浩然　徐　铭　孙明琪
（《麦坚利堡》罗门）

3. 唐思游　孙思瀚　吴迪　翁怡然　田婉莹
（《一句话》闻一多）

4. 李泽涵　张　弛　魏易芳　顾子琛　杨云帆
（《祖国啊,我亲爱的祖国》舒婷）

5. 禹启宇　郝韶航　高　山　张伟斌　蒋家瑞
（《祖国啊,祖国》江河）

6. 车　冉　高若文　吴可菲　陈　卓　丁瑞杨
（《我爱这土地》艾青）

7. 熊柏桥　李司棋　李竹轩　王海宇　张子铎
（《以梦为马》海子）

8. 刘　笛　唐　蔚　王迎晨　高子亚　周义然
（《乡愁》余光中）

9. 迟昭天　曹蕾蕾　杨文昊　郝思淳　盛子明
（《唐人街》黄雍廉）

本文系北京市教育学会"十四五"教育科研课题"中学语文诗歌教学研究（HDYB2021—110）"的研究成果。

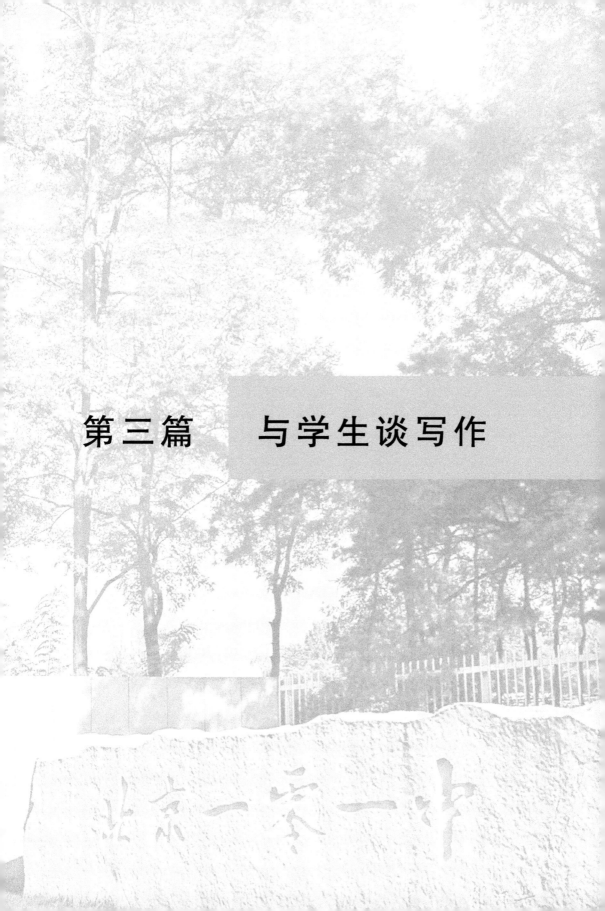

第三篇　与学生谈写作

涓涓清流润幼林

个性化写作十五讲

一、为什么会对作文犯怵？

这是同学们遇到的一个非常普遍的问题，是一个非常深刻的问题，也是我们很多同学没有考虑过的一个问题。那么，今天我们来聊聊这个问题。

我首先从唐朝文学家、"唐宋八大家之一"的柳宗元说起。为什么说柳宗元呢？先来看柳宗元这个名字，"宗"就是追寻探究，"元"就是一个事物原本的状态、最初的状态，"宗元"就是探求一个事物最初、最本质的状态。柳宗元，字子厚，"子"是你，"厚"是深厚，"子厚"就是你变得很深厚。也就是说，探寻了事物最初、最原本的状态，你就会变得越来越深厚。但一个非常普遍的问题是，不管是写作文，还是其他的生活问题，我们往往只看到了问题，只看到了现象，而对于产生这个问题的根源，并没有去追寻、去探究。所以，很多人就变得很普通，甚至是一个问题摆在他面前，就像一座大山一样，永远无法逾越。

就像我们对作文犯怵一样。为什么会犯怵呢？我们考虑的无非就是没什么可写的，即便是有可写的，也写不好。那为什么没有可写的呢？不再想了。为什么写不好？怎么能写好呢？也不想了。

所以，今天把这个根源找到之后，我们可能对写作文犯怵就有了可以解决的办法。

为什么我们会对写作文犯怵呢？这要从学校、老师、家长和我们自己几个角度去考虑。

首先，是我们的学校学习。现在，教育部层面开始让我们"减负"，为什么"减负"呢？因为我们的负担太重了，白天上课（八九节课），我们有的外地同学有可能还需要上晚自习。其实，我们每天大约12个小时的时间都投入了课程学习当中，也就是书本学习当中，这就导致出现一个问题，也就是没有时间。

其次，从老师的角度说，我们的语文老师没有引导过我们去思考生活，甚至是学习。你为什么学习？你为什么活着？你为什么愿意做这件事，不愿意做那件事？有的即使问过，也是浮皮潦草。还有就是老师留的抄写字词的作业偏多，默写的作业过多，七天一大测、三天一小测，每天都得测。有的老师对课本，尤其是课本当中的文学作品，解读得比较枯燥。它的枯燥来源于哪呢？来源于不是老师个性化的解读，而是很多教学参考书上的解读。不可避免的，有的老师会照本宣科，根本没有情感渗透，是直接奔着考试去的。这些解读对于我们来说，就没有情感体验。其实每一个作品形成文字之后，印到我们课本当中，成为我们的经典课文，应该是有很多情感体验的。

然后就是语文老师对我们写作文缺乏切实可行的指导和刺激。为什么这么说呢？因为我们的作文教学比较死板，老师硬着头皮教，同学们硬着头皮写。作文写什么呢？你得反映社会主流、互帮互助、友爱，写人性的美。其实我们在现实当中好像发现不了太多的人性的美，多数是普通的，发现生活当中的问题比较多。但老师会说，你写这个得不了高分，你必须写美，哪怕是编也要编个好的。这就压制了我们对于社会的正常认知和真实的认知。再有就是我们的语文老师在出完作文题之后，根本不进行指导。把作文题目在班里一发，直接让同学们硬着头皮就写。久而久之，我们一看到作文题就头疼，一说起作文就头疼，这种现象越来越普遍。

所以，我们对写作文犯怵的前两个原因，就是教育教学和我们的老师在课堂上的指导，这个很有普遍性。如果没有这个现象，那你就碰到了一个很好的语文老师，好好跟他学，肯定没问题。

再次,说我们的家长。为什么说家长呢?因为绝大多数家长不懂教育,更不懂作文。有的同学想读点儿课外书,但家长往往制止,不让看闲书,而让去写作业。即使写完作业,也不让看。有的时候,老师鼓励我们多读书,但是家长比较限制,不配合老师。家长看到的往往是分数,看到的是明天小测的分数,那么将来失去的可能就是大考的分数,甚至是人生的分数。这可不是危言耸听。

最后,我们说一下自己的原因。我们一天八九个小时的课结束了,晚上吃完晚饭了,面对那么多科目的作业,你先做哪一个?不管先做哪一个,语文都不是第一个,而往往是最后一个。为什么呢?因为我们整天就是上课和做作业,没有日常的生活。即便是做作业,也不是跟生活挂钩的。我们没有日常的生活,就没有自己的思维习惯和想法,而总是沉浸在作业之中。为什么最后做语文作业?从每天做科目作业的顺序来说,我们肯定有一个偏向问题,最后做的那个往往是硬着头皮做的。为什么呢?这跟语文的特点有关系。

所以,我们就要说到语文课程的问题了。语文学的是什么呢?咱们来分析一下。语文每周大约是六节课,在这六节课当中,它和你作文的分数比是不是一样的?就北京来说,一百分的语文卷子,作文是40分,占到了40%。有的地方可能更多,占到了一半。我们一周六节课的语文课,有多长时间、有几节课是为了解决作文的问题?太少了。我们很多老师两周甚至三周、一个月上一两堂作文课,多数课可能是在默写、小测、大测。

即便是时间少得可怜的作文课,很多都是当堂写,写完一周之后或者两周之后,就讲评作文。讲评作文也往往停留在把好的作文印出来,让大家去欣赏;不好的作文,让大家挑挑毛病。这都是一贯的套路。这个套路能不能刺激我们呢?显然不能,相反,还会让我们越来越犯怵。

下面给大家讲个故事。不管这个故事你听没听过,但你肯定没把它跟作文联系起来。

为了选拔真正有水平的人才,公司要求每位应聘者必须经过一道测试：在一周之内，把100把梳子推销给和尚。这道难题是不是很像你在考卷上看到的作文题？是不是犯怵？

几乎所有的人都表示怀疑：把梳子卖给和尚？这怎么可能呢？搞错没有？许多人都打了退堂鼓，但最终有三个人勇敢地接受了挑战，我们姑且把他们叫作张三、李四、王五。一个星期的期限到了，三人回公司汇报各自的销售成果。张三仅卖出1把，李四卖出10把，王五居然卖出了1 000把。同样的条件，为什么结果会有这么大的差异呢？

张三说，他跑了三座寺院只卖给了一个小和尚。因为他头皮经常痒痒，所以就买了一把梳子来挠痒痒。

李四说，他去了一座名山古寺，由于山高风大，把前来进香的善男信女的头发都吹乱了。为了让他们把头发梳好、恭敬地拜佛，住持就买了10把梳子。

王五来到一座颇负盛名、香火极旺的深山宝刹，对主持说："凡来进香者，多有一颗虔诚之心，宝刹应有回赠，保佑平安吉祥，鼓励多行善事。我有一批梳子，您的书法超群，可刻上'积善梳'三字，'积善行德'的'积善'，然后作为赠品。"主持听完大喜，立刻买下1 000把梳子。

结果显而易见，王五胜出。更令人振奋的是，"积善梳"一出，一传十，十传百，朝拜者更多，香火更旺。于是，住持再次向王五订货。王五有了这么一次成功的经历，做什么事应该都会充满信心。而做事时有了信心，基本就等于成功了一大半。

我们的作文问题不也一样吗？如果我们面对作文总是犯怵，就跟一听说要把梳子卖给和尚一样，很多人就被吓住了、犯怵了，不去想办法，而只会发愣、头疼，结果硬着头皮对付完一篇，那分数也就可想而知了。

那么，你一定也想像王五那样，面对作文积极想办法，最后成为取得高分数的写作高手。首先从今天开始，你就要树立信心，"我的作文一定能写好"。在接下来的课程里，咱们慢慢聊一些具体的自我修炼方法。

二、要写好作文，先做一个会生活的人

不管我们聊中考作文问题还是高考作文问题，首先应该都是语文问题。语文问题首先是生活问题。有一句口头语说得好，"得语文者得天下"，其实就是"得生活者得天下"。什么意思呢？就是你要想得到很好的语文成绩、很好的作文成绩，首先你就应该是一个会生活的人。

现在的教育往往把我们培养成了考生，其实我们的真正身份是学生。那么，考生和学生的区别是什么呢？

考生，主要是从应试能力的角度着力培养，你将来可能获得一个不错的分数。而学生呢？将来有可能成为老师、科学家、作家，做学生是为你将来的职业身份做铺垫的。不管你学什么专业、将来从事什么工作，首先应该学会做人。有一句话说得好，"文如其人"。所以，要想写好文章、写好作文，我们首先要做一个大写的人。

如何成为一个大写的人？如何成为一个真正的学生、一个真正的学习者？这是最关键的。

我从四个方面跟你聊聊。

第一，作为一个真正的学生，你要培养自己，享受自己的兴趣和爱好。一个人真正的幸福，可能不是源于工作，而是源于自己很投入的、不用费力的、别人怎样说你都不用管的、自己的兴趣和爱好。自己投入在里面，就忘乎所以了。说这个是为什么呢？是为了让你有生活在这个世界上自己得以高兴、幸福的一个源泉。再者，它是你和社会沟通、联系的一个最重要的纽带。不管是哪个方面的，文学的、体育的、艺术的、手工的，哪怕是空想的，都没问题。功利地讲，它可以帮助你在写作文时有非常典型的素材。

为什么这么说？举个例子，一位喜欢书法的同学，他在一篇文中写道：

一点墨，一支笔，便能勾勒出我墨色的闲暇时光。平时杂事冗繁，很难有一种方式让自己的节奏慢下来，也唯有在写书法时可以抚慰躁动不安的灵魂。慢慢地，进入如同老僧入定般的古井无波的境界，尽

量放空自己,感受狼毫触碰熟宣表面时,竹笔杆传来的晦涩的振动;感受刮笔时笔尖与砚台"沙沙"摩擦;感受那一个个凌厉的笔画自笔尖缓慢挑出时笔尖的弹性。静静地用墨色诠释情愫,仿佛整个人都融入进了作品。当落款的最后一笔缓缓收尖,印章上的朱砂在纸卷上干透,随后是那种充盈之感,这样写出的作品,才拥有了灵魂,它被主人赋予了太多。书法之韵,在于心境的恬淡空灵。

你看,他写得多好。如果没有沉浸其中的体验、兴趣、爱好,他是写不出来的。不是说写个毛笔字就能感觉出来的,得天天沉浸其中,如此才有了描绘和感悟。这就是第一点,要有自己的兴趣和爱好,而且投入其中去享受。那电子游戏算不算?电子游戏也可以算,但是有个问题,你能不能投入进去,把它形成文字生动地描述出来?这就是一种本事了。

第二,要享受自己平时的生活。我们常说平时生活是平淡的、毫无波澜的,但是你要享受其中、享受这种平淡,哪怕有一丝的惊喜,我们也要把它抓住。我们说吃喝拉撒都是你的生活,父母不在你身边,你自己独自在家也是一种生活。如果每个人都把自己平时的这种生活给抓住,我觉得你就有了独特的一面,你的作文也就有了独特的素材。

我们来看这个同学写的是什么?她写的是我们原来的学校是露天厕所,就是农村的那种厕所。后来,在她在校期间,学校把厕所改造成了抽水式的马桶。她感觉这一变化给她带来了一些惊喜。她是这么写的:

以前在101,从不怕找不到厕所,方圆十米内你就会被一种独特而浓烈的气味吸引过去。然而今非昔比,学校兴建了新的可冲式厕所。几经周折,我们才跟在两个初一学生的后面,抵达了传说中的公共卫生间女部。我心潮澎湃地向里迈进,不禁惊诧于它首都机场式的华丽:光滑的大理石地板,清新的气味,推开小间洁白的门,蹲坑竟也干净得令人不忍下脚。我想,五星级酒店也无非是这样。看来我们终于告别旱便池的蹉跎岁月,走进新时代了!伴着耳边此起彼伏的欢快的冲水声,我又感慨万千地走向了洗手池。然而十分诡异的是,任凭我使尽浑身解数对付那不锈钢水龙头,它都意志坚定地不肯出水。难不成有什么绝密的机关?正当我准备对其施以暴力时,后面的初一妹妹好心地点我说:"踩地下的钮。"我低头一看,恍然大悟。

她写的是上厕所。你看,上厕所都能放到她的作文当中来,而且成了优秀的作文。所以,吃喝拉撒、吃穿住行,我们平时遇到的每一件小事都可以融入我们自己的作文中来。庄子有一句话,说"道在屎溺",厕所这点事儿都可以放在你的作文当中,那我们平时生活当中的每一点、每一滴也都可以放到作文当中。

第三,我们不仅要关注自己的生活,还要关注这个社会。这个社会既有大社会,又有小社会。小社会的事,无非就是我们班里、学校里发生的一些事情,有什么样的人、什么样的同学、什么样的老师。然后大社会上发生了什么事,我们从读报、看电视新闻或者网络新闻了解一些社会热点问题或者社会发生了什么事。前一阶段发生了这么一件事:一个中学生骑着自行车,结果把旁边停着的轿车的后视镜剐掉了,结果他看没人,又着急上学,就给车主留下一个纸条,意思是:对不起,需要索赔就找我,我是谁谁谁,还留了电话。

车主看到纸条后,不但原谅了他,还把这件事发到了网上去表扬他。这就形成了一个热议。比方说,描绘一下这个场景,设想一下自己就是那个同学,想一想自己的一些心理活动。那么社会对这种现象的一种评价,就可以形成我们的所有素材。

第四,也是非常重要的一个,要训练自己有高远的目标。远大的理想,可能对于我们普通的中学生来说,很奢侈。小时候问你长大了做什么,答案往往是科学家、思想家、医生。现在,好像我们一投入学习当中来,就把理想忘了。但不要忘了,你的考试,甚至你的作文都是实现远大理想过程中顺便要做好的事。所以,我们首先要有自己的理想。这个理想跟我们写作文有什么关系吗?关系可大了。

穷人为什么穷?最主要的是缺少野心。那你作文为什么写不好?最关键的是你没有说你要争取写满分作文,你在语文上要追求最高的分。如果你没有这个追求,那么你平时的每一天都会是浑浑噩噩的。

这个追求是什么呢？是有目的性和无目的性都统一在一起的，关键是你有没有一个高远的目标。

乔布斯对记者说过一句话："我23岁的时候，有100万美元，24岁的时候有1 000万美元，25岁的时候有1亿美元，但是我从来没有追求过钱。"这跟你写作文是一样。你先不要追求写多高深的应试作文的水平，首先你要想想有没有远大的理想，像乔布斯那样，你要做出一个艺术与科学相结合的完美的电子产品。你有没有想过，将来要成为一个怎样优秀的人，对这个社会有用的人。

你也许会问："老师，这跟我写作文有啥关系？"这个高远的目标一旦树立起来，作文就是你的囊中之物，你的作文想得低分都难。甚至是你以前连想都没想过的事，你想了，本不属于你的都理所当然成了你的。

好了，今天我们交流了四点，主要围绕如何让自己成为一个真正的学生，成为一个大写的人。第一，要有自己的兴趣、爱好；第二，要关注和享受自己的日常生活；第三，要关注我们这个社会；第四，要有自己高远的目标。

三、怎样寻找作文素材？

我先问一个问题：人生最重要的一个字是什么？你可能会说吃、穿、住、行。但从本心来说，你的答案可能连自己都不敢相信的，那就是——玩。你别不信，确实是玩。

我问你：你会玩吗？什么叫玩？我所说的人生最重要的是"玩"，并不是贪玩，不是什么事也不干、无所事事，而是精心投入地去做一件既有意思又有意义的事。

如果从"是否有意义、有意思"的角度，把人生划分一下层次，那么第一境界是既有意义又有意思；第二境界是有意义，没意思；第三境界是没意义，有意思；第四境界是既没意义又没意思。

听着像绕口令，其实这跟我们说的玩有关系。玩，就是争取把有意义没意思的事，让它变得有意思。如果做到了这点，我们就是在做

"既有意义，又有意思"的事了。

说到这里，你可能会问了，这跟开头说的寻找作文素材有什么关系？

其实，当你在重要考试前想要去专门寻找写作素材的时候，就已经晚了。而在日常生活当中，如果你学会玩的话，就已经在有意无意地积累素材了。所以，寻找、积累素材就是学会玩。

既然玩也能是有意义的事，我们首先要了解何时玩？在哪里玩？跟谁玩？玩什么？怎么玩？这分别对应着时间、地点、人物和事件。

下面我罗列几个句子，把这几个问题串成一句话。

（1）我每年暑假都跟爸妈一起去游览祖国的大好河山。（什么时间玩、在哪玩、玩什么、跟谁玩，都包括了。）

（2）我经常利用双休日，约上小伙伴去各地的名胜古迹。（短途旅游）

（3）我每到节假日都独自一人到附近的书店去读书。

（4）我每天一放学就会到邻居周爷爷家听他给我讲抗战故事。

（5）我在课上经常与同桌讨论，将老师讲的内容重新思考后，向老师提出新的问题。

（6）我经常在放学路上约同学去喂一喂那几只流浪猫。

（7）我有时利用寒暑假，随支教老师走进山区去看望留守儿童和孤寡老人。

（8）我经常周六日约我的小伙伴们去爬山、打球。

这些往往是有意义的，也是有价值的。

那都什么时间可以玩呢？比如寒暑假、双休日、课余时间，甚至是课上还可以跟老师玩。什么地点玩呢？名胜古迹、放学路上、邻居家、同学家，甚至是课堂上。玩什么呢？爬山、读书、喂猫、讨论等。一句话，任何时间、地点，你都可以让自己处于一种活动之中，玩一些有意义也有意思的事情。其实，这也就是在有意无意地积累写作素材了。

我下面举的这几个例子，它可能有意思，但是对你来说没有意义。

具体怎样把它变得有意义,那是你自己要思考的问题。

例子:

(1) 我经常一个人窝在沙发上玩抖音。现在抖音很火爆,但据说很多教育者,包括家长都特别反对抖音。为什么呢?因为一玩起来就没完没了,把所有的东西都忘了,还太容易上瘾。

(2) 我偶尔约上小伙伴联机玩王者荣耀。

(3) 我经常早上赖在床上睡懒觉。(后边其实应该再加一句话,老妈怎么叫也叫不醒。)

这些就是你觉得挺有意思的,并且愿意做的事情。但是你愿意做的事情,不见得是对你有利的。有些你可能感觉短时间是有利的,但是长期来说却是极其有害的。这些都是需要我们去发现的,所以我们要做一个有志者,要做一个有追求的人,要做一个有健康生活方式的人。只有这样,日常生活才能进入你的写作素材库。

那么,你说老师玩什么呢?其实什么都可以玩。抖音不是不能玩,王者荣耀不是不能玩,懒觉也不是不能睡,但是看你怎么玩,怎样让这些在别人看来是耽误时间的事情都成为你的写作素材,这对你来说的确是一个不小的挑战。

那么我们到底怎么玩呢?我觉得有两个方面:一个是要开阔自己的视野,丰富自己的经历,这可以从生活的广度方面来着手;一个是你要让自己活在当下,用心地去观察和体会,这可以从生活的深度方面来着手。

第一个方面,要开阔自己的视野,丰富自己的经历。

我们经常说,读万卷书,行万里路,要丰富自己的阅历。其实,我觉得这还远远不够,还应该识万种人、品万种物。识万种人,就是多接触各种各样性格特点的人;品万种物,就是在万物当中品味人生道理。读万卷书、行万里路、识万种人、品万种物,这四项交融在一起,不分彼此。行路的时候可以读书,读书的过程中还可以识人、品物。你行路的时候,更应该去识人、品物。因为我们行路主要是为了解风土人情。这其实就是我们摄入信息,去了解、去懂得,这叫输入。

我们还有输出,叫说漂亮话、写性情文、做善良事,简单来说即说、写、做。如果说读万卷书、行万里路、识万种人、品万种物是一种输入的话,那么说漂亮话、写性情文、做善良事就是输出。输入和输出交替进行,知行合一,不但知道了、懂得了,还要不断地去运用。孔子也说过,"学而时习之,不亦说乎。"这里的"习"不是温习,而是实践。只有学到手了,不断去运用,才会有成功的愉悦感。

"学而时习之,不亦说乎",其实就形成了一种良性循环。这不仅能提升你的作文水平,更主要的是还可以提升你做人的水平和层次,最终达到说漂亮话。这里所说的漂亮话不是恭维别人的话,而是打动人心的话,哪怕是批判也要让人痛彻心扉的话。写性情文,就是我以我手写我心,然后做善良事,成为一个大写的人。这个善良事不只是从人性上来说,更是从一种担当上来说,即你不能总是考虑自己,还要考虑你的周围、家人、同学以及社会。越考虑,你的层次和境界就会越来越高。

那么,你就会发现,积累作文素材就在这种经历之中自然而然地完成了。写好作文只是你生活的一部分,更重要的是你通过丰富的经历,成了一个大写的人,更会做人、做事了。

第二个方面,要让自己活在当下,用心地去观察和体会。

有句话说得好,"世界上不是缺少美,而是缺少发现。世界上不是缺少美,而是缺少发现美的眼睛。"大千世界,无奇不有,无美不有。那你是不是有发现美的眼睛和心灵?经常有些人,做着作业想着玩,但玩着的时候又想着作业。你有没有这个问题?如果有,你想过应该怎样去解决吗?解决之后,再全身心地投入你所处的一种情境中去,学习就是学习,然后做好统筹,高效地完成学习,心无旁骛。就比如,如果去爬山,你就只想爬山的事,其他的事都不去想。爬山时,你可以和同伴说说笑笑,观察别人爬山的累,体会一下自己爬山的不易,还可以欣赏风景。停下来休息时,也可以想一些有关山的古诗词、古诗文,体验古代人爬山时的一种情怀。诸如杜甫的《登高》《望岳》,王维的《九月九日忆山东兄弟》,王安石的《登飞来峰》,这些你都可以去背、去想，去和其他人交流，投入地去体验、去感受。当然，这点说到容易，做到难。只有经常有意识地提醒自己去做，随着时间的推移，过段时间你就会突然发现自己真的做到了。这样，内心就会逐渐丰富起来，笔下的素材也就会源源不断了。

四、如何学会关注社会？

你的老师肯定也说过，写作文要注意积累，要关注社会事件，但是你可能并不知道怎么去做，我们今天就谈谈这个话题。

首先，我们来看看"社会"这个词，它到底是什么意思？其实，社会是与自然相对的概念，政治上的概念是"人和人之间关系上的总和"。其实就是人所做的事，和其他人产生了联系，这些构成的整体就叫作"社会"。

有一句诗："不识庐山真面目，只缘身在此山中。"这就告诉我们，要走出去，不要做井底之蛙。

还有一句诗："横看成岭侧成峰，远近高低各不同。"这告诉我们，应该多角度、全方位地去看问题、看社会。

那么，关注社会，到底应该怎么做呢？我给你提几点建议：要关注新闻热点、文化热点，关注社会上的事，多和有见地的人交流，还有就是主动搜索一些社会评论，特别是对于新闻热点的评论。

1. 学会关注新闻热点

"两耳不闻窗外事，一心只读圣贤书。"这句话我们并不陌生，但它存在很多问题。有作为的人，一定是"风声雨声读书声，声声入耳；家事国事天下事，事事关心"。从境界上看，这样做可以把我们自己培养成为胸怀天下的人、有担当的人；从眼界上看，可以训练自己成为一个视野开阔的人；从思维上看，可以把自己提升成为一个有智慧的人。从旁观者的角度审视新闻事件，我们可以冷眼看世界；从当事人的角度设身处地去了解事件，我们就可以从他人的角度获得换位思考的体验。

这些对于我们的情感体验、思维拓展和认识提升是非常有帮助的。

不管是时政新闻、科技新闻、体育新闻还是文艺新闻,一定要清晰地了解新闻本身,更要关注新闻背后的人,也就是人的情感、思考和看法等。推荐你阅读中央电视台新闻频道原主持人柴静写的一本书,书名叫《看见》。这本书畅销了很多年,现在依然畅销。读了这本书,你就会从中懂得看新闻的视角。

2. 学会关注文化热点

新闻是有热度的,而文化方面的新闻,除了热度,更有温度。这个温度是与我们的情感、人文情怀挂钩的,正如鲁迅所说,"无尽的远方,一切的人们都与我有关"。这个远方,不只是历史上的苏轼等大文人被贬时,由愤懑到旷达的心路历程,还包括一些名人对未来的自己或儿女美好的期许。

比如,我国当今最著名的科幻作家刘慈欣写给未来女儿的一封信,《中国诗词大会》《中国成语大会》《见字如面》《朗读者》等,这些都掀起了当今文化清流,你需要看。再比如,莫言获得了诺贝尔文学奖,刘慈欣获得了世界著名科幻大奖——雨果奖,写《草房子》的北大中文系教授曹文轩获得了儿童文学界最高奖——"国际安徒生奖",等等,这些都是突破中国文学历史的国际大奖,是中国文学走向世界非常重要的里程碑,是非常值得关注的。他们的获奖感言也必然是我们要关注的文化热点,要反复听、反复研读,品味其中的味道。

比如,《三体》作者刘慈欣的获奖感言,他说,"我还要感谢本书的读者,谢谢你们分享我的异想世界。"为什么要感谢读者?为什么要谢谢分享?这和一般意义上的感谢和分享内涵一样吗?他还说,"这本书描绘了一个可怕的宇宙,在我们朝着无尽太空探索的过程中遇到了很多困难"。如果你读过儒勒·凡尔纳的《海底两万里》,你就会知道,人类在海洋探索和太空探索中遇到的困难有多大,而许多年后,这种想象中的事物很多都成了现实。

他说道:"但是,就像在其他科幻作品中一样,人类作为一个种族团结在了一起,我们会一同应对这场灾难,一同面向未来。看到整个人类将力量聚合在一起,这是只有在科幻小说中才能见到的景象。这表明，人类将会成为一个整体——甚至在外星人到来之前。"你突然发现，他说的"人类将成为一个整体"和习近平总书记所提倡的"人类命运共同体"出奇的一致。这是巧合还是殊途同归？文学家的惊人预见和政治家的宏图伟业就这样不期而遇了。这难道不是一件惊天动地的大事吗？如果你从文学的角度，从政治、社会的角度去考虑这个问题，就会有不同的思考。

我相信你也一定读了《三体》，但对《三体》的作者了解多少呢？对他的获奖感言中所传达出来的对人类命运的忧虑思考过多少呢？对习近平总书记所提出的"人类命运共同体"思考过多少呢？类似这些文化热点，你思考了，你的视野、思维就会与别人大有不同。随着时间的推移，你就会越来越出色。

3. 走出去，观察社会上的事

社会上有很多事，都是人与人之间的关系，纷繁复杂，我们要看什么呢？比如，两位老人下棋，一群人围观，支招的特别多，你可以观察。作为一个旁观者，你可以冷眼去观察，也可以带着玩笑去观察，那如何用文字来描写这个下棋的场景？

比如，卖菜的老大妈，有人去买菜，讨价还价的场景，这些都是你可以观察的。路上有人排队加塞，别人对他怎么评判？你是怎么看待的？如果出现言语冲突应该是什么样的场景？这反映了一个怎样的社会现象？

再比如，对于坐公交车玩手机的低头族，你是怎么看待的？别人是怎么评论的？你可以观察这些。我们还可以找小伙伴一起去玩、搞活动。活动当中的组织安排，包括与社会的沟通，这些事情既能锻炼我们的能力，又能让我们去观察社会上形形色色的人和事。我们要努力去做这些，努力了才会有体验。

再比如，你坐公交车，结果路上堵车了，你很着急，捶胸顿足。那你能不能用一段文字来形容这种着急呢？在思考的同时，你就会冷静下来，变得不急躁了。冷静下来，再观察周围人如何着急，看看车上的上班族、上学族的着急表现，路上的汽车喇叭声、一些乱并线的车辆、到处乱钻的自行车,可以观察他们着急的行色匆匆的姿态。这里不妨做一个假设,如果你是电影的导演,要拍一个堵车的镜头,你会怎样截取你的画面呢?这些都是对我们的一种培养和锻炼。我们在平时要关注这些,有意识地去训练自己这方面的本领。

4. 多与有见地的人交流感受

有一句话说得好,"听君一席话,胜读十年书"。我们不要只是死读书,还要和有经验、有智慧、有思想的人经常开展一些对话。这种对话可能时间长,可能时间短,可能是就一个小问题简单地聊,也可能时间长,深谈几个小时。我相信你有这样的朋友,你的家长也有这样的朋友,不要家长的朋友坐到你面前,就感觉有代沟,如果只和你的小伙伴玩,就丧失了和自己的长辈,尤其是有思想的长辈对话的机会。我觉得,这是同学们经常犯的一个错误。

比如,你的家长创造了一个饭局,把有本事的朋友介绍给你,结果你经常性地表示拒绝,或者只是停留在礼貌的寒暄层次,没有深入的对话,没有就某个问题谈谈自己的看法,也不会听别人的意见和建议。这时候,你就丧失了一次深入交流的机会。

当然,也可以主动跟一些有思想、有看法的同学交流,还有你的语文老师,或者是其他科的老师。社会上,哪怕是你遇到的在小区里遛弯儿的老大爷,也没准儿有很多经历和看法与你分享。总之,要善于主动去寻找比自己强的人展开对话。如果我们有这种主动性,那我们也就有了这方面的学习能力,肚子里就有货了。

5. 上网搜索一些社会评论,尤其是对于新闻热点的评论

拿《焦点访谈》举个例子。这个节目既有对事件的精练描述,又有对事件多角度、有深度的剖析,不但适合于我们作文的叙述,而且能更深远地带动我们的思考。如果感觉《焦点访谈》的十几分钟不够你深入思考的话,还可以将这种疑问在网上展开搜索,看看网友们的观点,自动屏蔽掉一些发牢骚的言论。我相信,你会筛选出有价值的信息来提升自己的认识。只要坚持,你的见识自然会提升。

对于关注社会这个话题,我给了五点建议,也就是要关注新闻热

点、文化热点、社会上的事,多和有见地的人交流,还有就是主动搜索一些社会评论,特别是对于新闻热点的评论。当然,这几点都做到是非常难的,你可以选取一两个最感兴趣的,坚持做下去,一定会对你有很大的帮助。

五、阅读是写作的前提

我们都知道,写作是输出,也就是把"肚里的货"往外掏。但是要想往外掏,不装货是不行的。不装货,肚子里就没有东西。而阅读从某种程度上来说,就是一种类型的装货,而且是装丰富的货。

如果你是一个特别爱读书的同学,特别爱看闲书,那恭喜你,你的作文肯定差不了。唯一要提醒你的就是,读书,一定要读经典类的书,千万不要只随着性子读。比如,有的同学通过网络,读到了一些玄幻类的网络文学作品,这些所谓的文学作品能带来阅读快感,会很快让你上瘾,它除了浪费你的时间,还会让你在生活上懈怠,深入虚幻而不能自拔,深受其害而不自知,这就非常可怕了。

如果你是一个不太爱读书的同学或者读书比较少的同学,那咱俩就得好好聊聊阅读这个事儿了。

有的老师提倡我们阅读就要读"四大名著",好像除了"四大名著",别的书就不是书。其实说实话,对于一般没读过多少书的人来说,"四大名著"就是一座大山。你还没有学会走路、跑步,就先不要来登山。这句话的意思是说,在你还没有对阅读产生兴趣的时候,先不要阅读这类大部头的作品。《西游记》还好,因为我们看过电视剧,至于《水浒传》《三国演义》《红楼梦》,尤其是《三国演义》和《红楼梦》,对于绝大多数初中生来说,它们就是两座大山,大到你硬着头皮都读不进去。而且,从写作的角度来讲,还基本上没有什么作用。

那么,我们怎样阅读才是最有效的呢?我想从五个方面跟你说说:

(1)要读能够让你产生阅读兴趣、形成良好阅读习惯的书;

(2)要学会阅读网上有关的读后感和读书报告,学会写读后感;

(3)关注一些与读书有关的文化活动;

（4）注重碎片化阅读；

（5）整理自己的阅读书目。

下面具体谈谈这五点。

第一，我们应该先读一些容易对读书产生兴趣的书。这里，我简单给你推荐几本。比如孔庆东的《四十七楼207》。孔庆东是北大中文系的老师，他在年轻的时候，写了他刚上北大中文系的时候住在北京大学学生宿舍47楼207宿舍的一些校园故事，大学生、高中生、初中生都特别爱读，我相信你也一定特别爱读。再比如说曹文轩的《草房子》，曹文轩也是北大的教授，2016年刚获得"国际安徒生奖"，这是儿童文学的世界大奖，他的《草房子》讲的是小孩子刻骨铭心的成长历程。

还有张承志的《黑骏马》、姜戎的《狼图腾》，都是讲草原的，讲人的命运和狼的命运。天津人冯骥才老先生写的《俗世奇人》，讲的是天津城里一些千奇百怪、形象各异的种种人物。这些都是非常好的书，容易让我们对读书产生特别大的兴趣。总之，就是要给自己开一个书单，先从自己最感兴趣的书目读起。

第二，在刚开始读书的时候，一定要在读完书之后查一些读后感或读书报告，来激发自己对一些问题的看法，然后强化对书籍的记忆和理解。对于这些读后感，我们可以选有关书的局部的，也可以选有关整本书的，还可以挑自己感兴趣的那一部分，尤其是一些名家评论。这些对于读书会有一种深入的引领。这种深入的引领对你认识书、认识人生和认识自己，都有特别大的好处。

各种门类的读后感接触过之后，你会突然发现，自己对书产生了一种认识和理解。那么接下来，你就要尝试去写一些读书报告，或者是简单一些的读后感。这些读后感就是你自己在读完书、读完别人对此书的评论之后，所形成的自己的评论。读别人的读后感的过程，相当于你跟另一个读者在对话，读同一本书之后进行交流。这些书面的交流，其实就是一些思想的精华。我们要把自己的所想所思落实成文字，逐渐沉淀为自己的思想精华。

第三，关注一些与所读书籍有关的文化形式，比如电影、电视节目。如果条件允许的话，你还可以看看有没有根据书籍排成的话剧。张承志的《黑骏马》已经拍成了电影，这个电影拍得还不错。前两年，《狼图腾》也拍成了电影。你如果看到镜头中，一群马被狼赶到河中一夜之间被冷冻成雕塑一般的震撼场景，你会有拿起书重新阅读这一幕的冲动。这就是电影、电视这种形式对读书的积极影响。《鲁滨逊漂流记》《骆驼祥子》《城南旧事》，等等，好多经典作品都拍成了电影。总之，读完书，你可以去看由此改编的电影、电视节目或者话剧等文化节目。

看完这些之后，你可以回过头来再重新去读原著，尤其是挑重点的细节再重新阅读，不断地修正自己对于书的理解。如此循环往复，你就会对书有特别深刻的印象，对书中的情感、思想和语言都会有充分的把握，这对你自己特别有好处。有句话说得好，经典的魅力在于细节。我们要通过不同的文化形式来强化对于书中细节的品味，而这些就会沉淀为你写作的素材，随时供你使用。

书籍的阅读就这么一步一步，形成阶梯式的，逐渐由易到难，从有意思的开始向有意义的过渡，从薄的书向厚的书过渡，从有故事的书到有思想的书过渡，这样就会逐渐由原来讨厌读书到喜欢上读书，到离开书就难受，让读书跟吃饭睡觉一样成为一种生活需要。当然，最后这种高度很少有人能够达到。但只要我们喜欢上读书，书就成了你的朋友。你每天读书，就好像每时每刻在跟有知识、有思想的人在交流、对话。渐渐地，你头脑当中的写作素材就不知不觉地丰富起来了。

第四，还有一类阅读叫作碎片化阅读。碎片化阅读指的是你读手机、读网络，或者是读一些杂志、报纸方面的一些文字。因为都是零零碎碎的文字，或者我们是在零零碎碎的时间里来阅读的，所以就称为碎片化阅读。碎片化阅读是对整本书阅读的一种非常好的补充。我们可以从网上下载一些文字，打印成纸质版，也可以在手机上阅读。当然，我们不要特别地依赖手机，还是把它打印出来比较好。相对于整本书的阅读来说，碎片化阅读往往与社会结合得更密切、更有时代感。

当然，我说的都是一些做法。这些做法需要你有强大的执行力，也就是每天坚持读书半个小时到 40 分钟。当你一步一步、一天一天默默无闻去做的时候，过一段时间再反过头来看，你会突然发现，自己从一个原来不太爱读书的人成长为一个对读书慢慢产生兴趣的人。如果一两年、两三年过去了，你突然发现，自己特别喜欢读书了，那么恭喜你，你就成功了。

最后，告诉你一个小妙招，就是整理自己的阅读书目。可以自己整理，也可以找几个同学各自整理后交流。到一个学期或者一个假期结束，你可以把它整理成电子版。当看到整理出来的书单之后，你会突然发现，原来自己已经成了一个读书高手，在和同学的相互交流之中，又有借鉴又会受到激励。

读书是件轻易不能见效的事，但是只要坚持，只要沉浸其中，你的收获肯定是非常大的。

读书带给你的不只是语言的积累，看得多了自然知道如何表达，看得多了自然知道如何去思考生活，看得多了自然也会懂得写作素材是如何产生的。

有一本书叫《教师的时间从哪里来》，这本书讲述了这样一个故事：一名老教师上了一节非常漂亮的公开课，听课的老师对这节课啧啧称赞，什么有深厚的功底了，有非常强的课堂驾驭能力了，对问题的把握深入到位了，等等，可谓是一节公认的好课。当有老师问："我想请教您，您花了多少时间来备这节课？"那位老教师的回答意味深长，他说："对这节课，我准备了一辈子。而且，总体来说，对每节课，我都是用终生的时间来备的。不过，对这个课题的直接准备，或者说现场准备，只用了大约 15 分钟。"

为了上一节课，只准备了 15 分钟，但是为了上好这节课，却用了一辈子。写作也是同样的道理。考场写一篇作文，真正的写作高手在短短的四五十分钟之内就可以把它写得漂漂亮亮，稳拿高分。这就缘于在平时博览群书，缘于不停地练笔。读书和练笔互相促进，形成良性循环。所以，大量阅读是写好作文的前提。

六、如何让你的文章触动读者？

很多同学时常抱怨自己没有作文素材，其实，我认为只要你有感情，素材就不会少。而你之所以会觉得没有素材，就在于你忽略了动情点。

1. 什么是动情点？

很简单，相信你一定哭过、笑过、悲伤过、兴奋过，这些感情波动就是动情点。把这些动情点细致、到位地捕捉到，并写入作文当中，你就能打动老师。

生活中，能够触发情感的地方很多，比如，你的爸爸、妈妈、老师、好友，甚至是一面之缘的陌生人；比如，失落时老师给你的鼓励的眼神、得意时老爸老妈给你的尖锐的批评、生病请假在家时同学们给你发来的一句句暖心的祝福；再比如，疾风暴雨中坚韧不拔的小草、被雷电劈断已经露出内里却能起死回生的槐树、无聊时逗得你哈哈大笑的宠物狗……但你有没有把它捕捉到，收录到自己的作文中呢？

如果你说没有，那么可能有两种情况：一种情况是，这种触动只是瞬间，只是在那么一瞬间打动过你，过后一转身你就淡忘了；另一种情况是，这种触动有过，也曾打动过你，但后来经常如此，也就司空见惯了，并不觉得有什么稀奇的。其实，不管是这两种情况中的哪一种，都说明你没有捕捉这种动情点的能力，那么你经历再丰富，还是会苦于没有写作素材。

当然，如果你意识到了这一点，并且开始关注、留意生活中的细微的动情点，那么写作素材的问题就已经解决一半了。

接下来的问题是，如何让这些动情点进入你的作文当中，感染读者？

2. 第一种方法："归因渲染法"

简单来说，就是通过追述让你受到情感触动的那一瞬间之前的其他情境,来突出这一瞬间。

举例:你在旅行途中,发现了一个街头弹唱艺人。有人给他放钱时,他一声不吭。突然,你发现他说了声"谢谢",你大吃一惊,原来那是一个给他鼓掌的小孩儿。你当时可能觉得这跟你原来见到的不同,对你有触动,那么如何让这件事沉淀到你的作文里呢?这就要进行"归因渲染"了。

首先,你不妨想一想:艺人街头卖艺究竟是为了什么?钱,还是他人欣赏的目光?这就是归因。

如果不是为了钱,那他面前放着打开的琴盒干吗?这无疑是为了钱。但是,我相信,如果真的是这样的话,你就不会有触动了。实际上,他不仅仅是为了钱,更重要的是,他还想获得别人对自己音乐的认同和赞美。换句话说,就是他认为有比钱更重要的东西,你可以理解为自我价值的实现、音乐的被认同或者给人们带来美好的心愿的达成。

完成了"归因",接下来,你就要考虑:要抓住哪些点才能将这个艺人形象定格呢?这就要用到渲染了,具体可以通过三个方面来实现:

渲染一:因为你在旅行途中,所以你要写自己吃喝玩乐、如何游逛,不经意间遇到了这个在街头弹唱的艺人。

可以这样写:"我和父母刚吃完海鲜,漫步在回酒店的宽阔的马路上,这里的车水马龙、灯红酒绿,时刻充斥着大都市的喧嚣。而此时,一阵美妙的琴声,如同茫茫夜色中的繁星一颗,突然坠入我耳,触动我的心弦,我循着琴声,寻觅它的源头。"

渲染二:这个街头艺人穿着是如何破烂,但是吉他却非常干净,而且艺人是如何不顾众人的施舍而陶醉在自己营造的音乐氛围中的。

可以这样写:"一个衣着破旧、裤子上打了不少补丁的街头艺人坐在大街的一角,头发蓬松凌乱,一张饱经沧桑的脸上没有任何光泽,干枯的手指因为弹拨琴弦早已结了几个鼓鼓的茧子,而在他全身上下的破烂中,手中的吉他却被擦得一尘不染,发出崭新的光。

"他弹起吉他来,仿佛无视了外界的喧嚣。眉毛轻皱,双眼微闭,嘴巴轻张，嘴角微微上扬，全身上下随着琴声的节奏前后摇摆，整个人都陶醉在自己所营造的世界中，一个只有音乐的世界。"

渲染三：那个鼓掌的小孩儿如何专注地倾听着，而又如何情不自禁地拍手鼓掌，也陶醉在音乐的世界中。听到"谢谢"，艺人面露微笑，是这个事件最美的升华。

可以这样写："在所有人送出自己的一两元钱后，那个一直在不远处伫立倾听的小男孩，缓步走到他的面前，没有掏出钱，而是面露微笑，鼓起掌来。就在此刻，令人意想不到的事情发生了，街头艺人一直微闭的双眼一下子有了光芒，也一样面露微笑，嘴唇轻启，竟然说了声'谢谢'。

"我恍然大悟，原来他弹奏的初心不仅仅是为了获得一点点物质上的回报，而更多的是，他对音乐执着的热爱，对得到他人认可和掌声的渴望，以及他希望给这座城市带来一丝温暖、一份美好的心愿。"

你看，上面的三个渲染经过层层推进，就把动情点很自然地烘托出来了，一个动人的故事就出来了，而且是一个司空见惯却相当不俗的故事。经过"归因渲染"，这件事就沉淀成了你的作文素材，随时备用。

3. 第二种方法："举一反三法"

这种方法就是把经典文章或优秀作文的故事进行转化，转化为自身的一个同类的故事。

朱自清的《背影》我们都很熟悉，这篇散文感动了几代人。但是，写父爱、母爱的文章很多，为什么单单这一篇这么令人感动？而且语文教材改版多次，很多文章被替换了，在保留下来的为数不多的文章中，为什么仍然还有《背影》？我觉得，这是因为文章把那种深沉的父爱用一种独特的视角清晰地表达了出来，引起了读者的强烈共鸣。

那我们能不能来个"举一反三"？也就是说，借鉴《背影》的写法，搜寻自己生活中与爸爸、妈妈的点滴故事，找出动情点，并且把它放大，让它成为只要回忆起来就可以感动自己的东西。

比如，有同学写自己考试考砸了，妈妈训斥他，结果他叛逆、顶嘴，最后妈妈的哭诉却让他心服口服地跪倒在妈妈面前。他是这样写的：

"你知道当时我顶着多大压力吗？家里人都反对我，我也迟疑过，但我知道这样能对你有好处！你爸因为我骂你太凶和我闹离婚你知道吗？我真的是为了你能有个好前途！"妈妈撕心裂肺地哭喊着。我记起儿时母亲在炎炎烈日下等我下课，和母亲天天吵架而我却不明缘由，一股液体从心底涌出，酸酸的，我也不觉得哭了出来。

"你知道我一次次求人家给你机会考试吗？不然你怎么能上重点中学，我着急啊！我知道你难受可我也是第一次做母亲！我只能用自己的方式爱你！"眼泪如泉水般不住地夺眶而出，连听觉都模糊了，朦胧中只有自己的手在不住狠狠地拍打着双腿，脑海中闪现着一幕幕回忆……

一阵霹雳，击碎了心中的面具，那个晚上，我跪在了母亲面前……

相信你也有过考砸的情况，你也可能遇到过被父母训斥的情况，而父母也曾对你束手无策，但听完这位母亲这段撕心裂肺的哭诉，你的内心是不是激起了强烈的共鸣？是不是唤起了你的一些回忆？

接下来，我们再来看一段写父爱的，这也是一个司空见惯的场景。一个下雪天，父亲来接自己放学回家，作者写道：

我不知道父亲在这里等了多久，只是看到他的身躯如长枪般笔直地立在这彻骨的寒风中，肩膀上，头发上，眉毛上，都粘着一层刺眼的白色，深黑色的外套上好似盛开着一树紧挨着一树的梨花一般，片片白花，白得那么的霸道，父亲通红的耳朵仿佛快要滴出血来。他沉稳的双脚像钉子一样牢牢地钉在地上，没在雪中，踩出一个深深的脚印。他见我过来了，便随意地朝我挥挥手，可我又怎么会看不出来那动作竟僵硬得有些机械。父亲本来已有了不少的白发，此时更是露不出什么颜色，满头的雪白像是一顶白帽子戴在父亲的头上一样，与这银白世界有些说不出的和谐——

对于风雪中的父亲，作者描摹得很细致，抓住了我这节课所说的

127

动情点，然后有感而发：

> 可此时，这雪白的帽子，当真是如山岳一般沉重地压在我的心头啊。
>
> 顿时，我心中涌起了一股难以名状的感动与忧伤，我已记不得当时我心中有着怎样复杂的感情，但我从这一刻便将眼前的一切深深地记在心底，放在心中那最柔软的地方。

接着，作者就写了和父亲回家，并借用了《背影》中我们所熟悉的场景：

> 望着父亲有些踉跄的走在雪中的背影，望着父亲那高大的后背与宽大的臂膀，我蓦地感受到了——父爱如山。

多么寒冷的天气，多么温暖的场景。作者在司空见惯的生活中发现了这个场景的独特，通过描写风雪中父亲的形体、动作、背影等，写出了父爱的深沉，从而引发了我们的共鸣。

上面的这两个场景都可能发生在我们和父母之间，但不少人都让它悄无声息地溜走了。而这两位同学就从《背影》的行文结构、描写视角等方面得到启发，抓住了发生在身边的，虽然普通但在当时触动心灵的事件，并酝酿书写了出来。这就是"举一反三"的运用。

"低劣的作文是相同的，优秀的作文各有各的不同。"只要我们做个生活中的有心人，时常关注和回味日常生活中的动情点，学会"归因渲染"，读到令人触动的故事之后经常"举一反三"，我们写出来的作文也能打动老师。

七、学会感悟自然

我们为什么要去感悟自然呢？

因为大千世界，无奇不有。只要有一双善于发现美的眼睛，你就能发现自然的美好和它对于我们人生的启迪。而在作文中感悟这些，一方面因为贴近生活，显得真实；另一方面，也可以让内容有层次、有深度。

古代文人就经常在自然万物中品味出人生哲理，然后获取前进的动力。比如,孔子说:"逝者如斯夫,不舍昼夜。"他从流水中感悟到了时间无情地流逝。再比如,朱熹的《观书有感》:"半亩方塘一鉴开,天光云影共徘徊。问渠那得清如许?为有源头活水来。"他从"方塘总有源头活水注入,方能使水清澈无比",想到了人通过博览群书才能让自己心灵明亮。这就将自然和人、人生联系了起来。

我们生活在大千世界中,往大里说,有高山、海洋、沙漠、草原以及城市、农村;往小里说,有一棵树、一粒沙、一滴水、一株小草、一缕微风。它们都能触发我们的灵感,引起我们的遐想。佛经中的"一花一世界,一叶一菩提"同样也是告诉我们,自然万物有灵,深入探究,你就会发现其中蕴藏着无数的哲理和奥秘。

你还别不信,我就曾经带领我的学生观察过教学楼旁边的一棵树,我让每个同学都感悟出三条人生哲理。刚接到任务的时候,很多同学呵呵一笑,说"一棵树能品出什么人生哲理",根本不当回事儿。可当他们真正走到树下,认真观察那棵树,并且沉思的时候,他们被自己打动了。因为他们发现,一棵树上也有乾坤。

我可以跟你说说他们都悟出了什么人生哲理,保准你听了会大吃一惊。

他们有的从"树"本身思考,得出了像"树大招风""根深才能叶茂""可能永远达不到目标,但心中坚定人生的方向"这样的哲理;有的把"树"与其他事物相结合,比如参照旁边的树、参照树下的小草,甚至参照路过的人,悟出了"越是张扬的人越容易受到伤害,越是谦虚的人越能获得可持续发展""在父母溺爱下的孩子是永远长不大的""伟大的发现在问世前,总会遭遇质疑的目光",等等;还有的以"树"所处的环境为出发点,得出了"人在逆境也一定不要忘记拼搏""良好的环境会使人发展更顺利""榜样的力量是无穷的"等道理。思考的角度不同,得出来的人生哲理也就不同。其实,你也可以尝试着这样做,看看自己还能得出哪些哲理。

再比如,我还让同学们思考过"沙",他们也得出了很多深层次的感悟。

他们有的从"沙子的形态"入手,得出"许多事物渐渐地,都会随着外界的不可抗而改变,我们唯一能做的便是谨守本心,远离那些令我们反感的,追求能使我们进步的""对待任何事物,都万万不可过于急躁,一味地只想看到结果怎么样;对待人更是如此,武力与逼迫只会适得其反,包容和宽恕才能给彼此带来快乐"这样的哲理;有的从"沙子的力量"出发,得出"个人的力量再如何微小,当千千万万个力量团结在一起,还有什么值得害怕吗""千万不要小看你的对手,哪怕他看似弱小,你永远不知道他会有多么强大"等道理;还有的把"沙子的处境"作为思考的角度,悟出"一粒沙,融入沙滩成为风景,融入沙漠则成为灾害。人也是如此,所以一定要找好自己的定位""每个人的开始都是一样平凡普通的,只有你有勇气选择了一条别人不敢尝试的路,忍受生活的磨砺,耐住痛苦和寂寞,才能变得不平凡",等等。

听完这些感悟,你可能会反问我:"老师,这个和我们写作文有什么关系?"我这么跟你说吧,你感悟过这些之后,的确不能直接引导你去完成哪一篇具体的作文,但是这些思维的训练有利于你思想认识的极大拓展,有利于你思想境界的极大提升,还有利于引导你透过现象看本质。并且,在作文中夹杂这些感悟,可以让读者看出来,你是有动脑筋思考的,你写出来的文字是有深度的。

当然,除了刚才我谈到的"树"和"沙",你还可以思考水、叶、花、日、月、星、云等,看看从它们身上,你能悟出什么哲理。通过思考,让你的思维飞扬起来。

另外,我想提醒你的是,你还可以从身边的生活中感悟出人生哲理,这叫作"于无风景处看风景"。你可能会纳闷:"无风景处"怎么会有风景?我可以肯定地告诉你:"无风景处"确实有风景,而且还是那么美的风景!

是不是有点儿不太明白?那我就举个例子来说一下。我的一个学生的观察对象是台灯,一个十分普通的护眼灯。他每天都会观察 5 分钟,然后写出自己的感悟。这里,我只挑一些内容说说,其他的部分我放在文稿中，你可以去看看。

第一天

发现灯上已经有厚厚的一层尘土了，平时从未注意到它。我下意识地用手指去碰，发现表面的尘土很容易就被擦干净了，可是一块原来贴商标的地方特别黏，很不容易擦掉。而且，那里的尘土似乎比别的地方多。我用抹布去擦，费了九牛二虎之力才擦干净。

风景：习惯就像贴商标的地方，牢牢地粘在心灵上，很难去除，所以要在坏习惯还只是一层尘土的时候就把它扼杀在摇篮里。

第二天

突然觉得这盏灯过于平淡无奇，想装饰装饰。我往灯上挂了两个吊饰，底座上粘了一个小狗。远远看去，总觉得还是平淡，又在灯旁插了一大束花，吊饰压得灯抬不起头来。可现在，虽然灯十分华丽，纯朴的灯光却被遮盖了。

风景：朴素的人只适合于小小的装饰。如果装饰得太华丽，他绝对不会平淡无奇，甚至会引人注目，但是简单纯朴的品质却丢失了。

……

瞧，这是多么美丽的风景！真实的风景处的风景对于时间来说，只能是昙花一现，而"无风景处"的风景才是真正的风景，是永恒的！这种"风景"是我们在有意识的状态下"画"出来的，是用来感悟人生的。

说完了为什么要感悟自然，接下来，你可能会问：怎么去感悟自然呢？

从以上对于树、沙甚至是台灯的感悟中，我们可以总结出一些感悟自然事物的角度或方法：

第一，抓住眼前事物的特点，以每个特点为角度来感悟；

第二，推想这个事物的过去和未来，从变化过程、过去和未来的状态等角度去感悟；

第三，把握住这个事物同它旁边事物的关系，从对比的角度去感悟；

第四，把这个事物假设放到不同的环境或背景下，从它的状态、变化等角度去感悟；

……

当然，你也可以有其他的感悟点或者角度。只要你善于观察、善于思考，你就会有收获。

希望你在日常生活中也多去用心感悟自然事物，推进自己思维的发展，为自己的作文奠基。

八、学会画"素材树"

估计你在写作文的过程中，也会有很多同学都有的苦恼——没有素材。看到作文题后，脑子一片空白，不知道写些什么。我认为，这多是因为"肚子里的货"在这之前都是零零散散的，没有把它们整合，所以才会出现脑中空空如也的感觉。不过你也不用太担心，今天我就教你一个整理素材的办法——画"作文素材树"，然后你可以把生活经历中的一些人、事、物给填补进去，形成一个系统的源头活水，这样以后就再也不愁没东西可写了。

1. 什么是"作文素材树"？

在讲"作文素材树"之前，你可以先在网上百度一下"语文知识树"。我找了一张图放在文稿后面，你可以去看看。从那张图可以看出来，"语文知识树"将语文知识都囊括进了一个树状图中。它把"语文知识"作为这棵大树的主干，而这个主干上大致又有四部分：基础知识、文言知识、文学常识、阅读与写作。这是第一层次，作为大树的四个次主干。

进一步看，你会发现，基础知识、文言知识、文学常识、阅读与写作这四个部分还各自包含了下一层级的知识点，作为第二层次，也就是四个主干上小的枝干。

再进一步看，第二层次的每个方面又包括了更小的知识点，作为第三层次，也就是枝干上更小的细枝或者树叶。

整张图看起来层次分明，形象具体。魏书生老师就曾经打过一个比方，说"知识树"也像中国交通图。"第一层次的知识像省，第二层次的知识像地市，第三层次的知识像县，第三层次以下还有更细密的知识细胞，好比乡、镇、村一样。"我们把语文知识划分为不同层次，"再把握住了一、二、三层次这些主要的知识，总体语文教材怎样读，总共要学哪些知识，哪些先学，哪些后学，哪些是已知的，哪些是未知的，就可以做到心中有数了。"这样，我们"就可以驾驶着思维的汽车，在知识的原野上奔驰，一个层次一个层次、一个类别一个类别地征服语文知识目标，就不会感觉语文知识混乱，无从下手了"。

其实，作文也是如此，作文的素材也需要像这样进行梳理。将作文某个方面、角度的知识点分层级地"画"成"树"的干、枝、叶，这样"画"出来的知识图就是"作文素材树"。

2. 那么，具体该怎么画"作文素材树"呢？

首先，你就要想一想，自己都知道哪些维度的作文知识点或者素材，并且它们要有层级、从属关系，然后考虑怎么布局，以及每一层该写些什么，接着再根据具体内容进行填充。

为了便于你理解和操作，我先给你举两个画的维度，然后你可以根据这两个维度画出其他维度的"作文素材树"，也或者是利用好这两个维度，把自己生活中的素材填补进去。

3. 第一个维度——表达方式

我们知道，就写作方式而言，语文中主要有五种表达方式："议论""记叙""描写""抒情""说明"。把你所知道的这五个方面的有从属关系的知识点或素材加以梳理，就可以开始画"素材树"了。

刚开始，你可以在"作文素材树"这个主干上分出五个部分，分别是"议论""记叙""描写""抒情""说明"。

而在"议论"部分，你还可以分出好多枝杈，比如"针砭时事""就事论事""凭吊怀古"。"针砭时事"，也就是对社会上的新闻事件或现象发表自己的看法，比如"车祸频发的思考""中国式过马路"

"公交车上该不该让座"。"就事论事"，就是对发生在身边的事情进行有针对性的评论，比如"不交作业原因分析""迟到的根源""优秀的特质"。"凭吊怀古"，往往是由古人或古迹引发出来的感慨。比如，到了成都杜甫草堂，想到杜甫颠沛流离的一生，深切悼念之情就油然而生。

再说"记叙"，它可以再细分为"人物事迹""历史变迁""事物历史"等。"人物事迹"可以是自己的、亲人的、朋友的，甚至是在路上碰到的陌生人的。"历史变迁"，你可以写从小学到中学的变化，你从不懂事到成熟的变化，你对于语文从讨厌到喜欢的过程，等等。这些都记录了你的心路历程，都可以写入作文当中。"事物历史"，比如，写一件文物的出现到历尽沧桑再到如今的价值连城，你特别喜欢的一个小东西可能是爸爸小时候用过的传到了你的手里，等等。

"描写"类就更多了，有"环境描写""人物描写""场面描写"，等等。"环境描写"下面有"自然景物描写"，比如你登过的山、玩耍过的小河流、花鸟鱼虫，都可以囊括进来。"环境描写"下面还有"社会环境描写"，比如写我们居住的那个楼房，还有高楼大厦、街道、公园等。"人物描写"就更简单了，你可以描写自己，可以描写家庭人物、社会人物、学校人物，等等。"描写"中还包括"场面描写"，像朗诵比赛的场面、百米冲刺的场面、助人为乐的场面、打球踢球的场面，等等。

接着，我们来看看"抒情"里面都有哪些可写的素材。你可能首先想到的是"触景生情"，就是看到某个场景后所引发的一种感情。"精神寄托"也是一类，它倾向于某种宗教信仰，对某种信念的追求或坚守。还有一类就是"回忆"，比如睹物思物、睹物思人、睹人思物和睹人思人。

第五类，就是"说明"类，可以有三个分支：一是事物类说明，就是对具体事物的特征进行必要的讲解和说明，比如写《钢笔的自述》《人民英雄纪念碑》。二是事理说明，比如《花儿为什么这样红》《死海不死》《沙漠里的奇怪现象》等，这些课文可以很清晰、很深入地帮你理解事理说明类的写作。第三类就是程序说明，比如说如何使用无线鼠标、如何使用微信视频通话等。虽然现在考场上很少要求写说明文，但是平时练一练还是有帮助的，它能够训练和提高你表达的逻辑性。

把写作方法作为画的维度，你就大致可以画出上面的"作文素材树"。当然，对于具体枝叶上的内容，你还可以根据自己所掌握的知识点或素材进行调整。

4. 第二个维度——主题

在分析文章的时候，我们首先要知道这篇文章的主题是什么，也就是它写的是人、社会、自然，还是想象之类的。有关这方面的知识、素材，我们也可以画出"素材树"。

从"人"开始，你可以分成四个板块："性格""事迹""自己""剖析人物"。就拿"自己"来说，你可以分为"感受"和"感情"两部分。"感受"还可以再细分为"感悟""漫感""杂感"。至于"感情"方面，凡是在生活中所产生的喜怒哀乐、不舍、怀念等都可以囊括进去。

再说"社会"。"社会"可以分为四个分支："现象""关系""问题""人文"。拿"现象"来说，它可以分为"好现象"和"坏现象"，还可以分为"个体现象"和"群体现象"。

接下来再说"自然"。根据范围大小，我们可以分为"个体事物""小环境"和"大环境"。

"想象"这个枝干你应该是最熟悉的了，可以再细分为三个枝丫："人""社会"和"自然"。而每个枝丫下面还可以再画出一些枝杈或者叶子。

参照上面两个"作文素材树"的维度，你可以拿出点儿时间来画一画自己想到的其他维度的"素材树"。当然，这个"素材树"不见得有多么科学，有可能也是零零散散的，但通过这么一种形式，把自己的素材进行全面而系统的整理，在应考之前是非常有用的。因为你会清楚地知道自己拥有哪些素材，也可以随时调用那些合适的素材。

所以，我就建议你，在每个大考或小考之前，只要有作文考试或训练，就要花时间画一个"素材树"，由大的树干到分支，再到小的树枝，最后再具体到树叶，看看自己储备了哪些可用的作文素材。

九、借用好文训练仿写

所谓仿写，不难理解，就是仿照已有的句子、语段、文章等，写一些句式、结构等相同或相近的文字，也就是我们经常说的"旧瓶装新酒"。

那么，我们为什么要学习仿写呢？在回答这个问题之前，我们先来看一个现象，就是一些同学脑海中有作文素材，但不知道该如何表达，写出来的文章在句式和结构上随意性很大。那怎么改善这种情况呢？这就要说到仿写了。优秀的文章无论是在内容上还是在形式上，都值得我们去借鉴、仿写。通过仿写优秀的文章，我们可以在脑海中和笔下积累精妙的语言表达形式，掌握高超的语言表述技巧，赢得读者的喜欢。

那具体该如何仿写呢？我在这里举四个例子，我们边看边说。

朱自清的《春》，我们在初一时就已经学过了，并且文章还要求背诵。这篇文章的结构非常的清晰，既有总写又有分写，既有景又有人，既有描写又有抒情，特别适合我们练习仿写。我就曾经让我的同学仿写过其中的"春雨"片段，下面我们来欣赏一下。在这之前，你可以先拿来《春》的原文，比照着看，就会发现仿写得是多么的精彩。

参照原文，有的同学仿写出了《假期》：

进景区买票排长队是最寻常的，一等就是几小时，可别恼。看，这队像长龙，像火车，像巨蟒，紧紧地连在一起。排队的人身上全被挤出了汗。天气却是秋高气爽，只是风中夹杂着些许的凉意。那售票处里的售票员，却是极悠闲的，品着茶，聊着天。他们的小屋，在这人声鼎沸中静默着。栈桥上，大海边，有举着相机慢慢散步的人，海里还有不怕冷游泳的人。他们的身影，稀稀疏疏的，在茫茫的大海里浮呀浮的。

你看,是不是跟"春雨"那一段的句式、结构非常的相似?这就属于精细化仿写,每一句都是对经典的精准效仿,就连每一处标点符号的使用都是一样的。原文是名词的地方,仿写的也是名词,原文是做状语的地方,仿写的也是做状语的,就只有文字不一样而已。若是这样不断地去练习,对语言的精准把握、对内容的妥善架构、对句式的精巧设置等自然不在话下。

接下来,我们来看一篇古文仿写。柳宗元的《捕蛇者说》,我们都很熟悉,它是文言中的精品。这篇文章的仿写价值就在于,同一件事,叙事角度发生转变,内容和主题就会发生大的变化。《捕蛇者说》是柳宗元从"捕蛇者"的角度出发行文的,进而揭示了"苛政猛于虎"的主题。如果参照此文,撰写《蛇说》,也就是在听完"捕蛇者"的哭诉之后,转换为"蛇"的视角,描述"蛇"的危在旦夕,那就会是另一个主题的呈现了。我们来看一个仿写的片段:

复前行,路蜿蜒而转,忽见一千年之蛇立于前。吾大骇,自认将驾鹤西去也,两股战战。蛇曰:"莫骇,吾不食尔,但求尔作文以记蛇之苦楚。"吾大惊,疑于梦中乎,得无人可与蛇对话耶?然唯唯而应。蛇一一道为蛇之难,自云古往今来,人岁岁戮蛇,其规模之大,虽蚊虫不得逃焉。令蛇族濒危,往往而死蛇相藉也。数十岁前,蛇尚存百余条,而今千百无二三焉,故引身洞中,避人之祸。今遇余,属余作文以记之。余则不以为然,且曰:"人捕蛇,天经地义焉。人非捕蛇,得无蛇捕人乎?"蛇大怒,吼而啮余……

"吾命休矣!"余大呼,张目视之,则坐立于床上,汗流遍身。今为此说,似蛇托梦于吾乎,以俟人蛇共存,化干戈为玉帛。

这种仿写属于风格模仿,参照原文的结构,只不过是转换了某一主体的叙述视角,就是把原来的"捕蛇者"替换为了"蛇"。整体来看,仿写的文章没有拘泥于逐字逐句地一一对应,词性、语气等都可以有不同。这类仿写的要求比上面的精细化仿写要宽松,形式上大致一致就行。

如果说《捕蛇者说》的仿写价值在于描写的话,那么《曹刿论战》的仿写价值就在于一个"论"字。仿写这篇文章，对说理能力是一个很好的训练。我们学过了《曹刿论战》，那你能否化身为某一个人，穿越到某一个朝代，与历史上某一位著名的人物对话，探讨一个具体的问题，仿照《曹刿论战》写一篇《＿＿论＿＿》呢？下面是我的一个学生的仿写作品，我们一起来看一下部分内容，全文我放在了文稿中，你可以课后去欣赏一下。

村夫论隐

义熙元年，彭泽县内，适逢督邮来巡。督邮者，骄横无礼之人也，欲使彭泽县令陶渊明恭敬辞色、前来拜谒。督邮故遣人至县衙以告之。

人未至，县衙已乱。众下人纷纷哗然、心惊胆战。县令陶渊明坐于案几之上，面色恫恫、哀叹久绝。左右立侍皆手捧贡品，无不愤愤然，自知督邮定当勒索。当此时，忽一村夫请见。众人曰："官府之事，何来的此人？"却见那人笑而不答。陶渊明一顿，曰："在下元亮，敢问兄台贵姓？何事至此？"对曰："嗟夫！予度你乃真君子：小大政事，必以情；贫富贵贱，必以礼；赏罚取舍，必以信。如今观之，却实在愚蠢的可以。"

……

这篇文章同样属于风格模仿，是对于原文章写法、思路的一种模仿，句型、句式跟原文甚至都有不同。它其实写的是村夫与陶渊明的对话，从更深的层次上来说，是陶渊明自己与自己的对话，是陶渊明心中"继续为官"和"归隐田园"这两种选择之间的对话，从形式上又类似于苏轼《赤壁赋》中"苏子"与"客"的对话。仿写《曹刿论战》，既是对这种论答形式的深入学习，更是对同一问题不同层面的深入探讨，在行文思路、逻辑思维和语言表达方面都会对写作者有很大程度的提高。

最后呢，我再举一个课本外的仿写例子。前两年，网上有一篇特别受人关注的上海高考满分记叙文——《我想握住你的手》。你在"百度百科"当中搜索关键词"我想握住你的手"，就可以找到这篇文章。

我把这篇文章放在了文稿当中,你课后也可以去看看。

对于这篇文章,有名师点评了三点:第一,作者巧设情境,在平凡而动人的细节描写中,传达了深刻的理念:真情莫过共握手!第二,故事从一个细小的场景切入,随着作者文笔的游走,读者会笑中含泪。第三,文章场景单纯而立意高远,情节集中而有波澜,语言朴实而内涵丰富,人物心路历程清晰可见,一些细节描写尤为出色。

根据点评就可以看出来,这篇文章也是极具仿写价值的。若是把它仿写出来,也定是非常出色的。下面,我们就来看看我的一位学生仿写的一个片段:

妈伸直了手臂才把袋子递了过来,很沉。没等我拿稳袋子再说什么,妈已经一路小跑出去了。我捧着那完好无损的袋子,竟不知怎么已被感动了。我又想起早上,妈的叮嘱爸的提醒。东西还是忘了拿了,都怪我太粗心。只记得吃完早饭想起什么事,便全忘了,教学楼几乎在学校的最里头,校园又只能步行。我知道妈是担心我要用才一上午就送过来了。我突然想起刚进班门时看到一个身影,抱着一件实物气喘吁吁地跑着,一路没歇过,当时我没在意。可是刚才,接过妈手中的袋子,我清清楚楚地看到了妈脸上的汗珠……

你看,仿写片段同原文一样打动人,它参照了原文的结构、插叙方式、叙议结合,尤其是对细节描写的极力追求。这属于第三种仿写形式,就是结构模仿,主要模仿优秀文章的骨架,模仿怎么展开、推进事件的发展。

介绍完仿写的四个例子,你应该知道该怎么仿写了吧。这里呢,我再总结一下:首先,就需要你对一篇经典或优秀的文章足够的熟悉,甚至已经达到了能够背诵的地步,并且要知道仿写的价值在哪里,就是通过仿写,我可以学到什么。其次,仿写时,要注意文章结构形式、框架的一致,否则就不能称之为仿写了。当然,对于精细化仿写,还要做到句式、句型甚至是语气的参照,逐字地进行仿写。最后,仿写不能急于一时,多多练习你才能仿写出好文章来。

所以,如果你的作文在某一方面存在弱项,不妨找来一篇优秀的文章进行仿写，借他人的语言外壳，填充上自己的语言文字，这样你就知道怎么写好作文了。

十、借用诗词和歌曲训练改写

什么是改写呢？就是通过重写或者修改原文章，让它给我们呈现一种新的形式。它跟我上一节课所说的仿写有异曲同工之处，都可以让我们的文章"脱胎换骨"。改写分为很多种，有改变文体的，比如把诗歌改写成记叙文、把小说改写成剧本，都属于这一类型的改写；有改变语体的，比如把文言改写成白话；有改变人称的，比如把第一人称改成第二、第三人称；还有改变句式的，比如扩写、缩写。

今天这节课，我们来学第一种类型的改写，就是改变文体，具体来说，就是把古诗词改写成流行歌曲。

那么，我们为什么要学这个呢？第一，古诗词文笔洗练，句子短小精悍，言有尽而意无穷，可以给我们提供丰富的内容；第二，流行歌曲往往有特别优美的旋律、有艺术的美感，我们可以把这些迁移为语言上的美感，使我们的文章语言优美；第三，流行歌曲的歌词往往被我们忽视，但其实它们很多都可以称得上是一首优美的现代诗，就比如方文山的作词。我们通过这节课的训练呢，就要开始重视歌词的学习了。

接下来，你肯定就要问了：怎么改写呢？

很简单，就是先选择一首意蕴很丰厚的古诗词和一首你特别喜欢的流行歌曲，原歌曲只保留曲调，歌词换为古诗词中所描述的内容就可以了。下面，我就通过几个具体的改写例子，来说一说怎么操作。

陆游的《卜算子·咏梅》你肯定是非常熟悉的了，我就曾经让我的学生把这首诗改写成了现代流行歌词。他们有的参照周杰伦的《菊花台》《烟花易冷》，有的参照杨幂的《爱的供养》、周铁男的《三国杀》，还有的参照李玉刚的《新贵妃醉酒》、李健的《贝加尔湖畔》……有的虽然选取了相同的歌曲，但呈现出了不同的风格特点。下面我要展示的这两篇都是根据周杰伦的《菊花台》改写而成的，咱们一起来欣赏欣赏。

先来看第一篇：

咏梅

桥　已残断　驿外影阑珊

凛风暗香幽然　空将月伴

雨　莫须有　点点透花瓣

叹落魄夕阳下　斜伫无人盼

风雨已乱　徒哀布衣衫

枝杈难掩愁绪　孤寂怎堪

冰河雪畔　无意惹蜂穿

料峭未退　暗香先遣

群芳妒　众生讽　何苦徒劳辩千万

风云似浪卷　任凭云覆云翻

零入土　沉作泥　车轮辗转魂销然

千里万里寒梅已故　香染

那他是怎么改写出来的呢？

首先，你会发现，改写而成的歌词包含了原诗中所有明确的意象，比如断桥、风雨、泥、暗香等。这就告诉我们，在改写的时候，务必要先知道原诗的意象或者关键词是哪些，然后尽可能地把它们囊括在歌词中。

其次，你有没有注意到，歌词在一定程度上对原诗进行了拓展，像"徒哀布衣衫""冰河雪畔　无意惹蜂穿"等都描写了原诗所没有的场景。这也就是说，在改写的时候，你可以发挥自己的想象，填充一些与原诗意蕴相吻合的物象。但要注意，情感格调一定要一致，不能原诗写悲，你在改写的歌词中兀自添一些喜的场景。还有，看到"冰河雪畔""料峭未退"，你有没有熟悉的感觉？是的，跟毛泽东《卜算子·咏梅》中"已是悬崖百丈冰，犹有花枝俏"的意思有些雷同。所以，相同主题的诗词中的一些意象、词句等，我们也可以拿来用，但这对诗词储备的要求就有点高了。

再次，这也是相当重要的一点，就是你的断句、停顿一定要跟歌词的一样，歌词中停顿了几处以及在哪里停顿了，你也一定要在相同的位置断句，这样才能使改写出来的跟原歌节拍一致，否则就不是参照原歌改写了。

最后，你来看歌词的韵脚部分，每四句的最后一个字都是押韵的，这就增强了歌词的韵律美。

这样一看，把古诗词改写成歌词是不是也不是很难呢？

接下来，我们来看第二篇，这篇也是根据周杰伦的《菊花台》改写的，这里我只挑一些内容说说，其他的部分我放在文稿中，你可以去看看。

咏梅

她　的处境　孤单中凄凉
冷淡的秋日夜　回想过往
冬　太悲凉　寂寞成了伤
是谁在断桥边　静静地开放

梅　默默开　但无人欣赏
她一生无人问　不知主人
颂　是什么　她从无人颂
自生自灭　谁人知晓

……

你看，改写出来的是不是跟歌曲《菊花台》的旋律很像？改写出来的情感格调是不是也跟原诗一致？通过这首诗，我想强调一点，就是你在断句的时候，不必强求每一处的词或短语是一个严格意义上的完整表达，像第一句"她的处境"，这里的"的处境"就被单独隔开了，应该说这不合乎语法，但只要整句的意思是完整的，那这样的断句也是可以的。

曾经，我还让我的学生把苏轼的《卜算子·黄州定慧院寓居作》改写成现代流行歌词。事实证明，所有的歌曲都是可以借助的。我的学生有的参照的是河图的《寒衣调》、周杰伦的《发如雪》，有的参照的是王凯的《赤血长殷》、慕寒的《盛世回首》、音频怪物的《琴师》……这里，我只选取一个同学的改写作品，我们来看看这篇有什么独到之处。

这位同学是仿照少司命的《飞天夜画》来写的，我只说其中的一部分，完整的内容你可以在文稿的附录中看到。

黄州定慧院寓居作

缺月　残夜　消逝黑暗囚窟
风止　又见　悬嵌疏桐枝处
或说夜阑人静之时　能逃一切悲苦
为何更漏水声已断　酣梦彻夜难入

步出　庭中　遥听无声心湖
万物　入梦　谁人徘徊踟蹰
或说幽人独来独往　无非心事浩茫
为何恰如飞天孤鸿　缥缈了无温度
……

对照少司命的歌曲《飞天夜画》，你有没有发现，这其中的某些词是相同或相似的？比如，"又见""一切""悲苦""为何""温度"都没有变，而"或说"与"佛说"又有些相似，第三句中的"能……"则是套用了原来的表述形式。这是我们在仿写时可以借鉴的一点，这样一来，我们也不必为措辞或造词伤脑筋了。另外，这篇改写作品还有一个值得点赞的地方，就是它每一句的字数都同原歌词的相同，多少有点儿仿写的意味了。总的来说，这种形式的仿写简单易操作，还可以省些脑力，我们可以多学习学习。

最后呢，我们再来看一篇由李煜的《相见欢》改写而成的现代流行歌词。这位同学是参照银临的《腐草为萤》而写的。这里，我们也只欣赏其中的一部分，全文我放在文稿中，你课下可以去看看。

相见欢

沉默地　对影中无言

独自在　西楼的夜间

登临抬头望天　只有凄冷弯月

残缺如钩相伴

俯瞰深院中　寂寞孤立的梧桐

无情秋风过　只剩了枯容

凄清的悲秋　被谁锁在高墙之中

掩没了　谁人的重逢

……

同上一篇的《黄州定慧院寓居作》一样，这一篇改写的作品同原歌词在字数上也是相同的，写得也很契合原诗的意蕴。并且，这位同学还把自己写的作品配上音乐录制成了MV。如果你打开"优酷视频"，搜索"相见欢"和"仿银临的《腐草为萤》而作"这两个关键词，你就可以搜到这个MV，感兴趣的话你可以去看看。

赏析完他们的作品，你可能会说："王老师，你选的这些作品的作者都是成绩优秀的同学吧？他们的写作水平应该很高吧？"但我实话告诉你，我选的这些改写作品有一半都是语文成绩不太好的同学写的，但是你从他们的作品中可以明显感觉到艺术性与文采魅力。所以，哪怕是初次写，只要你肯学、肯参悟、肯改写，就可以写出同样优秀的作品来。我在我的课堂上是这么讲的，同学们也是这么做的。

建议你在课下选一首意蕴丰厚的古诗词，然后把它改写成一首文字优美的歌词。我相信，经过不断的语言强化训练，你的文字驾驭能力会有飞速提高，写出来的文字也一定会唯美至极，写作水平也会有所提升。

附录

咏梅
——仿周杰伦的《菊花台》而作

她　的处境　孤单中凄凉
冷淡的秋日夜　回想过往
冬　太悲凉　寂寞成了伤
是谁在断桥边　静静地开放

梅　默默开　但无人欣赏
她一生无人问　不知主人
颂　是什么　她从无人颂
　　自生自灭　谁人知晓

黄昏到　日已残　她的美丽依然存
孤单的开放　她愁心静静躺
北风乱　夜雨狂　她的坚强吹不断
依然她默默在桥边　开放

春　已到来　群花已绽放
嫉妒的世界上　命运不堪
美　不张扬　为何来争春
怕群花比不了　一辈子自卑

谁　最美丽　百花来争荣
她一言都不发　闲情逸致
花　都嫉妒　你轻声的叹
一冬绽放　终究凋谢

已成尘　化作泥　你的美丽已消散
　　落入黄土后　你随风慢慢飘
飘远处　香还在　你的灵魂飘不散
　　仍旧你孤傲在桥边　开放

黄州定慧院寓居作
——仿少司命的《飞天夜画》而作

　　缺月　残夜　消逝黑暗囚窟
　　风止　又见　悬嵌疏桐枝处
或说夜阑人静之时　能逃一切悲苦
为何更漏水声已断　酣梦彻夜难入

　　步出　庭中　遥听无声心湖
　　万物　入梦　谁人徘徊踟蹰
或说幽人独来独往　无非心事浩茫
为何恰如飞天孤鸿　缥缈了无温度

　　无尽夜空下几度繁华
　　蓦然惊惶了无措的它
　　回头四顾似寻觅惆怅
　　怀抱幽恨无人知我伤

　　寒枝间逡巡流浪天涯
　　拣尽彷徨固执不栖下
　无处可落只得宿沙洲之畔
　　　身动荡　心倔强

　　月色　依稀　寥寥清辉透出

谁知　幽人　幽囚抑或孤高
天穹中过凄清孤鸿　鸿与人皆虚无
不与世俗同流合污　犹自超凡脱俗

回首只道唯落寞余下
寂冷的是沙洲还是他
静夜何须漏壶报辰次
疏淡笑墨难歇心迷茫

患难中逐显旷达乐观
莫随波逐流岂愿庸凡
无人识我知我怨我犹高洁
　放得下　自潇洒

飘零　失所　几世光阴飞度
寂寞　凄苦　才美不得重用
孤鸿无良木之可栖　我又何去何从
着笔墨染至情深处　豪放饮尽孤独

相见欢
——仿银临《腐草为萤》而作

沉默地　对影中无言
独自在　西楼的夜间
登临抬头望天　只有凄冷弯月
　残缺如钩相伴

俯瞰深院中　寂寞孤立的梧桐
无情秋风过　只剩了枯容
凄清的悲秋　被谁锁在高墙之中

掩没了　谁人的重逢

涌动的离愁　如丝般附着
却怎剪不断　也理不透
千丝万缕的　缠绕我心头
悠悠愁思成　无名苦痛

单薄的　寂静中游曳
叹愁绪　孤身一世界
最无尽的黑夜　无数阴晴圆缺
何必生离死别

秃树几残叶　流离秋风中瑟缩
本孤寂的心　无奈知亡国
锁思乡的情　谁要做那残喘囚徒
禁锢了　悲痛的落魄

涌动的离愁　如丝般附着
却怎剪不断　也理不透
千丝万缕的　缠绕我心头
悠悠愁思成苦痛

时过境变迁　家亡国已破
阅人间冷暖　沉郁别愁
故国家园中　剩痛哭折磨
过往的烟云　说走就走

十一、中考作文的审题构思

根据我一直以来的作文评分经验，一类文多是中心突出，二类文大多中心明确,三类文中心基本明确,四类文中心不明确。而能否取得一类文的好成绩,关键就在于审题是否准确、构思是否巧妙。

近几年,在中考和模考作文中,多出现的命题类型是命题和半命题两种,话题作文很少出现。下面,我主要就命题作文和半命题作文的审题构思跟你聊聊。

我们先说命题作文。

命题作文是中考作文中最基本的一类。一般是用一个词、一个短语或一个短句作为题目。我们在写作时不可以更改题目,要特别注意与话题作文分开。比如,请以"我的校园"为题写一篇作文,就是命题作文,题目不可以更改。请以"我的校园"为话题写一篇作文,就是话题作文,可以再另拟题目,只要围绕"我的校园"这个话题写就可以了。一字之差,作文题目就可能会有千差万别。

命题作文形式多样,但不外乎以下三种:

第一种是直接命题,典型形式是"题目+要求"。比如,今年北京海淀初三期中考试作文题为"怡然自得",要求是:写一篇记叙文,字数700字以上。

第二种是由导语引出题目和要求的,属于"导语+题目+要求"式。比如,某年北京房山的一模作文,给的导语是:结茧成蛹的春蚕,在软壳里期待化为彩蝶的时刻。含苞欲放的花蕾在青叶中畅想盛开,如夏的未来。青春年少的我们,在懵懂中憧憬美好的明天,有梦的季节,让我们领略到人生的美丽,愿我们每个人追逐梦想,实现我们的人生目标。题目是:追逐梦想。要求是:将题目抄写在答题纸上,不限文体(诗歌除外),字数在700字左右。

在这种作文形式当中,导语是用来拓展思路、拓展写作范围的,不可忽视。你可以从中找到自己最拿手的东西来写,但不能忽略它对你的各种限制。从刚才的作文题目来看,这个导语在前面限制了"追逐梦想"的主体,也就是青少年。再者,我们写作的重点不能停留在梦想本身,而应该重点写追求梦想的行动、实现美好人生目标的过程。所以你看,导语也是要好好琢磨的。

第三种形式是题目后面加提示语，再提要求的，属于"题目 + 提示语 + 要求"式。比如，某年北京西城一模作文试题。题目是：支点。接着给的提示语是：《现代汉语词典》关于支点的解释，一是杠杆上起支撑作用，绕着转动的固定点；二指事物的中心和关键。围绕你生活中的支点是什么的问题，想一想，写出你的亲身经历和感受，或者谈谈你对支点的看法。要求是：一，不限文体，诗歌除外。二，字数在700字左右。三，作文中不要出现所在学校的校名和师生姓名。

在这种形式中，提示语的作用很大。你看，这个提示语对"支点"的解释其实就是在提醒你，要写生活中对你起关键性作用的事情，这件事促成了你的改变，或是让你长大，或是让你明白了什么。其中，"写出你的亲身经历和感受"是在提示你可以写记叙文，"或者谈谈你对支点的看法"是在提示你又可以写议论文。

了解了命题作文的基本形式之后，你可能会问：考场上那么短的时间，如何快速审好题目进行构思呢？下面我们就聊一聊具体方法，我总结出了四点：

第一是抓住"题眼"，确定中心。题目中的关键词语就是作文的"题眼"，扣住了"题眼"，也就抓住了重点、抓住了中心。一个词作为题目的，这个词就是"题眼"，比如足迹、魅力、分享，还有刚才说到的"支点"，都是"题眼"。你只有理解了这个词语，才有可能写出好的文章。

比如说，"足迹"的本意是脚印，但可以引申为"事物所遗留的痕迹"，那么，我们就可以写自己"成长的足迹"，可以写"秋风的足迹"，可以写"沙滩上的足迹"；根据足迹对人的影响和意义，那么就可以写"难忘的足迹""闪光的足迹""消失的足迹"；根据对遗留足迹的态度不同，那我们就可以写"寻找爱的足迹""追寻你的足迹""收藏的足迹"……这就告诉我们，思路不要有局限，要善于联想，从"题眼"思考开去。

第二是明确限制，缩小范围。命题作文常常对文体、时间、地点、数量和叙述的对象及其关系、内容等有所限制。弄清楚了这些，就容易确定作文的选材范围。

比方说,北京某区的一模作文"依靠自己",这个题目的限制条件就是"自己",那你就要以"我"的口吻来写,"我"就是"自己"。再比如,北京某区的一模作文"我们一起走过",限制成分是"我们",那你就不可以单写"我"了。所以,一定要明确作文限制,尽可能地缩小写作范围。

第三是添枝加叶,以小见大。命题作文,题目越长,越容易迅速确定立意和选材。如果题目是一个词,那选材的范围就会很宽,确定写作目标就会有困难了。这时,你可以通过给题目添枝加叶,来迅速确定写作目标。比如,北京某区的一模作文是攀登,我们就可以添枝加叶,变成"我勇于攀登",再添枝加叶,改为"我勇于攀登险峰""我勇于攀登书山",再继续添枝加叶,变成"我勇于攀登险峰的幸福""我勇于攀登书山的意义"。就是这样,越添枝加叶,题目就会变得越具体,也就越好下笔。

第四是内容充实,避免空洞。有些命题作文规定文体为记叙文,我们按要求写就可以了。但有些命题作文是文体不限,有些同学就无所适从了,要么就是成段地感慨,要么就是没有什么实际的内容。这个时候,我们应该根据自己对题目的理解,选择自己擅长的文体来写。说是文体不限,并不是文体不清,不能写成"四不像"。如果你选择了记叙文,那你就要把内容落实到人、事、物上,把人写好,把事和物写实。如果你选择写议论文,那你就要有充足的事实和理论依据,但我一般不建议同学们写议论文,除非其他文体都感觉写起来困难。

这里,我也举个例子。某年北京西城的一模题,请以"赏"为题,(欣赏的赏),自选角度,写一篇作文。这个题目,就是一篇比较少见的以一个字为题的命题作文。它没有任何提示,没有任何关于内容的限制,给足了我们写作的空间。但是,有些同学就觉得题目太宽泛了,以至于不知道该如何下笔。面对这个作文题,首先,你就要明确"赏"的意思,这样你才能抓住题眼,化大为小,化虚为实,确定自己的写作角度。根据《现代汉语词典》中的解释,"赏"的名词义指的是奖赏的东西；动词义主要是欣赏、观赏、赏识、赏赐。题目中没有限定，那我们就可以选取自己深有感触的一种词义来展开。你可以写实实在在的有形的"赏"，也就是物；也可以写虚实结合的无形的"赏"，比如精神、气质、情感、气节。但不管你写什么，都要选择情有所系、心有所动、思有所悟的值得去"赏"的素材，这样才能使自己的作文不至于停留在较浅的层面。

说完了命题作文，下面我们再来说说半命题作文。

什么是半命题作文？就是给你一部分题目，另一部分题目由你自己补充完整，然后你再根据补全的题目进行写作。

对于半命题作文来说，题目的补充就非常重要了，题目补充好了，审题构思也就容易多了，你基本上可以参照上面的命题作文来构思。那么，在补充题目的时候，你应该把握哪些原则呢？我总结了以下三点：

第一是熟悉性原则。我们只有写自己熟悉的人、熟悉的事，谈自己熟悉的问题，才能有话可说，也才会有感可发，才能写出内容充实、重点突出的好文章来。

第二是可写性原则。就是我们应该从很多熟悉的素材当中，选取那些比较容易用语言表达的。这里我要提醒你一下，不要选择那些激情澎湃的，不然你越写越觉得无从下手。就拿"_____也是成功"这个作文来说，有的同学觉得自己非常喜欢学习，而且学习也很用功、很优秀，并且自己对学习也非常熟悉，所以就想填上"学习"这个词。但是，我要告诉你，如果你真填上这个词，那你就把自己置于一个尴尬的境地。"学习也是成功"虽然也说得通，但是太不好写了，因为学习太抽象、太宽泛了，而且"学习"跟"成功"也不存在严格意义上的因果关系。写着写着，你就不知道该怎么展开了，然后你就只能开始凑字数了。

第三是创新性原则。如果没有好的文字功底，你就很难把普通的素材写出亮点来。但你也不要担心，因为好的想法比好的文笔更重要，换句话说，就是创新是作文吸引眼球的关键。比如说，对于"我在_____中长大"这个题目，我们立马想到的是"我在幸福中长大""我在呵护中长大""我在母爱中长大"，所以如果你没有鲜活的事例的话，就很难写出新意。这样的作文在考场之上太多了，很难脱颖而出。那么，相比较而言，"我在遗憾中长大""我在失败中长大""我在逆境中长大"，这类题目就很容易写。你可以从自己在成长中纠结的情感入手，写出成长的意义。而"我在唠叨中长大""我在巴掌中长大""我在经典中长大"，这类题目不仅有具体的指向，能够吸睛，而且根据这些含有特殊意义的词语，很容易写出真切的观察和思考。当然，你也可以另辟蹊径，反社会常理来谈自己与众不同的认识，比如"我在网络中长大""我在玩儿中长大"，让人耳目一新。

最后我给你编几句顺口溜，你可以去看一下，反复读一读，好好体会一下审题构思的注意事项。

附录

审题篇

作文要想写得好，审清题目最重要。
选材中心题里藏，启发限制都重要。
排比导语找规律，看出异同很重要。
你我他们人称清，时间要求也重要。
句子成分和短语，帮助审题很重要。
重点亮点要分明，心里有数很重要。

构思篇

补全题目是关键，内容具化很重要。
动笔之前定中心，列个提纲很重要。
中心不要太复杂，简明动人最重要。
选材典型且新颖，反复点题很重要。
巧妙化用旧时文，生搬硬套不能要。

开篇点题明事件，结尾哲思很重要。

衔接过渡段首句，思路清晰很重要。

十二、如何提高想象力？

我们先聊聊：如何提高想象力？

有一句话说得非常好，"文似看山不喜平"，意思是欣赏山的人不会喜欢平平整整的，言外之意就是喜欢曲曲折折、高低起伏、峰回路转的。读文章也是这样，读者一定喜欢读那些情节生动、跌宕起伏、一波三折的，而不喜欢平铺直叙、如同流水账的。

所以呢，为了赢得老师的青睐，追求情节生动就是作文的重中之重了。那记叙文怎么才能做到情节生动呢？这就必须借助于想象来完成了。想象是什么？想象就是"节外生枝"，就是合理的虚构和夸张。可以说，没有合理、丰富的想象，就没有生动的情节。

那怎样才能提高想象力，让作文充斥着想象呢？下面我给你介绍两个方法：一个是类比联想，另一个是借助"想象公式"。

首先我们来看类比联想。什么是类比联想呢？简单来说，就是由一个事物联想到跟它在性质上或者说形态上相似的另一个事物。比如我说白色，你会联想到纯洁；我说绿色，你会联想到青春，这就属于类比联想。

下面我给你讲个故事，通过这个故事，你也会明白什么是类比联想。这个故事的名字叫作"犹太女性凭什么不能做长老？"

犹太长老急急忙忙去开会。被五岁女儿缠住："我长大后也要当长老。"长老说："国家宪法规定，只有男性公民可以做长老。"女儿不依。长老急于开会，无奈，只好说："爸爸问你一个问题，答对了，你就有资格做长老——

一对双胞胎同时进入同一个烟囱打扫烟灰。出来以后，一个黑脸，一个白脸。

问：谁首先会去洗脸？"

答：黑脸。

爸爸摇头：你没资格。

又答：白脸。

爸爸：有进步，有一点点资格了。

女儿困惑不解：一点点资格？难道还有其他答案？

就在爸爸急于出门的瞬间，女儿突然说："爸爸，我不想说答案了，我想问一个问题。"

女儿为什么突然不想说答案，而想提问了呢？她会问什么问题呢？我们来看看女儿是怎么问的。她问道：

"我完全不能理解，双胞胎，同时进出同一个烟囱，怎么可能一黑一白呢？她们应该同时都黑，或同时都白——这才符合常理呀！"

爸爸大惊，女儿的发问完全出乎他的意料。他抱起女儿，一脸认真和自豪：

"我的好孩子，你有资格了！你很可能是我们国家第一位女长老！"

讲完这个小故事之后，我们来分析分析。女儿第一次回答：黑脸先洗。这按说是常识啊，几乎所有的人都会这样说，不用经过思考。第二次回答：白脸先洗。这说明她没被常识绑架，开始有了自己的思考。她的思考就存在着三种可能：第一，烟囱里的灰是白的，所以白脸才是脏的。第二，双胞胎是黑人，所以白脸才是脏的。第三，双胞胎看彼此，就像照镜子，看见对方脸黑，误以为自己也黑。

第三次，她却拒绝回答，并且反过来提出了问题，问得有思考、有深度，而且还是批判性思维。她的这一问让这个问题又回到了原点：双胞胎同时进出同一烟囱，出来的结果怎么会截然不同？应该完全一样才符合常理！

那女儿的言外之意是什么？爸爸为什么会震惊？

原来，女儿通过类比联想，挑战了这个国家的宪法。她由这个故事本身联想到了长老继位，并且找到了这两者之间的相似点。在同一个国家生活，属于同一个国家的公民，甚至受同样的教育，做长老，应该是男女共享的公民权，凭什么男性可以做长老，女性却不能？是类比联想帮助小女儿解决了一个连她的父亲都觉得根本无法回答的问题，从而获得了成功。

讲这个故事呢，是想从解决问题这个层面告诉你，勤动脑筋、类比联想，能够提升你的想象力，帮你打开思路，而这本身也是对写作的一种间接训练。

说完了类比联想，接下来，我再跟你讲第二种提高想象力的方法。不过在讲第二种方法之前，我想先让你思考一个问题，就是为什么老师总是批评我们打不开自己的写作思路？

我来替你回答一下，是因为我们每次写作都平铺直叙，没有想到要去拓展。比较普遍的现实是，我们平时的作文构思往往只有"三部曲"——目标、努力、结果。在写一件事时，一般是先写目标，然后写自己如何如何努力，最后写自己经过拼搏实现了目标。举个例子就是，进入初三的我，中考必须考进当地最好的高中，经过努力，我如愿以偿了。这样的作文构思太平淡无奇了，根本就是流水账，凑字数写完而已。同样是在考场上，同样是用四五十分钟的时间，结果人家得了高分，你却只是得了一个平均分而已。

究其根源，就在于我们没有解决以下问题：一是怎样展开记叙文想象？二是想象有没有正确的路径？最后一个就是，有没有一个"想象公式"能让我们茅塞顿开、文思泉涌？最后的这个问题应该说是最关键的，解决了它，那前面两个问题自然也就解决了。

通过对很多优秀的记叙类文章进行分析归纳，我给你总结出一个类似于数学公式的记叙文"想象公式"，这也就是我这节课讲的提高想象力的第二个方法。这个"想象公式"包含7个要素：①目标（梦想）；②阻碍（正反面）；③努力；④结果（好与坏）；⑤意外；⑥转折；⑦结局。

虽说是个公式，但它不同于数学公式。数学上，你充其量能达到"活用"公式，而这个所谓的"想象公式"其实是一个"活公式"，也就是连公式都是活的。这个公式当中的几个要素是可以颠倒顺序的，各个因素也不是面面俱到的，个别因素还可以根据情节需要做必要的省略，根据主题详略安排。

下面我们就以"科幻小说之父"、法国著名作家凡尔纳的《80天环游世界》为例,来看一下"想象公式"是怎么样的,它的价值是什么。我们举的这个例子,它包含了全部的7个要素,顺序也没有变。

目标:主人公霍格和朋友打赌,赌注是自己的全部财产。从伦敦出发再回伦敦用80天。

阻碍:(他遇到两个阻碍)一是被误认为是银行大盗,沿途处处受阻;二是沿途做各种好事,耽误了行程。

努力:霍格用尽种种办法,冒着生命危险赶时间,包括骑大象走捷径、走进死亡丛林。

结果:环游世界一周,回到伦敦,用了80天又5分钟。输了。

意外:根据出发地伦敦日期显示,他只花了79天又5分钟。

转折:因地球自转,各地时间不一,形成时差。往东走少一天,反之多出一天。

终局:赢了比赛,娶了妻子。

通过上面的例子可以看出,只要你对故事足够熟悉,填充"想象公式"不难,而它的价值在于两点:一是能够帮助你打开想象的思路;二是能够让你有效地避免平铺直叙,让作品情节生动、波澜起伏、扣人心弦,这个主要是通过"意外"和"转折"两个因素实现的。可以说,有了"意外"和"转折",你的作文就有了起伏,情节也就生动了。

十三、"想象公式"的运用

我就用实例来说说,在我们的作文中怎么用"想象公式"。

首先,我们先来回顾一下"想象公式"。它包含有7个要素:①目标(梦想);②阻碍(正反面);③努力;④结果(好与坏);⑤意外;⑥转折;⑦结局。当然,这7个要素并不要求完全具备,你可以根据具体情况省去某个要素。下面,我就通过两个我们比较熟悉也比较好玩的小故事,来具体聊一聊怎样根据这个公式让你的作文充满想象、情节生动。

我们先来看第一个故事：小猴、小猪的"智斗"。

小猴遇见了小猪。

小猴：猜猜，我口袋里有几块糖？猜对了，两块全给你。

小猪不假思索，脱口而出：五块！

故事概况给了你，那你要怎样想象才能使发展情节生动有趣呢？

很明显，小猴、小猪各有各的错。但是，它们并没有意识到自己的错误。所以，情节很可能是：小猪索要五块糖，小猴肯定不会给。

现在，我们就根据"想象公式"来展开想象——

首先是目标（①目标）：

小猪要糖，小猴不给。

它们非但没有意识到自己的错，还要设法把错误推给别人，把正确的留给自己。这就需要展开想象，想象小猪和小猴各自动了怎样的脑筋，又用怎样的一种文明的、有理有节的语言表达，明确指出对方的错误，进而战胜对方。

先来看小猪。头脑简单、心直口快、急于得到糖块的小猪说了些什么？还可以再想象，描述一下小猪当时的情态，这就需要细节描写了，比如符合人物性格的肖像、语言和动作描写。你可以这样写：

小猪眉飞色舞，不加掩饰地兴奋和迫不及待。它不断摇晃着肥硕的小脑袋，以胜利者的姿态冲着小猴喊："嘿嘿，你看咱。保准没错吧？我一猜就是五块，肯定五块！你可要说话算数！不许耍赖。现在就给我，现在！嘿嘿。"说罢，小猪快速走近小猴，伸出双手，眼看就要摸进小猴的口袋。

当然，你还可以想象小猴这时候的情态表现，可以把它的行为举止描写一番，这里我就不多说了。

接下来当然就是阻碍了（②阻碍）：

聪明的小猴当然不给，死活不给。

小猴如何不给，说了什么、做了什么，这些你都可以继续想象。

然后是努力（③努力）：

这里包括小猴的努力和小猪的努力，先来看小猴：

小猴承认自己不小心说出了答案,然后,它用什么语言、语气、面带着什么表情,对小猪说了些什么,暂时为自己扳回一局,暂时转败为胜,但是,也惹得小猪气急败坏、怒不可遏?

注意,这里也需要用到细节描写,比如肖像和神态描写,描写也要符合人物性格。你可以这样写:

小猴两只狡黠的眼睛眨了眨,它完全没有把小猪放在眼里,脸上堆满了不屑,堆满了胜券在握和盛气凌人。它用淡定的、傲慢的、奚落的语气,用轻蔑的、从容的、充满灵气的眼光,对走到身边的小猪不慌不忙地说——

这里还可以再加上些语言细节,符合生活常理——

"嘿嘿,兄弟!且慢,且慢,别急啊。你实在太好玩儿了。我明明告诉你有两块糖,可是你竟然还去瞎猜什么五块。谁教你这么玩幽默的!告诉你吧,你刚才要是说两块,我立马给你,但是现在不行!你根本就没用心听我说话。你可真行,白白送给你便宜,你都不要。现在呀,我不但不给,还要惩罚你!"

小猪听了以后呢,肯定急了,怒了,但是可别忘了,小猪自己也有错啊!

接下来,我们来想象一下小猪做的努力:

这个时候,小猪也承认了自己的错误。那小猪动了怎样的脑筋,用了什么样的语言,才把责任推向了小猴,变被动为主动了呢?

你可以先对小猪的形态、心态等进行一番细节描写,但是注意,要让心理、动作细节描写生动、逼真,符合人物身份,你可以这样写:

小猴的一番话把小猪搞蒙了,他一时语塞,完全没想到对方会连珠炮似的说出这些。小猪怒了,只见它满脸涨得通红,浑身的肌肉在抖动,两只耳朵用力地摆动着。好在小猪有自知之明。它深知眼前的对手不好对付,因此,它没有立刻反击,而是极力先控制自己的情绪,整理自己的思绪。

然后就可以用到语言细节了——

"不可能!绝对不可能!你是我们动物世界里公认的高智商,猴精猴精的！你怎么可能故意把答案告诉我？鬼才相信你能告诉我答案！是，我是听见你说了两块糖，但是我怎么能相信？我肯定不相信你有这么傻，所以我猜五块。现在，不管是不是五块，你都要把糖给我，因为你把我给耍了！"

然后，我们就该想象结果了（④结果）：

结果是什么呢？僵局。你可以这样写：

小猴明知理亏，聪明的他一时语塞，想不出用更有力的语言回击对方。但是，他就是坚持不给糖。两人就这样僵持着……

但是僵局解决不了问题，我们还是要想象一下，下一步该怎么办？这个时候，意外就该出场了（⑤意外）：

小猪突然建议：要不，咱找一个裁判？

小猴：找谁呀？

小猪：找牛爷爷吧！牛爷爷忠厚老实，能主持公道。

小猴同意了。不一会儿，老牛来了，它要求双方把事情从头到尾讲一遍。老牛弄清了原委，沉思良久。然后，它踱着四方步，两只眼睛把小猴、小猪各扫了一遍。慢条斯理地说——

老牛说了些什么，让僵局出现了转机？这就是公式的第6个要素了，也就是转折（⑥转折）。注意，老牛说的话要说到双方的心里去，要符合人物身份、有利于解决问题——

"孩子们，其实，你俩都没有输，但也没有赢。小猴你，既犯了漫不经心的错，又犯了羞辱对方的错。你既然让它猜，怎么能把答案告诉人家，这不是故意耍人玩儿吗？小猪你呢，犯了粗心大意、不认真听的错。如果你认真听，当即就该说：两块！如果这样，小猴敢不给你吗？你俩都回家吧，好好反思一下自己，以后再也不能犯这种低级错误了！"

老牛说完之后，就该是结局了。结局应该是很温馨的，你可以自己想象一下，比如老牛的主张，比如小猴、小猪的态度或建议等（⑦结局）。

最后，你还可以做个升华，强调一下这个故事的主题。比如，在与别人交流沟通的时候，要用心，切忌心不在焉。比如，既要善于发现对方的错误，又要坦率承认自己的失误。再比如，产生矛盾以后，要积极化解、相视一笑。

这样，一个几句话的简单故事，借助于记叙文的"想象公式"，就成为一个起承转合的、生动有趣的、主题明确的故事了。是不是挺有意思的？在这个过程当中，有目标、有阻碍、有努力、有结果，还有意外、有转折、有结局，故事一波三折，情节生动有趣，人物形象有血有肉，有感情、有想法，而这些都是想象的成果。所以，我们在写记叙文的时候，也要尽可能地发挥想象的作用。

好了，我们接着看下面的例子，继续我们的想象作文之旅：

童话——山脚下。一棵苹果树。大部分苹果都掉在地上烂掉了。只剩下最后两个红苹果挂在树上。

材料就是上面这些，现在要求你根据上面的情节展开想象，尽量让情节生动、曲折、有趣、吸引人。

首先，我们可以设定故事中有一个人物，比如说叫小明吧。然后，我们就可以按照"想象公式"来展开想象，要尽量为后续情节的发展铺路，以便于情节的展开。

还是先来看目标，那目标是什么呢？比如：（①目标）

小明知道了这事儿。第二天一早来到树下，紧紧抱住它：求您！让苹果在您身上再长两天吧！千万别掉下来摔坏。

那你想一想：小明为什么请求苹果在树上再长两天？这就要有个目的：

是：小明妈妈特别喜欢红苹果，但她生病住院了，两天后出院。家里穷，买不起苹果。

还是：小明的哥哥（姐姐）再过两天就要从城里回家了。

还是其他可能的情况……

现在，我们根据妈妈住院来展开想象。

目标之后是什么？是阻碍。阻碍我们可以这样设定（②阻碍）：

没想到，当天中午，两只老鹰把苹果叼走了！

想象一下，叼走以后，老鹰和小明各自是什么状态？

两只老鹰像是故意和小明过不去。它们分别叼着一个红苹果，在小明家屋顶上飞来飞去。它们盘旋着，大摇大摆，得意洋洋，好不神气。其中一只还瞪起眼睛，瞥了小明一眼。

而小明呢，生气极了，失望极了。但是，又束手无策。

突然，一个念头在他心中升起：不行！一定不能眼看着让老鹰把苹果叼走。一定要让妈妈吃到红苹果！

聪明的小明想出什么高招呢？接下来我们来看小明的努力（③努力）。这时候，可以来一些心理描写，让文章内容更丰满。

追！追上老鹰！追上它们！小明仿佛看到了妈妈吃上红苹果的愉快神情，看到了妈妈脸上露出的幸福的微笑。小明追呀，追呀，可是，他哪里能追得上老鹰。

追的结果呢（④结果）：

小明累了。他躺在地上睡着了。

那接着会发生什么事情呢？（⑤意外）

一觉醒来，让小明意想不到的事情出现了！小明的眼前出现了一大片苹果树！树上结满了红苹果，又大又圆，煞是好看！他来不及多想，飞快地爬到树上，摘下两个红苹果，朝着家的方向飞奔而去！

这就结束了吗？不，我们还可以来个转折，让兴高采烈的小明由乐转悲（⑥转折），可以这样写：

就在小明将要离开苹果园的刹那间，两个小朋友挡住了他的去路。其中一个小朋友用极其平静的语气告诉他："这是我们家的果园，你怎么能偷我们家的东西？"小明满脸惊愕："啊？！"

那接下来又会发生什么呢？故事的结局是怎样的呢？故事想要凸显的主题是什么呢？你可以接着完成想象。

看，通过巧妙的构思和想象，简单的情节、单调的故事就充实起来了，不但吸引人，而且能打动人。

通过上面这两个例子，你应该明白怎么用想象公式了。不过，你也可能会问：那想象公式是不是只适用于想象类的作文呢？不是的，记叙文同样适用。我是为了增加趣味性,才选了两个虚构的故事材料。而你在写记叙文的时候,同样可以拿"想象公式"来"套",只需要把7个要素中的具体内容替换一下就行了,在"意外""转折"或者说其他环节都可以展开想象,让作文有意外,让阅卷老师也有意外。

十四、追求独具个性的选材和立意

在中考的满分或高分作文中,有相当一部分在选材和立意方面独具个性,它们从众多千篇一律的作文当中脱颖而出。毫无疑问,所有的阅卷老师都不想看到那种毫无生气的故事,不想看到简单的文字堆砌,不想看到漫谈似的平平淡淡,而都想在文字的游走之中发现一个真实的活生生的人,一个有独特思考的灵魂。而要想做到这些,你的作文在审题准确的前提下,就要在选材和立意上下功夫了。

那么,如何才能在考场作文中展现独具个性的选材和立意呢?下面我介绍三个方法:

第一个方法是"合并同类项"。就是将你生活中的动情点按照共同点或不同点组合在一起,达到一种比单个动情点更能打动人的效果。举个例子来说,比如《成长见证爱的可贵》这个命题作文。

这个题目其实有两个关键词,"成长"和"爱"。但是,一部分同学在审题的时候,由于对"成长"关注不够,所以导致在真正展开写作时很容易写成"爱的可贵"。说实话,"爱"这个词一般不会审错,可如何体现"成长",不少同学是模糊不清的。这些同学往往只写一件事,而对这件事的过程性或者阶段性又表述得不是太明确,让"成长"的意思根本读不出来,造成跑题或者偏题。当然了,也有一部分同学是写了不同的事,从小长大的过程也注意到了,也体现了"成长",属于审题准确了,但是,又因为事与事之间缺乏内在的联系,从而导致"爱"的主题并不突出,或者说材料松散不凝聚,也得不了高分。

比如,有这么一个同学,由于从小就有落枕的毛病,因此她选择了自己从幼儿园到初三的不同时期,妈妈给她准备的枕头的不同,来写妈妈对自己的爱。

上幼儿园的时候，妈妈给她买的是卡通图案的花枕头；上小学了，一个炎热的夏天，妈妈亲手给她做绿豆壳枕头，又解暑又阴凉。枕着绿豆壳枕头，她还不忘联想到妈妈在炎热中一针一线为她缝枕头的感人画面，她写道：

看着那密密的针脚，闻着那绿豆的清香，我的脑海中闪现出一幅画面：夜深人静，唯有母亲桌旁那盏灯亮着微弱的光，照着母亲那布满血丝的眼和疲惫的脸，一大堆绿豆壳撒在桌上，母亲用手一针一针地缝着枕头，手上依稀可见那薄薄的茧……"谢谢妈！"我抱着新枕头，轻声地说。记得此后的每一个夜晚，都是那绿豆壳相互摩擦发出的窸窣声伴着我进入梦乡，一切重归恬静美好。

到了初三，学习占据了她的大部分时间，妈妈又给她买了有安眠作用的学习枕。从卡通花枕头到绿豆壳枕头，再到学习枕，按说这个已经构成了一个用不同枕头串起来的线，已经可以吻合和强化题目中的"成长"这个关键词了，但是作者还不止于此，她写道：

"这是学习枕，说是能明目清脑、增强记忆力。""这种话你也信?!"我实在觉得母亲的想法既可笑又愚昧。"好啦，我学习了，快出去！"砰地一声，我关上了房门。当时只记得母亲隐隐约约的一声叹息……

又是等到夜很沉的时候才关了台灯，结束了一天的学习。躺在床上，只觉得一阵阵药材的清香在房间弥漫，方才想起那个学习枕，不知怎的，那香气令我感觉神清气爽，忘掉了平日里的种种不快。没过一会儿，我就被夜的精灵领入了梦的殿堂：秋天为世界洒下一片灿烂的金黄，我和妈妈手拉着手，走在那条再熟悉不过的回家的小路上，我们如那阳光般灿烂地笑着……

在第三部分，作者在拿到学习枕的那一刻制造了一个小小的波澜，写到了母女之间对于学习枕的不同看法，很自然，也很平常。而接下来对于梦境的描写，又很独具匠心地弥合了母女间的矛盾，透露出作者对于母爱深深的理解。所以，最后作者写道：

在成长的过程中，我渐渐明白，这一个个枕头中承纳着一个爱的世界，那是妈妈亲手为我打造的天堂！也正因为这样，我在成长中才见证了爱的可贵。

总的来看，作者选取了从小到大妈妈给自己不断换枕头的几个动情点，找出了"爱"这个"同类项"，按照时间顺序"合并"了起来，就构成了一篇感人的写母爱的文章。

接下来，我们来看第二个方法，"虚实结合法"。就是将你读书、看电影、上网或者同别人聊天的内容与自己的真实思考或者经历结合起来，构想出一个完整的故事，可以说它是你看到的、听到的与你亲身经历的一种有机组合。

拿半命题作文"我与_____的故事"来说，这个作文不难写，但是要写出独特就有点儿难了。大部分的同学都会写我和父亲的故事、我和同学的故事，甚至是我和陌生人的故事、我和春天的故事，等等。但是，很少有同学会想到下面这个——我和孔子的故事。

作者在拿到这个作文题时，正在读《孔子传》，但是对孔子的一些观点不太赞同，他就通过做梦梦到孔子，然后和孔子交流的方式来写了这个故事。

来到杏坛附近，只见中央如钟般坐着一位老者，留着三尺之须，在和蔼亲切的神情中隐藏着庄严与睿智。莫非这就是孔圣人？再看他周围，整齐有序地坐着许多弟子，有的身着绫罗绸缎，有的身裹麻布旧衫，看来贫富悬殊呀。

这是对孔子及其弟子外貌的描写，下面还有跟孔子的对话交流：

在大弟子颜回的引导下，我向夫子行了晚辈礼，然后大着胆子道："夫子，晚辈初读尔传，有几事不明，望夫子解惑。"夫子捋须道："尔学而好问，乃好学者也！"夫子的赞赏，一扫我心里的忐忑，便从容问道："夫子广收门徒，曾言'有教无类'，不论贫富与出身，各类人群均可入室为夫子之徒，夫子却从未招收一名女弟子，这是为何？此其一也。"孔子一愣，随后道："吾曾云'世上唯小人与女子难养也'，尔可听说？不收女徒，乃是为洁我身，正我道！"

……

这里孔子说了不招收女弟子的缘由，但是，作者并没有就此结束，而是通过之后的论辩，改变了孔子的看法，让孔子说出了"来者可畏，女子亦可教矣"这样的话。

作者就是通过与孔子交流这样一个虚构的梦境，写了自己对于孔子学说的不同见解以及对于其人生选择的深入理解，故事形象而生动，立意也很独特，特别容易得到阅卷老师的青睐。

最后是第三个方法，"主观虚构法"。就是根据作文题目，找到生活中触动你的某个点，然后直接根据这个点完全虚构出一个有时间、地点、人物和完整事件的故事。再拿一个半命题作文举个例子，这个作文题是"精彩＿＿＿＿"。

"精彩"是题目中的关键词，横线上要补充的词语应该是一些真正让自己感到精彩的东西，比如精彩节目、精彩瞬间、精彩生活等，这个不难。但是，写出来之后，你发现其实并没有什么新意，都是一些泛泛之谈，大家也基本是千篇一律。

而有一位同学，他却写了一个令人耳目一新的题目，叫"精彩鼾声"。乍一看，我们可能会产生两种感觉：一是怪异；二是独特。那下面我们就来看看他文章的一部分，你判断一下到底是怪异还是独特。

夜深人静，一切声音不复存在。只听一阵细微的声音慢慢地从老爸鼻子里呼出。渐渐，声音粗犷起来，"呼……呼……"，仿佛清晨码头上的摇橹声，伴随着悠扬婉转的号子，一艘渔船缓缓驶入薄雾中……"呼噜，呼噜"更加清晰，厚重起来。顷刻间，江南水乡一派清秀唯美的景色不见了，一辆拖拉机"突，突"驶了过来。它奔驰着，苍茫而厚重的声音，在广阔的天地间回荡……

你看，是不是有点像我们学过的文言文《口技》？不错，作者正是由这篇课文找到了写作文的灵感，然后根据"爸爸打鼾"这个点来进行虚构、展开。

我们都知道，如果和你生活在一起的人，比如老爸，睡觉打呼噜，你是不是烦得要命？但是毕竟是最亲的人，毕竟这个毛病轻易改不了，与其一直反感着，不如换一种心态来理解，而这种理解其实就是对老爸深深的爱。这样一转换，让人觉得讨厌的东西也会有精彩的成分在里面。明白了这一点，你的作文基本上就能做到选材独特、立意独特了，写出一类文也就不成问题了。

好，以上就是介绍让选材和立意独具个性的三种方法——"合并同类项""虚实结合法""主观虚构法"。方法摆在这里，而方法的运用还得靠你丰富的生活和广泛的涉猎，并且还要开动脑筋训练自己的思维。只有这样，你才能在作文考试中写出材料独特、立意个性的文章来。

十五、硬着头皮找老师面批

前面我们聊了一些平时作文训练的方法，还有迎考作文准备的一些方法，不知道你听完之后作文有没有提高。我想，结果无非就是两个。一个是作文终于走上了正轨，也不再为作文发愁了；而另一个结果，就是听和没听一个样，作文没有什么变化，该头疼还是头疼，该无法下笔还是无法下笔。

如果是第一种情况，那么恭喜你，你已经逐步提升了作文水平。而如果后一种情况不幸出现了，那我们还需要努力吗？又该怎样努力呢？

首先，我们应该归因，追问自己几个问题：为什么我看了很多作文书，还不会写作文？为什么老师给我讲了很多作文套路，我还是不会用？为什么我总是在感叹印发的作文是如何优秀，而自己却始终优秀不起来？为什么我听了王力鹏老师十几讲的作文课，同样还是没有进步？

问题到底出在哪里呢？

我们要知道，作文不是知识，而是能力，不是听一听、看一看就能提高的，否则的话，它对谁都不是难题了。作文需要你在了解了具体方法之后，去观察生活，去大量读书，去不断思考，去大量练笔。只有如此，心中才会有内容，笔下才会有特色，作文也才能得高分。所以如果你想要一下子写出好作文来，那是不可能的。但是，我可以教你一个提升作文的好办法——找老师面批作文,就是硬着头皮也得去找老师面批。

我们很多同学不愿意找老师问问题,久而久之,就形成了懒得问、害怕问的习惯。如果学习成绩不好的话,还会有害怕和老师见面的心理,甚至有主动躲避老师的行为。老师不是老虎,还能吃了你不成?

我就经常鼓励同学们去找老师问问题,也时刻提醒他们来找我讨论问题,还有面批作文。所以,我的学生多数都有找老师的习惯。当然,我会告诉他们,自己的问题如果能够通过自己的努力解决最好,如果经过自己努力还是解决不了,那就一定要求助老师或者家长。

给你讲个我班上一名女生的事。我班上的这名女同学刚上初一的时候,我发现她英语成绩不好,然后我就鼓励她多找英语老师请教问题。但是过了一段时间,她的英语成绩还是没有起色,我就问她找没找英语老师,她很忐忑地说"没有"。我这才意识到,由于英语成绩非常不好,所以她很害怕主动去找老师。我们聊了不少,我也给了她很多鼓励。

之后在一次英语随堂测验的时候,英语老师站在讲台上判作业,她不知道哪里来的勇气,搬起身边的凳子走上讲台,让老师坐下来判作业。老师一下子被她的举动感动了,不但在课上表扬了她,而且在之后的日子里经常关心她,跟她交流,辅导她的英语学习。过了一段时间,她的英语有了起色,对英语学习也有了信心,跟老师的关系也越来越密切了。之后,就形成了良性循环,在其他科的学习上,她也主动跟老师交流,在全科的学习上都有了很大的进步。

这个例子绝不是个例。我的每一届学生都还在不断地与老师处好关系,不断地在与老师沟通学习。

那你是不是从中得到了启发呢?当你惧怕老师的时候,不妨也动脑筋寻找或者创造一个与老师接近和亲近的机会,然后在跟老师交流和沟通的过程中多取取经。

为什么说找老师面批是提高作文水平最好的方法呢?

第一，平时的作文学习和训练是整体提升你的写作水平的，而找老师面批才是有针对性地对你的某一篇作文进行具体指导。阅读作文指导书或者听音频的确能帮助你找到学的方法，但是如果这个方法只停留在理论层面，而没有产生行动，那记多少方法都不可能促进作文水平的提高。所以说，强有力的行动才是提升作文水平的必经之路。读起来，写起来，练起来，日积月累，作文水平才可能提升。当然了，我们也知道，老师平时布置的作文题目，或者说考试作文，从作文书或者音频当中，你是基本找不到的。所以只有到老师那里，让他就你的这篇作文来指导，收获才是最大的。

第二，我们平时对作文的学习往往是集中于某一项的训练，而找老师面批某篇作文往往是全方位的指导。比如你学的作文方法，往往是单项的，像怎么审题，怎么选材，怎么开头，怎么结尾，怎么突出中心，怎么润色语言，等等。我们一般都是就某一个方面进行学习和练习，然后才找作文题写几篇作文，最后结束一个阶段的作文学习。而老师布置的作文或者说考场作文才是综合性训练，哪方面训练到位，哪方面还存在问题，只有老师才能有针对性地提出来，并告诉你修改的方法，整体提升你的作文成绩。

第三，面批沟通直接，能快速帮助你判断作文中的对和错，并且反馈及时，既能诊断出"病情"，又能"对症下药"。对"小儿科"错误，比如书写不够工整，或者说格式不够规范，老师都可以当面指出，你也能够立即修改；对"常识性"错误，比如描写不生动，详略安排不当，等等，老师也会当面告诉你修改的方法。通过面批、面改，我们不但能够找出作文中的各种问题，而且能提高写作的自信，不再对作文发怵。

就连教育家叶圣陶先生也说过："给学生改作文，最有效的方法是面批。"看来，这话一点儿不假。接下来，你可能会问了：是不是一拿到老师发下来的作文就去找老师面批呢？

当然不是。

如果是这样的话，就说明在找老师面批这件事上，你还存在不小的问题。

其实，在找老师面批之前，你是需要做些准备的，有备而去才会有收获。下面我就说说需要做哪些准备。

我觉得，拿到发下来的作文之后，你首先应该对照老师的评语和分数重新再读几遍自己的文章，自己先找找问题。这最起码可以先解决掉一部分的"小儿科"问题，比如说，段落开头空两格的问题、错别字问题、病句问题等。如果老师面批时看到你的作文还有这些问题的话，你自己都能猜出老师会怎么想了。

自己分析完以后，你还应该让班里平时作文成绩比较好的同学帮忙看看你的作文，提提意见和建议。同时你也一定要读一读他的作文，学习一下他的长处，给人家的好作文点赞。经常这样做的话，你不但会拉近和同学的距离，还能从作文优秀的同学身上不断学到新的东西。

这样，我们在去找老师面批之前，就基本做好了物质上的准备，你对自己的作文也基本了如指掌了。但只有这个还不够，你还需要做好充分的心理准备。比如说，去找老师的时候，老师说他很忙，你怎么办？老师还没开始说你的作文，就批评你写字差，你怎么办？你再次遭到老师对你作文的批评，怎么办？等等。这个时候，你就需要耐着性子，以积极的心态去面对，就是我开头说的"硬着头皮"，并且还得微笑着。

老师今天忙，那就跟老师再约时间；老师批评你的书写，那你回来之后就奋发图强。老师批评你，是恨铁不成钢，是为你好。只要你虚心接受、坦然面对，就不会对老师的批评产生抵触情绪，也才可能会有所提高。

当然，在去找老师面批之前，一定要征得老师的同意，和老师约定时间，不能贸然去找。在面批的过程中，最好不要提那种大而无当的问题，比如"怎样写好作文""怎么选材""怎么开头"，等等，也不要说一些消极的话，比如"我这作文完了""怎么找您好几次也提高不上去啊"。面批的过程其实就是交流的过程，你不能只听老师讲，自己也要思考，有不懂的地方就问，有分歧的地方就多向老师请教。

对于找老师面批作文，我的一个已经高三毕业的学生是这样说的，他的话对你同样适用：

跟大家推荐的提高作文的好办法，就叫作"找老师"。

我的语文老师是这么表扬我的：尽管某某同学在作文上屡战屡败，但是人家屡败屡战，这种精神是十分可嘉的！到了高三尤其如此，语文办公室几乎成了我的驻扎地，我的语文老师又比较忙，所以通常的情况就是我每天像猫捉老鼠一样在抓老师。

我说抓老师绝非是不尊重的意思，对于你而言，确实是要像挖掘机一样开采他，逼迫他不断给出内容来提高你。

所以如果你想要提高你的作文水平，还是先拿着作文找老师面批吧！在这个过程中，你真的会收获很多。

如果做个小结的话，其实，写好作文就需要三个方面的行动：

第一，以积极心态面对写作文。因为它占你语文考试的半壁江山，你无法回避，与其有抵触情绪，不如学会轻松乐观面对，然后想办法解决问题。

第二，要想在考场中写出高分作文，需要你平时广泛地阅读和不同形式地练笔。只有平时的厚积，才能有关键时刻的薄发。

第三，对于老师每一次布置的作文，你最好都去找老师面批。老师的面批是你提高考场作文成绩的最佳途径。面批的时候，针对你的作文问题，老师会给你提出有针对性的改进措施，从而帮你快速提高作文水平。

一个是积极的心态，一个是坚持不懈的读写训练，再加上你身边老师的针对性指导，有了这三点，你的作文一定会有显著提高的，下面就看你的行动了。加油！

本文系人民教育出版社课程教材研究所"十四五"课题"聚焦核心素养的生态·智慧课堂实践研究（KC2021—001）"的研究成果。

应试记叙文写作漫谈

一、作文是什么？

相信很多同学从来都没有想过，从小学高年级学到现在的作文，到底是什么。是老师布置、自己必须完成的苦差事？是绞尽脑汁、必须写完老师规定字数的大烦恼？抑或心神往之，是热爱作文、一写而后快的精神愉悦？

这些，都不是答案所在，充其量，是你的作文临场心态而已。

作为中学生，或许你还没有真切感受到以下生活状态——

漫长人生，我们随时需要和他人交流沟通生活和工作，需要顺畅流利地交流沟通；随时需要表达自己的思想或意见，需要明白无误地表达；随时需要抒发情感或愿望，需要痛快淋漓地抒发。这一切如何进行？一是学会说话，学会高水平说话；二是学会作文，学会高质量作文。

原来，作文是生命气场不可遏制的迸发！

原来，作文和生命是这般水乳交融！

相信你能感受到，老师用了叹号。

不管怎样，你要清楚，提升作文能力，是中学生语文学习的硬性指标。不管你喜欢不喜欢，愿意不愿意，你总得写，你必须写。并且，必须尽力写好。

因为，生活需要作文，生命需要作文。

二、作文，怕什么？

一怕不读书，浅读书；二怕不动笔，偶动笔；三怕不积累，少积累。

三、作文，你断然能写好！

很多同学视写作为畏途，老师理解，但大可不必。只要信心立，功夫到，作文自然能写好。

何为信心立？就是你一定要用积极的心态告诉自己：作文，我能行！长期以来，心理学研究者用大量案例告诉我们：一个人无论做什么，如果他总是接受消极的心理暗示——我不行，我做不了——那么，他十有八九，真的什么事也成不了。反过来，无论做什么，他首先建立信心，用积极的心态暗示自己——我能行——那么，他成功的概率必定大于常人。

有这样一位同学，刚进初中学数学时瞬间心生厌烦与恐惧：这该死的数学，我肯定学不好；从小学起我数学就不行，我不是学数学的料！

同学们想一想：整个初中数学，他将是怎样一种状况？照此推理，高中亦然。

如果换一种心态，然后刻苦学习呢？那一定是柳暗花明！

所以，心理学家告诉我们：无论积极的、消极的心理暗示，都具有神奇的力量。前者，催你成功；后者，让你失败。所以说，写好作文，首先要信心立。

古人说，哀莫大于心死。

古人又说，有志者事竟成。

何为功夫到？

就是用积极的心态主宰你的学习。劳动创造一切。作文功夫，集中体现在以下三点：

1. 学习用心专一

心往哪里用？用在强化自己的"五力"：积极的阅读理解力，认真的生活观察力，丰富的联想想象力，持久的积累运用力，高超的语言表达力。

这"五力"说易行难，且非一日之功。你要在语文老师的指导下，常年强化"五力"修炼。

你应当知行合一，在常态语文学习中提升你自己。

"五力"皆备，作文能力指日可待！

2. 重视写作训练

首先重视随笔作文。请问，老师每次布置的随笔作文（周记、日记等）你认真完成了吗？同学们要知道，随笔作文可以常写常新。你生活中的一切，包括读书旅行等，都可以在你的笔下熠熠生辉，并为你的应试作文积累非常丰富鲜活的素材。

还要重视命题作文。请问，老师每次布置的命题作文，你是应付了事，还是认真对待？同学们要知道，没有平时的命题作文（应试作文）训练，你是根本无法应对中考作文的。

3. 重视作文"后写作修炼"

所谓"后写作修炼"，是老师现场生成的概念。它是指每次作文之后的自我反思（我这次作文存在问题吗？）、自我发现（存在什么问题？）和自我行动（修改作文）。

我们必须高度重视作文"后写作修炼"的作用。

但是，我敢说，有相当多的同学，作文后是这样一种情形：写完了，如释重负，总算"交差"了；作文发下来，看一下分数；分数不理想，把作文纸一揉，扔进抽屉，完事了。

很多同学几乎从来没有想过什么是"后写作修炼"！

后写作修炼体现在以下三个程序：

程序一，老师每次给你打的分数，你一定要在意。

比如，满分40分，老师赋分30分。你是否认真反思，或请教老师：扣10分，为什么？老师赋分不妥？作文确实存在问题？什么问题？这次如何纠正？下次如何规避？

程序二，老师的作文批语，你一定要认真看。

你同意老师的批语吗？如不同意，咨询老师了吗？

程序三，让修炼化为成功。

如何修炼，有无路径可循？老师在第五部分设计了一份"后写作修炼"诊断书，请你不妨一"修"。

四、切勿荒废作文修炼黄金季

学习作文，中学是黄金季节。正所谓机不可失，时不再来。中学时代不学会作文，不学会写好作文，此后，学习的良机或许不再——因为，当下的国内大学，不可能像中学这样常年、耐心教你写作。

古往今来，古今中外，人们无不看重一个人的写作能力。中国两千年封建教育，几乎就是读书和作文教育，"文章乃经国之大业"即此之谓也。

当代社会，当然不会以"文章经国"。但对中学生而言，作文却是构成你语文素养的"半壁江山"。

国外亦然。比如美国等发达国家，无论小学、中学还是大学，同样非常重视写作能力的培养。在美国，从小学到大学，写作，都是必修课。他们认为，一个人如果不具备扎实的写作能力，其一生将会遭遇很多意想不到的困境和尴尬。

有同学寄希望于人工智能可以替代人类写作，因为"小冰"及其诗集已经问世。没错，但可以肯定的是，源于人类内心复杂情感和高级创造的灵感，无论人工智能多么发达，它都难以企及。真正的写作，从来都是人类生命的无可替代和无可比拟。硅基生命和碳基生命永远不可能同日而语。

同学们要知道，中学阶段的作文训练分两类：一是应试作文，二是生活作文。前者，由老师命题，并根据作文评分标准赋分。所以，应试作文有具体而清晰的写作规矩。规矩就是评分标准，规矩就是要求你"在限制中表现自己"，"戴镣铐而翩翩起舞"。这样，应试作文的规矩就很重要。后者，因为是写"生活"，不需要打分数，所以，可以不讲究应试规矩，你可以随心随情随笔，只要积极向上、健康有益，有意义、有意思，皆可汇入你的笔下。

写好应试作文必须具备两个条件：一是你写作才情的即时绽放；二是你按规矩作文的临场自觉。二者缺一不可。所以，提升应试写作水平，除了上面提到的"五力"，勤写作、守规矩，是另一条重要路径。

中学毕业，即意味着你告别了上述系统性、指令性作文训练。

五、评判好记叙文六标准

（1）追求情节生动，引发读者兴趣。

（2）学会细节描写，打动读者心灵。

（3）锤炼优美语言，滋润读者心田。

（4）合理安排结构，以求详略得当。

（5）选材新颖典型，引发阅读兴趣。

（6）确立健康主题，以情感动读者。

以上 6 个标准，属于记叙文核心要素概述。老师将后文分别具体讲述。

六、读一读，想一想，写一写

以下几句话，每一句都耐人寻味，都可悟出作文之道。请写下你之所悟。

语文学习：人人皆可为尧舜。

答：_____

学好母语，人类天性使然。

答：_____

母语能力：人生第一素质。

答：_____

文章为思想而写。

答：_____

灿烂的文采是思想的光辉。

答：_____

语文学习的外延和生活的外延相等。

答：_____

出口成章的口头表达，妙笔生花的书面作文，行云流水的汉字书写，一定会英俊你的精神长相，让你光彩照人，神采奕奕。

答：_____

勤学如春之起苗，不见其增，日有所长；辍学如磨刀之石，不见其损，日有所亏。

答：_____

积极的心理暗示产生神奇的正能量，消极的心理暗示隐藏破坏性负能量。

答：_____

每一个未曾起舞的日子，都是对少年岁月的辜负。

答：_____

每个人都可以听到自己内心深处的声音。如果以此行事，那么，或有人成为庸常，或有人成为卓越。

答：_____

如对以上各句进行整合，可提炼出几种观点？

答：_____

七、记叙文写作，必须恪守章法

中学生要学会写各种文体的作文，如记叙文、议论文、说明文等。作为应试，任何体裁的作文，都是有章法可讲的。章法是什么，章法是文章的组织结构。组织结构事关文章整体架构、详略安排和段落层次等。恪守则成，违之则败。

这里主要讲写好记叙文章法的五个方面。这些章法也适用于其他文体的作文。

老师"广告"在先——

你想提高自己的作文分数吗？

用心学习并运用此材料，恪守章法，绽放写作才情，必定胜券在握！

（一）章法一：写一个好的开头，为全文奠基

1. 理解并学习"凤头猪肚豹尾"的文章结构形式

"凤头猪肚豹尾"是亘古不变、无可争议的文章结构形式。几千年来，人们写文章、评价文章，无不将此章法奉为圭臬。

如果把凤头猪肚豹尾比作人体，那么，凤头就是高颜值脸庞，猪肚就是丰满的身躯，豹尾就是矫健的双足。

"凤头"三要素——

一是简洁明了，开门见山，切忌冗长啰唆，拖泥带水。

二是紧扣主题或题目关键词，切勿漫无边际，乱写一通。

三是引发下文，让全文沿着开头思路走下去。

开头为什么要遵守三要素？

首先，开头冗长啰唆，势必影响主体内容展开，形成上肥下瘦的"冒"字结构。其次，考场作文，一有字数限制，二有时间限制，两者都要求开头简洁，直奔主题。再次，同学们还要明白——语言简洁利索，体现了一个人很高的人文素养。

请问，你喜欢听这样的说话，看这样的文章吗——冗长啰唆、喋喋不休、拐弯抹角，说半天还让人一头雾水——肯定讨厌！

你喜欢课堂上讲半天不切入正题、逻辑混乱的老师吗——肯定不喜欢！

再说远一点。你长大以后，发表演讲、作报告、和别人交流，一开始就绕圈子，云里雾里不着边际，别人烦不烦——肯定烦！

所以，开门见山、简洁利索、严谨有序、主题鲜明的说话能力，必须首先从作文训练开始培养！

所以，老师要求作文开头紧扣主题，简洁明快并引起下文，不是

设置紧箍咒，而是训练你严谨的写作思维，从而形成严谨的作文思路，规避跑题偏题。

好的开头，为文章增光添彩，让老师眼前为之一亮，精神为之一振，进而引发老师的阅读兴趣，作文高分也就胜券在握。

2. 欣赏初中课文经典开头与结尾，形成自己作文"开篇""结尾"能力

课本中每一篇文章，无论现代文还是文言文，几乎无一例外，都呈现出凤头猪肚豹尾的结构形式。平时学习课文，必须学会欣赏"开篇"和"结尾"。主动欣赏别人的精彩，才能形成自己的能力。此所谓他山之石可以攻玉（他山攻错）。

重要提示：呈现课文开头结尾和老师点评。目的只有一个：如何写一个好的开头结尾？老师无须再讲方法。方法蕴含其中，务请认真领悟。

（1）《春》：

开头（两段）：

盼望着，盼望着，东风来了，春天的脚步近了。

一切都像刚睡醒的样子，欣欣然张开了眼。山朗润起来了，水涨起来了，太阳的脸红起来了。小草偷偷地从土里钻出来，嫩嫩的，绿绿的。

> 点评：紧扣文章题目，直接点出春美、春新、春之活力无限。第二段紧承第一段。

结尾（三段）：

春天像刚落地的娃娃，从头到脚都是新的，它生长着。

春天像小姑娘，花枝招展的，笑着走着。

春天像健壮的青年，有铁一般的胳膊和腰脚，领着我们向前去。

> 点评：结尾收拢全文，重申主旨，多角度赞美春天之美。
> 若你写结尾，会怎么写呢？

(2)《济南的冬天》：

开头（三段）：

对于一个在北平住惯的人，像我，冬天要是不刮风，便觉得是奇迹；济南的冬天是没有风声的。对于一个刚由伦敦回来的人，像我，冬天要能看得见日光，便觉得是怪事；济南的冬天是响晴的。自然，在热带的地方，日光是永远那么毒，响亮的天气，反有点叫人害怕。可是，在北中国的冬天，而能有温晴的天气，济南真的算个宝地。

设若单单是有阳光，那也算不了出奇。请闭上眼睛想：一个老城，有山有水，全在天底下晒着阳光，暖和安适地睡着，只等春风来把它们唤醒，这是不是理想的境界？

小山整把济南围了个圈儿，只有北边缺着点口儿。

> **点评**：紧扣文章题目。用对比手法，鲜明突出济南冬天阳光、气候、山、雪、水等与众不同的特色。还要注意分号使用，让对比更富有层次感。

结尾（两段）：

那水呢，不但不结冰，反倒在绿藻上冒着点热气。水藻真绿，把终年贮蓄的绿色全拿出来了。天儿越晴，水藻越绿，就凭这些绿的精神，水也不忍得冰上；况且那长枝的垂柳还要在水里照个影儿呢。看吧，由澄清的河水慢慢往上看吧，空中，半空中，天上，自上而下全是那么清亮，那么蓝汪汪的，整个的是块空灵的蓝水晶。这块水晶里，包着红屋顶，黄草山，像地毯上的小团花的小灰色树影。

这就是冬天的济南。

> **点评**：全文依次写济南冬天的阳光、气候、山、雪等，最后写水，具有极强层次感。
>
> 结尾一句话，简洁利索，独立成段。总结全文，呼应开头，再次强调济南冬天之美。

> 还应该思考：作者特意让这句话和标题"济南的冬天"的语序不同，表达效果有何不同？

（3）《雨的四季》：

开头（两段）：

我喜欢雨，无论什么季节的雨，我都喜欢。她给我的形象和记忆，永远是美的。

春天，树叶开始闪出黄青，花苞轻轻地在风中摆动，似乎还带着一种冬天的昏黄。可是只要经过一场春雨的洗淋，那种颜色和神态是难以想象的。

> **点评**：开篇无遮拦，直奔主题，直接点明文章主题：喜欢"无论什么季节的雨"。第二段紧承第一段，从喜欢春雨开始，依次写下去。

结尾（两段）：

啊，雨，我爱恋的雨啊，你一年四季常在我的眼前流动，你给我的生命带来活力，你给我的感情带来滋润，你给我的思想带来流动。只有在雨中，我才真正感到这世界是活的，是有欢乐和泪水的。但在北方干燥的城市，我们的相逢是多么稀少！只希望日益增多的绿色，能把你请回我们的生活之中。

啊，总是美丽而使人爱恋的雨啊！

> **点评**：呼应全文。以排比句说明喜欢四季之雨的原因。思路严谨，不蔓不枝。

（4）《台阶》：

开头（两段）：

父亲总觉得我们家的台阶低。

我们家的台阶有三级，用三块青石板铺成。那石板多年前由父亲从山上背下来，每块大约有三百来斤重。那个石匠笑着为父亲托在肩膀上，说能一口气背到家，不收石料钱。结果父亲一下背了三趟，还没觉得花了太大的力气。只是那一来一去的许多山路，磨破了他一双麻筋草鞋，父亲感到太可惜。

> **点评**：开篇紧扣文章题目，亮出"台阶"，并且以"父亲总觉得我们家的台阶低"造成悬念。第二段紧扣第一段，介绍台阶形态以及父亲为筑台阶付出的辛劳。

结尾（四段）：

这以后，我就不敢再让父亲挑水。挑水由我包了。父亲闲着没什么事可干，又觉得很烦躁。以前他可以在青石台阶上坐几个小时，自那次腰闪了之后，似乎失去了这个兴趣，也不愿找别人聊聊，也很少跨出我们家的台阶。偶尔出去一趟，回来时，一副若有所失的模样。

我就陪父亲在门槛上休息一会儿，他那颗很倔的头颅埋在膝盖里半晌都没动，那极短的发，似刚收割过的庄稼茬，高低不齐，灰白而失去了生机。

好久之后，父亲又像问自己，又像是问我：这人怎么了？

怎么了呢，父亲老了。

> **点评**：本文结尾特别耐人寻味。从字面上看，似乎没有紧扣标题"台阶"，而是写父亲的日渐衰老和心境。但"台阶"一直在结尾隐藏。台阶高了，结实了，父亲心中的目标没了？台阶修成了，父亲也衰老了，内心涌起难以言传的凄楚与心酸？抑或其他？任由读者想象。

（5）《列夫·托尔斯泰》：

开头：

他生就一副多毛的脸庞，植被多于空地，浓密的胡髭使人难以看清他的内心世界。长髯覆盖了两颊，遮住了嘴唇，遮住了皱似树皮的黝黑脸膛，一根根迎风飘动，颇有长者风度。宽约一指的眉毛像纠缠不清的树根，朝上倒竖。一绺绺灰白的鬈发像泡沫一样堆在额头上。

不管从哪个角度看,你都能见到热带森林般茂密的须发。像米开朗琪罗画的摩西一样,托尔斯泰给人留下的难忘形象,来源于他那天父般的犹如卷起的滔滔白浪的大胡子。

> **点评**:本文以肖像描写开篇。这种手法很常见,但描写很成功,特色鲜明。既让人物性格与众不同,又呼之欲出,跃然纸上。
>
> 很多同学的作文也喜欢人物肖像描写,但不懂得肖像描写的作用。通常都是泛泛而写,既与文章主题无关,又不能揭示人物性格。

结尾:

具有这种犀利眼光,能够看清真相的人,可以任意支配整个世界及其知识财富。作为一个始终具有善于观察并能看透事物本质的眼光的人,他肯定缺少一样东西,那就是属于自己的那一份幸福。

请同学结合全文,独立欣赏本文结尾的深刻与涵虚。

3. 欣赏同学作文精彩开头,示范就在你身边

这里的例子均选自命题作文《交友贵在真》。

例1. 第一段,简洁利索,紧扣题目:

交友,最重要的准则是什么?毫无疑问是"真",即真心真情真诚。唯如此,才能体现交友的核心价值。

第二段,引起下文,紧扣第一段叙事:

我和王平之间的交往,可谓是"真"之典范,"诚"之表率。这"真",这"诚",让我的少年岁月阳光明媚,让我的学习生活不敢懈怠。(以下展开相关叙事)

例2. 第一段,开门见山,点明主题:

同学之间、朋友之间的交往,我最讨厌虚情假意,最向往推心置腹,正如题目所说,交友贵在真。

第二段,引发下文,紧扣第一段展开:

张伟,可以说是我最好的朋友,没有之一。为什么?就因为我们彼此非常信赖,不管遇到什么事都真诚相待。(以下展开相关叙事)

例3. 这位同学开头写得不好,未能切入正题,一开始就把题目关键词"真"抛到九霄云外。

我从小学就喜欢交朋友。但是,小学交朋友主要是为了玩儿。到了初中,交朋友就不只是为了玩儿,也是为了学习。我的英语成绩不好,就和英语成绩好的同学交朋友,为的是尽快让我的英语成绩提上去。

4. 强化认识,深化审美:请欣赏高中课文经典开头和老师点评

同学们或许不熟悉以下课文。但你读了文章标题、开头以及老师的点评,可进一步加深经典文章经典开头的印象。

(1)《记念刘和珍君》以简洁而深沉的对话描写开篇:

……先生还是写一点罢;刘和珍生前就很爱看先生的文章。

> **点评**:关键词"写""刘和珍",不仅紧扣题目,而且自然引发下文对刘和珍之死的痛悼之情,以及对反动政府、反动文人的切齿之恨。

开头与全文主体内容紧密相连,平静的叙述中蕴蓄着浓烈的情感。

(2)《小狗包弟》以简洁而沉重的"艺术家与狗"的故事开篇:

……我记得其中一个故事是讲艺术家和狗的。

> **点评**:关键词"艺术家和狗",既与题目相关联,又极自然地引发下文。开头不仅关联文章主体内容,而且彰显文章主旨:此类荒唐事件,在那个荒唐年代是随处可见的。

(3)《记梁任公先生的一次演讲》以简洁的回忆开篇:

清华学校请他作第一次的演讲,……我很幸运地有机会听到这一篇动人的演讲。

> **点评**:关键词"第一次""很幸运""动人的演讲",照应标题,切入主题,言简意赅。

(4)《别了,"不列颠尼亚"》以简洁而精彩的场面描写开篇:

在香港飘扬了150多年的英国米字旗最后一次在这里降落后,接载……的英国皇家游轮"不列颠尼亚"号驶离维多利亚港湾——这是英国撤离香港的最后时刻。

> **点评**：关键词"150多年""最后一次""最后时刻",既含蓄点题"别了",又引发下文。开头与下文的主体内容衔接自然。

（5）《荷塘月色》以简洁的心理描写开篇：

这几天心里颇不宁静。……日日走过的荷塘……总该另有一番样子吧。

> **点评**：关键词"心里颇不宁静","满目"的荷塘"另有一番样子",紧扣题目,交代写作缘由：在荷塘淡淡的月光下排遣淡淡的愁绪。开头与主体内容浑然一体。

（6）《故都的秋》以极其精要的对比性评论开篇：

秋天,无论在什么地方的秋天,总是好的；可是啊,北国的秋,却特别地来得清,来得静,来得悲凉。

> **点评**：关键词"秋""总是好的""可是""特别地""清""静""悲凉",锁定题目,表达对故都之秋的情有独钟。

（二）章法二：写好每一个段落，学会分段

1. 写好每一段

我们知道,作文是由一个个自然段构成的。所以,写好一个个自然段,是写好整篇文章的基础。如果把一篇作文比作运动员的躯体,那么,段落就是一块块健壮的肌肉；如果把一篇作文比作美轮美奂的别墅,那么,段落就是一层层厚实的方砖。

（1）怎样才能写出好段落。

段落有简单和复杂之分。简单的,一句话就是一段。不管简单复杂,任何一个自然段,如果符合以下要求,就是好段落。

一是与文章主旨保持高度同一性。无论段落长短,内容必须和全

文主题保持同一性，否则就是跑题。

二是内容充实。段落不在长短，主要看是否有与文章主题相关的实际内容。

三是段落内部层次清晰。一个好的段落，尤其是复杂段落，通常会有一个中心句领起下文，然后有条理地陈述，体现出其内部层次的清晰性。

四是段与段之间衔接紧密，体现严谨行文思路。比如，叙事过程中的场面描写、景物描写等，写人过程中的对话、动作、心理、肖像描写等，写人记事前后的抒情议论等，都应当写成言之有物、思路严谨的段落，都必须与作文主旨（中心、题目关键词等）保持一致，都必须做到上下文衔接自然，一气呵成。这样，一篇好文章也就呼之欲出了。

下面，我们选取《叶圣陶先生二三事》中的一段，结合上述四个方面，具体分析经典段落特色。

凡是同叶圣陶先生有些交往的，无不为他的待人深厚而感动。前些年，一次听吕叔湘先生说，当年他在上海，有一天到叶先生屋里去，见叶先生伏案执笔改什么，走近一看，是描他的一篇文章的标点。<u>这一次他受了教育，此后写文章，文字标点一定清清楚楚，不敢草率了事。</u>‖我同叶圣陶先生文墨方面的交往，从共同修润课本的文字开始。其时他刚到北方来，跟家乡人说苏州话，跟其他地方人说南腔北调话。可是他写文章坚决用普通话。普通话他生疏，于是不耻下问，让我帮他修润。我出于对他的尊敬，想不直接动笔，只提一些商酌性的意见。他说："不必客气。这样反而费事，还是直接改上。不限于语言，有什么不妥都改。千万不要慎重，怕改得不妥。我觉得不妥再改回来。"我遵嘱，不客气，这样做了。‖可是他却不放弃客气，比如有一两处他认为可以不动的，就一定亲自来，谦虚而恳切地问我，同意不同意恢复。我当然表示同意，并且说："您看怎么样好就怎么样，千万不要再跟我商量。"他说："好，就这样。"可是下次还是照样来商量，好像应该做主的是我，不是他。

这一段主要写叶圣陶先生在文字交往方面的待人深厚。第一句是这一段的中心句。全段围绕这个中心展开叙事，段落的主题明确。

这一段层次分明。为说明叶圣陶先生待人深厚，先写吕叔湘先生的回忆，再写自己的亲身经历。写自己的经历，又从两个层面写（以‖前后为界）。段落复杂，但叙事条理分明。

这一段紧扣全文主题。本文主要从叶圣陶先生学术严谨和待人深厚两个角度展开记叙，这一段和全文主题保持了高度同一性。

这一段夹叙夹议。文中画线的句子就是叙事之后非常简洁的议论。

（2）教材文本经典段落欣赏。

①《植树的牧羊人》：

全文倒数第三段：

1945年的6月，我最后一次见到植树的老人。那年，他已经87岁了。我再次踏上这条通往荒原的路。我完全认不出这条我曾经走过的路了。一切都变了，连空气也不一样了。以前那种猛烈而干燥的风，变成了飘着香气的微风；高处传来流水般的声音，那是风穿过树林的响声。

全文倒数第二段：

昔日的荒地如今生机勃勃，成为一片沃土。1913年我来时见到的废墟上，建起了干净的农舍，看得出人们生活得幸福、舒适。树林留住了雨水和雪水，干涸已久的地里又冒出了泉水。人们挖了水渠，农场边上，枫树林里，流淌着源源不断的泉水，浇灌着长在周围的鲜嫩薄荷。那些废弃的村子一点点重建起来。从地价昂贵的城市搬到这里安家的人带来了青春和活力，还有探索新生活的勇气。一路上，我碰到许多健康的男男女女，孩子们的笑声又开始在热闹的乡村聚会上飘荡。一直住在这里的老一辈人，已经被舒适的新生活改变了。加上新来的居民，一万多口人的幸福生活，都源于这位叫艾力泽·布菲的老人。

> **点评**：上下两段文脉畅通，段落内部结构严谨，内容充实。但第二段内部层次似乎需要调整，你发现了吗？

②《壶口瀑布》第三段：

第二次我专选了个枯水季节。春寒刚过，山还未青，谷底显得异常开阔。我们从从容容地下到沟底，这时的黄河像是一张极大的石床，上面铺了一层软软的细沙，踏上去坚实而又松软。我一直走到河心，原来河心还有一条河，是突然凹下去的一条深沟，当地人叫"龙槽"，槽头入水处深不可测，这便是"壶口"。我倚在一块大石头上向上游看去，这龙槽顶着宽宽的河面，正好形成一个丁字。河水从五百米宽的河道上排排涌来，其势如千军万马，互相挤着、撞着，推推搡搡，前呼后拥，撞向石壁，排排黄浪霎时碎成堆堆白雪。山是青冷的灰，天是寂寂的蓝，宇宙间仿佛只有这水的存在。当河水正这般畅畅快快地驰骋着时，突然脚下出现一条四十多米宽的深沟，它们还来不及想一下，便一齐跌了进去，更涌、更挤、更急。沟底飞转着一个个漩涡，当地人说，曾有一头黑猪掉进去，再漂上来时，浑身的毛竟被拔得一根不剩。我听了不觉打了一个寒噤。

阅读提示：注意上下文对应关系：河谷→谷底；沟里→沟底→深沟；滩里→河面→河心；龙槽→槽头；五百米→四十多米→丁字形。

(3) 请欣赏学生作文精彩段落《交友贵在真》。

我的好朋友王平，眼睛不大，但你只要和他有目光交流，他目光的真诚与友善似乎能穿透你的灵魂；他的笑容说不上美丽，但坦露的真诚与热情，总是如一股暖流进你的心田。相处久了，他的音容笑貌、举止言谈无不洋溢着诚恳和善良、真挚和坦白。总之，和他做朋友，你不用设防。因为，他的真诚，不仅仅写在脸上，还刻在心里，融入他的灵魂，浸润他全身。所有这些，不是我随便说出来的溢美之词，而是在我和他的具体交往中得到的验证。

以下紧扣关键词"真"，写具体事件——

期中考试，我的数学成绩突然大幅下降，弄得我莫名其妙，寝食不安。一天午休,王平约我陪他到操场散步。20多分钟的散步时间,他的真诚的劝导、批评与鼓励让我的内心很受震撼:"最重要的是,你要反思你自己。你数学考试好像从来没有失败过,为什么这次突然惨败?嘿嘿,你没发现你最近一段时间数学课上经常受到老师批评?课下呢,同学问你问题你也总是漫不经心,甚至还有点趾高气扬。你恐怕更没有发现,这学期,我数学作业的满分比你还多得不少呢!你,太过于骄傲了!赶快抓紧。要不,我都可能会超过你了!"

以上反复强调的是:要写好每一个内容充实、结构严谨的段落。写好段落还有一点非常重要,这就是要学会分段。

2. 学会分段:在分段中彰显思维过程和情感表达

什么时候需要分段,怎样分段,无一定之规,完全取决于作者的思维流程和情感表达需要。该分则分,清晰流畅。该分不分,把若干事情捏在一段里面,就显得阻塞凝滞、文思不畅,表达效果因此大受影响。

为强化学生作文分段能力,2019年期末,海淀区初一期末语文考试,专设一道考查分段试题,命题人从原文中划定5个自然段:

①有一天,天气甚好,我穿着新买的春装去公园玩儿。因为知道爸喜欢我参加户外活动,便拍了几张美图展示健康生活理念。爸好像一直擎着手机窥探我,整日无事可做,只等待另一头伺机而动——照片刚发好,就是一个秒赞。

②可接着我又收到三篇"深度好文",大概是"小心病从脚入……'女人最怕脚受凉……'足部穴位详图"这类的标题。

③唉,真是防不胜防!为了扮潮,我特意露出一截脚踝。谁承想大好春色他不看,偏偏把注意力放在我的脚上。

④我赶紧解释,气温回升一点儿都不冷,街上的小姑娘都这样打扮。爸大概觉得用语音说费事,直接打电话过来。

⑤最后的结果是我只好妥协,下午回家换了长裤、长袜,并拍照片儿发给他看。此后,我每天都能收到爸推送的"养生文",感觉自己

有望活到下个世纪。

再把 5 个段落融入 1 段，要求学生比较表达效果有何不同：

有一天，天气甚好，我穿着新买的春装去公园玩儿。因为知道爸喜欢我参加户外活动，便拍了几张美图展示健康生活理念。爸好像一直擎着手机窥探我，整日无事可做，只等待另一头伺机而动——照片刚发好，就是一个秒赞。可接着我又收到三篇"深度好文"，大概是"小心病从脚入……'女人最怕脚受凉……'足部穴位详图"这类的标题。唉，真是防不胜防！为了扮潮，我特意露出一截脚踝。谁承想大好春色他不看，偏偏把注意力放在我的脚上。我赶紧解释，气温回升一点儿都不冷，街上的小姑娘都这样打扮。爸大概觉得用语音费事，直接打电话过来。最后的结果是我只好妥协，下午回家换了长裤、长袜，并拍照片儿发给他看。此后，我每天都能收到爸推送的"养生文"，感觉自己有望活到下个世纪。

分析：这样写太笼统、太拥挤，没有层次美。但是，各自独立成段，表达效果大不一样。

首先是内容。把"我"和爸的反应单独成段，从爸点赞、发文到"我"解释，再从爸语音、电话教育到"我"妥协换衣，"爸"来"我"往，使事件的变化发展过程清晰有序，一目了然。

其次是情感。更能体现爸对"我"的关注、关心，以及"我"的心理活动过程。

最后是表达效果。单独成段，使行文活泼有趣，层次分明，更富戏剧效果。而捏成一段，一是会造成阅读压抑，二是层次不分明，三是不能很好地突出每一个重点内容。

现在，我们以课文《邓稼先》第一部分为例，欣赏善于分段的妙处。

从"任人宰割"到"站起来了"

一百年以前，甲午战争和八国联军时代，恐怕是中华民族五千年历史上最黑暗最悲惨的年代。只举 1898 年为例：

德国强占山东胶州湾,"租借"99年。

俄国强占辽宁旅顺大连,"租借"25年。

法国强占广东广州湾,"租借"99年。

英国强占山东威海卫与香港新界,前者"租借"25年,后者"租借"99年。

那是中华民族任人宰割的年代,是有亡国灭种的危险的年代。

今天,一个世纪以后,中国人民站起来了。

这是千千万万人努力的结果,是许许多多可歌可泣的英雄人物创造出来的伟大胜利,在20世纪人类历史上,这可能是最重要的、影响最深远的历史转变。

对这一转变做出了巨大贡献的,有一位长期以来鲜为人知的科学家——邓稼先。

> **点评**:
>
> 上文9个自然段,几乎是一句一段,这就叫该分则分,其妙处在于:
>
> (1) 强烈的列举效应。一件事一句话,一句话为一段,形成鲜明的列举甚至控诉效应。西方列强当年瓜分中国的罪行,作者对当年西方列强瓜分中国的强烈的悲愤之情,表达得痛快淋漓。一句话一件事,一段一句话,醒目,清晰,每一个历史悲剧都成为特写镜头,鲜明呈现,独立放大,情感表达不言自明。
>
> (2) 鲜明的对比效果。最后一段仍然是一句话。既照应标题"从'任人宰割'到'站起来了'",又突出邓稼先在中国人民"站起来"的伟大进程中独特的作用,并且和文中"千千万万""许许多多"英雄人物形成对比。
>
> 这,就是善于分段的妙处。

如果中学生写上述内容,或许一个自然段全部搞定。

从"任人宰割"到"站起来了"

一百年以前,甲午战争和八国联军时代,恐怕是中华民族五千年历史上最黑暗最悲惨的年代。只举 1898 年为例:德国强占山东胶州湾,"租借"99 年。俄国强占辽宁旅顺大连,"租借"25 年。法国强占广东广州湾,"租借"99 年。英国强占山东威海卫与香港新界,前者"租借"25 年,后者"租借"99 年。那是中华民族任人宰割的年代,是有亡国灭种的危险的年代。今天,一个世纪以后,中国人民站起来了。这是千千万万人努力的结果,是许许多多可歌可泣的英雄人物创造出来的伟大胜利,在 20 世纪人类历史上,这可能是最重要的、影响最深远的历史转变。对这一转变做出了巨大贡献的,有一位长期以来鲜为人知的科学家——邓稼先。

请同学们自己比较,孰优孰劣,跃然纸上。

(三)章法三:写一个好结尾,或让读者掩卷沉思,或让文意余音绕梁,或对全文内容进行收拢

精彩的结尾如豹尾:或坚劲有力,或简洁利落;或在坚劲有力中催人向上,或在简洁利落中发人深思。

1. 欣赏初中语文课文精彩结尾和老师点评

(1)《植树的牧羊人》:

每当我想到这位老人,他靠一个人的体力与毅力,把这片荒漠变成了绿洲,我就觉得,<u>人的力量是多么伟大啊!可是,想到要做成这样一件事,需要怎样的毅力,怎样的无私,我就从心底里,对这位没有受过什么教育的普通农民,感到无限的敬佩。他做到了只有上天才能做到的事。</u>

点评:卒章显志,再次赞美老人。上文中的画线句子与全文内容紧密呼应,体现出严谨的思维。如果是你写结尾,会不会写成:您是世界上最伟大最崇高的人?

（2）《散步》：

这样，我们在阳光下，向着那菜花、桑树和鱼塘走去。到了一处，我蹲下来，背起了母亲，妻子也蹲下来，背起了儿子。我的母亲虽然高大，然而很瘦，自然不算重；儿子虽然很胖，毕竟幼小，自然也轻。但我和妻子都是慢慢地，稳稳地，走得很仔细，好像我背上的同她背上的加起来，就是整个世界。

> 点评：文中画线句子彰显主题，意味深长，表现出高度的家庭责任感和浓郁的亲情。

如果是你，会不会这样写：一家人在一起散步，真是最幸福的事。

（3）《伟大的悲剧》（两段）：

在英国国家主教堂里，国王跪下来悼念这几位英雄。

一个人虽然在同不可战胜的厄运的搏斗中毁灭了自己，但他的心灵却因此变得无比高尚。所有这些，在一切时代都是最伟大的悲剧。

请同学们自己点评这个结尾的妙处。

2. 请欣赏高中语文课文结尾和老师点评

(1)《记念刘和珍君》：

呜呼，我说不出话，但以此记念刘和珍君！

> 点评：抒情性结尾。照应开头，收拢全文，简洁利落。作者哀痛至极，悲愤至极，却又无可奈何——此时无"话"胜有"话"！
>
> 好的结尾，如余音绕梁，三日不绝。

（2）《小狗包弟》：

……我要说：我怀念包弟，我想向它表示歉意。

> 点评：叙述性结尾。收拢全文，深化主题。如果说"我怀念包弟"属一般性、总结性结尾，那么"我想向它表示歉意"则耐人寻味，发人深思。这"歉意"的背后是无奈，是悲痛，是此恨绵绵无绝期，是让悲剧不再的灵魂呼喊。

（3）《记梁任公先生的一次演讲》：

有学问，有文采，有热心肠的学者，求之当世能有几人……

> **点评**：简洁的设问句。议论性结尾。连用"有，有"对先生进行凝练而又全面的褒奖，更以"求之当世能有几人"加以对比，对先生的由衷钦佩之情跃然纸上，读者的景仰之情也油然而生。
>
> 好的结尾，话不在多，语言不在华美，在于深刻深邃，在于切中肯綮。

（4）《别了，"不列颠尼亚"》：

从1841年1月26日英国远征军第一次将米字旗插上港岛，至1997年7月1日五星红旗在香港升起，一共过去了156年5个月零4天。大英帝国从海上来，又从海上去。

> **点评**：叙述性结尾。语言表述别具特色：语气平和，语调平缓，语言朴素。众所周知，20世纪末的香港回归，是威震全球的大事。但是，作为一篇官方新闻报道，用怎样的语言形式向全世界庄严宣告，既不把话说过头，过火，又要顾及英国人的心理感受；既要表达中华民族浓烈的发自内心的民族自豪感，又要让外界觉得中国人内敛而不张狂，是大有文章可做的。
>
> 就文字表述看，实在是平实得很，一切用数字说话，一切用事实说话，没有张狂，没有得意忘形，没有盛气凌人。但是，字里行间，蓬勃地洋溢着一种神气与大气，洋溢着一种不可遏止而又不可言传的民族自豪感。
>
> 数字，本来是理性甚至僵死而枯燥的。但是，在这里，这些数字却显得格外鲜活灵动而又深沉内敛，格外富有锐利无比的精神穿透力，格外富有异常浓烈的精神表现力。紧接着一句"从……来"，"从……去"更是令人回味无穷，极其平静而又自豪地叙述了香港——这个祖国母亲游子离散150年之后而回归的民族性伤痛与喜悦。

可见,平常的、从容的、静态的语言叙述,有时也会给读者以强烈的心灵震撼,这就是语言的张力,这就是语言的魔力!可见,好的语言在于平和而深邃,在于貌似一览无余,却又藏而不露。

(5)《荷塘月色》:

……不觉已是自己的门前,轻轻地推门进去,什么声息也没有,妻已睡熟好久了。

点评:叙述性结尾。既照应开头,又回应全文:由思绪的"漫游"回到现实,给读者留下丰富的想象空间——淡淡的喜悦,还在?淡淡的愁绪,全无?任凭读者猜想。

(6)《故都的秋》:

秋天,这北国的秋天,若留得住的话,我愿把生命的三分之二折去,换得一个三分之一的零头。

点评:以心理描写的祈使语气结尾,以生命的长度换取生命的短度的夸张性语言表达,读者得出的结论是:故都之秋在作者心中的地位,无以复加!

别具匠心的结尾,不在于张扬,不在于吼叫,在于言简意赅而又入木三分。

(四)章法四:确保作文主体充实,紧扣中心,结构严谨,主题鲜明

一篇好文章,仅有好的开头结尾,那只是局部精彩。只有充实的主体内容横空出世,一篇美文才大功告成。

比如《社戏》。全文近4 000字,40个自然段,全都围绕文章主旨"儿时生活的乐土"展开记叙,"看社戏"的全过程,就成为文章主体。

比如《济南的冬天》。全文短小精炼,写太阳和温度、小山和小雪、小村庄和流水等,全都紧扣文章主旨"济南冬天的温和与美丽"

展开记叙，济南冬天的山山水水，就成为文章主体。

1. 请欣赏教材美文两篇

用心品味，你会发现，好文章都有以下九方面相似之处：

（1）开头扣题，简洁利索。

（2）主体内容充实丰满，详略安排得当。

（3）结尾意味深长。

（4）段与段之间联系紧密，段落内部层次清晰，所有内容紧扣全文主旨展开。

（5）与文章主旨相关的关键词贯穿全文始终，它所体现的，不是遣词造句的功夫，而是作者严密、严谨的思维流程和思维能力。

（6）善于描写。诸如肖像、动作、心理、场面描写等。

（7）语言精练、准确，生动，该幽默则幽默，体现出深厚的文字功底。

（8）夹叙夹议。作者围绕某一重点内容，总会或评论、或抒情，或引用经典诗词，名言名句，进而让文章融入思考的深度，呈现思想的高度。这对一篇成功文章至关重要。

（9）标点符号使用准确，并通过不同标点，或体现思维严谨，或表达自己的不同情感。

请同学们坚信：只有先学会欣赏他人，才能提升自己，让自己的作文日趋进步。

中学生写不出课文里的文章自在情理之中。但要学习，要借鉴，要不断去写！

第一篇 《荷叶·母亲》（冰心）

父亲的朋友送给我们两缸莲花，一缸是红的，一缸是白的，都摆在院子里。

八年之久，我没有在院子里看莲花了——但故乡的园院里，却有许多；不但有并蒂的，还有三蒂的，四蒂的，都是红莲。

九年前的一个月夜，祖父和我在园里乘凉。祖父笑着对我说："我们园里最初开三蒂莲的时候，正好我们大家庭里添了你们三姊妹。大家都欢喜,说是应了花瑞。"

半夜里听见繁杂的雨声,早起是浓阴的天,我觉得有些烦闷。从窗内往外看时,那一朵白莲已经谢了,白瓣儿小船般散漂在水面。梗上只留个小小的莲蓬和几根淡黄色的花须。那一朵红莲,昨天还是菡萏的,今晨却开满了,亭亭地在绿叶中间立着。

仍是不适意!——徘徊了一会子,窗外雷声作了,大雨接着就来,愈下愈大。那朵红莲,被那繁密的雨点,打得左右攲斜。在无遮蔽的天空之下,我不敢下阶去,也无法可想。

对屋里母亲唤着,我连忙走过去,坐在母亲旁边——一回头忽然看见红莲旁边的一个大荷叶,慢慢地倾侧了下来,正覆盖在红莲上面……我不宁的心绪散尽了!

雨势并不减退,红莲却不摇动了。雨点不住地打着,只能在那勇敢慈怜的荷叶上面,聚了些流转无力的水珠。

我心中深深地受了感动——

母亲啊!你是荷叶,我是红莲。心中的雨点来了了,除了你,谁是我无遮拦的荫蔽?

一九二二年七月二十一日

(1) 这是一篇典型的叙事散文。文章写了哪三种物体?各自象征什么?所要表达的主题是什么?

(2) 请逐一对照上文所总结的经典文章九类特色,看看本文是否全部具备。

第二篇 《记梁任公先生的一次演讲》(梁实秋)

梁任公先生晚年不谈政治,专心学术。大约在1921年左右,清华学校请他作第一次的演讲,题目是《中国韵文里表现的情感》。我很幸运地有机会听到这一篇动人的演讲。那时候的青年学子,对梁任公先生怀着无限的景仰,倒不是因为他是戊戌政变的主角,也不是因为他是云南起义的策划者,实在是因为他的学术文章对于青年确有启迪领导的作用。过去也有不少显宦,以及叱咤风云的人物,莅校讲话。但是他们没有能留下深刻的印象。

任公先生这一篇讲演稿，后来收在《饮冰室文集》里。他的讲演是预先写好的，整整齐齐地写在宽大的宣纸制的稿纸上面，他的书法很是秀丽，用浓墨写在宣纸上，十分美观。但是读他这篇文章和听他这篇讲演，那趣味相差很多，犹之乎读剧本与看戏之迥乎不同。

我记得清清楚楚，在一个风和日丽的下午，高等科楼上大教堂里坐满了听众，随后走进了一位短小精悍秃头顶宽下巴的人物，穿着肥大的长袍，步履稳健，风神潇洒，左右顾盼，光芒四射，这就是梁任公先生。

他走上讲台，打开他的讲稿，眼光向下面一扫，然后是他的极简短的开场白，一共只有两句，头一句是："启超没有什么学问——，"眼睛向上一翻，轻轻点一下头："可是也有一点喽！"这样谦逊同时又这样自负的话是很难得听到的。他的广东官话是很够标准的，距离国语甚远，但是他的声音沉着而有力，有时又是洪亮而激亢，所以我们还是能听懂他的每一字，我们甚至想如果他说标准国语其效果可能反要差一些。

我记得他开头讲一首古诗《箜篌引》：

公无渡河。公竟渡河！渡河而死，其奈公何！

这四句十六字，经他一朗诵，再经他一解释，活画出一出悲剧，其中有起承转合，有情节，有背景，有人物，有情感。我在听先生这篇讲演后约二十余年，偶然获得机缘在茅津渡候船渡河。但见黄沙弥漫，黄流滚滚，景象苍茫，不禁哀从衷来，顿时忆起先生讲的这首古诗。

先生博闻强记，在笔写的讲稿之外，随时引证许多作品，大部分他都能背诵得出。有时候，他背诵到酣畅处，忽然记不起下文，他便用手指敲打他的秃头，敲几下之后，记忆力便又畅通，成本大套地背诵下去了。他敲头的时候，我们屏息以待，他记起来的时候，我们也跟着他欢喜。

先生的讲演，到紧张处，便成为表演。他真是手之舞之蹈之，有时掩面，有时顿足，有时狂笑，有时叹息。听他讲到他最喜爱的《桃花扇》，讲到"高皇帝，在九天，不管……"那一段，他悲从中来，竟痛哭流涕而不能自已。他掏出手巾拭泪，听讲的人不知有几多也泪下沾巾了！又听他讲杜氏讲到"剑外忽传收蓟北，初闻涕泪满衣裳……"，先生又真是于涕泗交流之中张口大笑了。

这一篇讲演分三次讲完，每次讲过，先生大汗淋漓，状极愉快。听过这讲演的人，除了当时所受的感动之外，不少人从此对于中国文学发生了强烈的爱好。先生尝自谓"笔锋常带情感"，其实先生在言谈讲演之中所带的情感不知要更强烈多少倍！

有学问，有文采，有热心肠的学者，求之当世能有几人？于是我想起了从前的一段经历，笔而记之。

这是一篇典型的写人记叙文，具有鲜明的写作借鉴价值：

（1）选材典型。一切都围绕"一次演讲"展开。

（2）紧扣"演讲"主题，然后进行神采奕奕的肖像描写；幽默风趣的开场独白；感人肺腑的古诗讲授；博闻强识的学者风范；物我两忘、沉浸陶醉于演讲之中的演说家的风采。

（3）因为各种精彩描写（肖像、动作、心理、神态等），人物形象异常生动，呼之欲出。

（4）高度体现凤头猪肚豹尾的经典结构，开头简洁，主体内容非常充实，对比性结尾，更是发人深思。

（5）恰到好处、入木三分的夹叙夹议。

（6）感情真挚，不故作姿态。

（7）语言极富感染力。

2. 请欣赏同学佳作

这篇作文，也比较成功地体现了记叙文写作的基本规矩。

<h3 style="text-align:center">心里美滋滋</h3>

今年是中华人民共和国成立七十周年，全国上下齐欢乐。趁着这个愉快的假期，我和我的父母一起来到南锣鼓巷，心里真是美滋滋！

南锣鼓巷是北京最古老的街区之一，自元朝而建，至今保存较为完整。从人流如潮的地铁站出来，我和爸妈悠哉悠哉地走进了这繁华的胡同街区。向街道两边看，商店灯火通明，每个游客的手上都拿着不同的玩具或小吃，就连商店也千奇百样，却无一不具有北京特色。有的手拿冰糖葫芦，有的玩着京剧脸谱，还有的正在品尝老北京炸酱面。见此场景，我不禁走进一家大排档，在人海茫茫中一眼就看见了老北京爆肚，对它"一见钟情"。为了美食，我急忙挤进人群，没过多久就赶紧手捧着一碗爆肚出来了。在鲜美的羊汤里，灰白色的爆肚配上鲜红色的辣椒和绿色的香菜，可真是老北京的标配！一碗下肚，心里美滋滋的！

继续向前走，仔细观察，可以发现胡同的小过道是用灰色的砖平铺而成，墙壁上还有"福"字空窗，为这里增添了一丝韵味。与此同时，我们还时不时看见了拉车夫拉着游客在胡同里转悠呢。路旁，几位老奶奶坐在椅子上，一边拣着鲜艳欲滴的蔬菜一边忙着聊家常。还有几位老爷爷，则在胡同口的石桌上，摆下棋子，车来炮往地啪啪地对弈。

这场景其实与我无关。但是，这里没有衰败，没有萧条冷落，没有凄凄惨惨。映入眼帘的是一派繁荣祥和。看着这样的场景，领略这样的氛围，心里不也挺美吗？

紧接着，我们从胡同巷子里出来，直到这条街道的尽头再次左转。"咦，这里竟然还有馄饨？老爸，老妈，咱们去吃点馄饨吧，看起来好像挺不错的！"我向爸妈大声建议道。于是，我们又开始了馄饨的幸福之旅。过了一会儿，一碗热腾腾、香气扑鼻的鸡汤馄饨终于上桌了。我用小勺将馄饨盛起，放到嘴边轻轻吹了几下，然后小心翼翼地咬下它厚厚的皮，吃起来滑溜溜的，再一口下去，紫菜猪肉馅的馄饨简直让我大快朵颐，配上淡淡的鸡汤后，这样舒服的感觉实在妙不可言，令人回味无穷！

南锣鼓巷，一条美丽丰富的老胡同；南锣鼓巷，一个令人追忆北京小吃的地方；南锣鼓巷，一个古往今来的历史圣地。这次的南锣鼓巷之旅，让我心里美滋滋！

3. 学会修改别人的作文

平时作文，不少同学常犯这样的错误：通篇跑题，结尾点题。即，写了一堆与作文中心（主旨、主题）没有关联的人或事，只是到了结尾，才想起了题目，想起作文中心，然后匆忙写几句话呼应一下。

请看以下两篇作文。第一篇是老师修改的，你同意吗？

第二篇请同学认真阅读思考，指出问题并加以修改。

第一篇 《你是我的阳光》

阳光是什么？他是一种神秘的能量，温暖我，指引我。小时候懂得还很少，生命中出现了许多束阳光，指引前方的道路，滋润我幼小的心田。

那时大概才一二年级的样子，我们一家去饭店吃饭，人很多，却又不吵，我们顺手点了几道菜就开始吃了。

"怎么回事？"一声怒吼打破了整个餐厅的宁静。一个男人拍桌而起，指着一盘儿菜，眼神像是要杀了对面瘦小的服务生。我离那桌并不远，所以努力想看看盘子里有什么，只看见了黑乎乎的小点。"对不起！先生，我现在给您换一盘。"服务生低下了头，声音很小，手心捏出了汗。"换？我们都吃了一半儿了，谁知道这虫有没有毒。"服务生看似像刚上岗的，没有这方面的经验，支支吾吾半天没说上一句完整的话。"叫你们经理来。"男人发话了，服务生像是解脱了一样，落荒而逃。

不一会儿，一个年轻男子走了过来，服务生将来龙去脉都向经理说了一遍。"先生，这盘菜不会有毒，我给您换盘吧。""虫的一半身体都没了，食欲都被恶心没了。"男人没有要结束追问的意思，经理也很慌乱，将毕生的解决方案都说了出来。可是都被客人一一拒绝，并继续反问经理。

我也是听烦了他们的对话，'吵、吵、吵，有什么好吵的'，我心想，'不就是一个虫吗？至于嘛？给你换盘就不错了。'虽然心里这么想，却又不敢说出，毕竟是大人吵架，我一个小孩又瞎掺和什么呢？

爸爸终于按捺不住自己，站起身心平气和地向那个男人讲："哥们儿！都不容易，别这么小心眼儿！"那个男人似乎感受到了这个餐厅人们的目光，气势小了一大半，后来只好妥协，爸爸又去安慰了服务生，和经理说说笑笑，具体说了些什么我也不记得了。

相隔七年我依旧记忆犹新，爸爸教会了我做什么事，都要有宽容的心，爸爸就如同阳光照进了我的心窝，他的那句话我现在还记得：哥们儿！都不容易，别这么小心眼儿！

问题分析与修改策略：

速览此文即可发现，文章章法出了问题。主要事件几乎没有体现"阳光"二字，只是叙写了产生"阳光"的背景事件。但这件事本身并不"阳光"。也许，这位同学要为"阳光"出现作铺垫。但铺垫过多，喧宾夺主，导致跑题。所以，此文要在章法上动"大手术"。

先用一段文字对背景事件进行浓缩——

父亲的阳光走进我心田，源于小学二年级一次家庭聚会。记得，当时邻座一位男青年因菜里发现一条虫子和饭店工作人员激烈冲突，对方一再道歉，但男青年还是不依不饶。父亲实在看不下去，走过去，慢声细语地对男青年说："小伙子，请冷静一些！我看见了，确实是他们的错。但咱还是得理让人吧，退一步海阔天空嘛！"很快，彼此平息争吵。但父亲的一席话以及他处理问题的艺术，从此如一缕阳光洒进我的心田，引领着我如何处理不愉快。

然后重点叙写与此相关的内容——自己怎样在父亲"得理让人"的"阳光"下学会宽容，学会善待他人，学会得理让人。

第二篇 《发现》

叩击心灵的音符，弹出最美的歌——题记

阳光的酒调得很淡却很醇，它浅浅地斟在家中那架立式钢琴上。六岁那年我发现了钢琴，发现了指尖与琴键触碰所发出的美好。

在我六岁生日那天，我到姐姐家玩，还没进门就先听到了一阵悦耳的声音，紧接着我看到姐姐坐在一个黑白相间的东西前，手放在上面移动着。我好奇地摸了摸，这时姐姐停了下来，问我："你知道这是什么吗？"我摇摇头，她说这是钢琴。哦，原来这个黑白相间的大玩意叫钢琴呀。从此"钢琴"这个名词便进入了我的脑海。

在那天回家的路上，我支支吾吾地对妈妈说："妈，我也想要个钢琴。"妈妈先是一愣，随即笑着问我："是因为今天去姐姐家听到姐姐弹了是吗？"我一脸吃惊地望着妈妈问："您怎么知道？"妈妈笑笑说："妈妈很高兴看到一个热爱学习的豆子，所以你想学，没有问题，但是妈妈可要提前告诉你，学钢琴可是很苦的，你能坚持吗？""我能！"我喊着，激动地亲了妈妈一下。

然而等我真正开始学习，才明白妈妈当时的那番话，钢琴并没有我想象得那么容易，我要先学会识谱，学习八分音符、十六分音符……刚开始的曲子虽说不是很难，但也很枯燥乏味，每天弹着相同的琴谱，日复一日，我心中那棵懵懂的小芽在不断枯萎……才学了几个月，我便坚持不下去了，小芽被小雨打败了。在一次弹琴时，我大哭起来，把琴谱扔到了地上，对妈妈说："我不想学了。"妈妈说："你当初跟妈妈的约定还记得吗？再坚持一下好吗，坚持不懈总会有结果的。"受到了妈妈的鼓励，我便捡起了琴谱，重拾信心，发现心中的蔫着头的小芽竟也又挺拔起来。就这样我又日复一日地练习着，我中间也曾又想过放弃，可每次妈妈对我的鼓励就会徘徊在我耳畔，小芽慢慢长大了。

四年后，它已经长成一棵小树苗了。一天中午，我在家练琴，我弹着弹着，房间门突然被推开了。是爸爸。他对我说："豆子，要不等下午你再练，你就这样一直弹，我和妈妈午觉也睡不着了。"我便把手从琴上拿了下来，合上了琴盖。爸爸走后，我在想，我弹得太难听了，我弹个琴，午觉都睡不着了？我低下头叹着气，心中的小苗也耷拉下了脑袋，任凭风吹，随风摇晃。过了一会儿，爸爸似乎也觉察到他刚才的话似乎有些不妥，便又来到我的房间对我说："豆子，爸爸刚才的意思不是说你弹得不好听，而是琴声太大了而已，你弹的还是很有进步的。"听完爸爸的解释，我的心情就如同雨后的彩虹般灿烂，心中的小苗也抬起了头，还长了些个子呢。

到现在，我学钢琴已经有八年了。这八年，我想过放弃，但是我承诺过的事就必须要坚持，于是我就咬牙坚持，尽管仍会有情绪爆发的时候，可很快，我便会收拾好心情，重拾信心，再次发现钢琴的美。

细雨如丝，丝丝滋润新房，斜阳缕缕，缕缕射入心间，在碎花般的流里，那些最美的发现，教会我坚持的发现，会一直留在心中。

请认真思考：

（1）本文题目是《发现》，那么，作者最重要的发现是什么？

（2）贯穿这篇作文始终的关键词应该是什么？

（3）本文主体内容应该是什么？可作者又写了什么？

（4）如果满分 40 分，你打算给多少分？依据是什么？

（5）怎样写才能得高分？

特别希望同学们认真修改。你学会诊断他人、"医治"他人，就一定会知道怎样让自己更健康！

（五）章法五：让夹叙夹议成为写作习惯

写完一件事、一段对话或其他，就要紧扣这件事、这句话，紧扣文章主题（题目关键词），写出自己的感受、认识或体会等。同学们要知道，这种感受、体会等，不是绞尽脑汁"挤"出来的无病呻吟，而是作者思维和情感无法抑制的自然性延展，也就是老师开篇说过的"生命气场不可遏制的迸发"。这样的夹叙夹议，可以大大增强文章感染力，增加文章思想的深度和广度。

1. 请欣赏课文《老王》中的夹叙夹议

有一年夏天，老王给我们楼下人家送冰，愿意给我们家带送，车费减半。我们当然不要他减半收费。每天清晨，老王抱着冰上三楼，代我们放入冰箱。<u>他送的冰比他前任送的大一倍，冰价相等。胡同口蹬三轮的我们大多熟识，老王是其中最老实的。他从没看透我们是好欺负的主顾，他大概压根儿没想到这点。</u>

我把他包鸡蛋的一方灰不灰、蓝不蓝的方格子破布叠好还他。他一手拿着布，一手攥着钱，滞笨地转过身子。我忙去给他开了门，站在楼梯口，看他直着脚一级一级下楼去，直担心他半楼梯摔倒。等到听不见脚步声，我回屋才感到抱歉，没请他坐坐喝口茶水。<u>可是我害怕得糊涂了。那直僵僵的身体好像不能坐，稍一弯曲就会散成一堆骨头。我不能想象他是怎么回家的。</u>

2. 请欣赏同学习作中的夹叙夹议（《交友贵在真》）

叙事：

期中考试，我的数学成绩突然大幅下降，弄得我莫名其妙，寝食不安。一天午休，王平约我陪他到操场散步。20多分钟的散步时间，他的真诚的劝导、批评与鼓励让我的内心很受震撼："最重要的是，你要反思你自己。你数学考试好像从来没有失败过，为什么这次突然惨败？嘿嘿，你没发现你最近一段时间数学课上经常受到老师批评？课下呢，同学问你问题你也总是漫不经心，甚至还有点趾高气扬。你恐怕更没有发现，这学期，我数学作业的满分比你还多得不少呢！你，太过于骄傲了！赶快抓紧。要不，我都可能会超过你了！"

议论：

说完这段话之后，王平的目光立刻聚焦到我的脸上，半天没有离开。我几乎不敢和他对视。我真真切切地感觉到，他的目光里充溢着遗憾，充满了惋惜甚至不满。我知道，这遗憾、惋惜和不满，其实都源于我俩之间友情的真诚与纯粹，源于他对我的兄弟般的爱护和帮助。要不，他凭什么放弃午休？凭什么对我如此推心置腹？

（六）章法六：记叙文要追求情节生动

情节允许虚构，但必须入情入理，切忌胡编乱造，故弄玄虚。

中学生受阅历限制，很少经历纷繁复杂的社会生活，在作文选材上常常捉襟见肘，选材单一老套，导致情节平淡，无波澜，进而影响作文质量。

所以，记叙文选材完全可以发挥自己的想象力，合理虚构。前提是：

符合日常生活的真实性，入情入理，切忌胡编乱造。

例1.《交友贵在真》的选材是"送生日礼品"。据作者说，同学张伟家境一般，但为了突出彼此友情的真挚，他首先虚构了这样的情境：同学家境殷实，但自己一直生活朴素，从不炫富，不奢侈，但对我却很大方。

于是，他在作文中写道：

张伟家境富裕，但简朴是其本色。自我认识他以来，我就发现，他的穿戴，他平时的学习用品，没有一丝奢华和炫酷，完全看不出是一位"纨绔子弟"。

这是一份难得的纯真。让我感觉，和他做个好哥们儿，应该是我们的缘分。

那是今年暑假，我十三岁生日那天。几天前，他就告诉我，生日当天，他要请我吃饭。

生日当晚，他特意请我出去吃了一顿精美的生日晚餐。更让我感动的是，他还送我一本非常精致的日记本，扉页上写了一段特别暖心的赠言："咱俩，今天是同学，今世一定是兄弟！"

（以下紧扣真诚写自己的感受）

例2.《交友贵在真》的选材是"送书"。本来的情节很简单，就是朋友曾给了作者很喜欢的一本书。但作者说，他通过想象，合理虚构了以下情节：

有一本书，是我一直的期盼。我曾几次跟好友王平说起这本书。可想不到的是，王平总是说这本书不咋的，并且劝我不要买，不要看。这让我很不理解：好朋友嘛，你为什么要干涉我个人爱好的"内政"？

春节临放假的前一天，晨读。我刚走进教室坐到座位上，王平立马跑过来，手里拿着一本书。让我大喜过望的是，正是我朝思暮想的这本哦！

瞬间，我恍然大悟；瞬间，我好生感动——知我者兄弟也！

我急忙把书接过来。他呢，还没让我从惊喜中回转，又瞬间拿了过去，打开扉页，只见扉页上面工整地写着鲁迅先生的名言：

人生得一知己足矣，斯世当以同怀视之。

（以下必须紧扣真诚写自己的感受）

八、记叙文写作必备的两种能力

写好记叙文需要多种能力,但最重要的是细节描写与语言表达。传神的细节描写常常收到意蕴丰厚、以少胜多的效果。请看《邓稼先》中一句高度生活化的细节描写:

1971年8月16日,在我离开上海经巴黎回美国的前夕,上海市领导人在上海大厦请我吃饭。席中有人送了一封信给我,是稼先写的,说他已证实了,中国原子武器工程中,除了最早于1959年底以前曾得到苏联的极少"援助"以外,没有任何外国人参加。

这封短短的信给了我极大的感情震荡。一时热泪满眶,不得不起身去洗手间整容。事后我追想为什么会有那样大的感情震荡,是为了民族而自豪?还是为了稼先而感到骄傲?我始终想不清楚。

按说,这种细节,生活中极常见。但在本文特殊语境、在当时特殊环境中,这一细节,再加上"不得不"双重否定词的使用,包含着作者多么复杂而又难以言表、真挚而又浓烈的情感和灵魂震撼。并且,这一细节又特别符合科学家的身份和心理特征:理性,沉稳,情感抑制力强。

好的细节描写不在多,而在精,在传神,在逼真,在打动人心,在引发读者遐想与共鸣,甚至感慨无限、掩卷沉思。

(一) 能力一:让细节描写打动人心

一篇好的记叙文,离不开成功的细节描写。细节描写不属于章法范畴,它是一种能力,一种久久为功、不可一蹴而就的能力。但只要我们心生追求,学会观察生活,发挥想象能力,借助于出色的语言表达,精彩的细节描写定会助君作文增色!

细节描写的表层价值是吸引读者眼球,深层价值是打动人心!

1. 怎样进行细节描写?

首先,要有"细节描写"的写作动机,或曰"内驱力"。很多中学生写记叙文,一个非常普遍的问题是,缺乏细节描写的"意识驱动"，没有想到或难以通过细节描写增强作文感染力，最终导致无细节，或有细节不生动、不感人，几乎无法吸引读者眼球。

什么是细节？细节就是人物、景物、事件等富有特色的细枝末节。细节描写是展开记叙文情节的必需。没有精彩细节，就没有生动情节。

其次，如何提升细节描写能力？

一是学会经常欣赏借鉴经典作品。请同学们记住，欣赏别人，是提升自己的前提。如果自己连欣赏都难以为之，提升就是空中楼阁。

二是自己作文时要用心追求。这一点，上文已经强调。追求就是内驱力，追求就是意识驱动。不能心生追求，一切皆无可能。

三是要学会观察、发现和体验生活。这一点，上文也已经谈及。所有的细节之美都源于生活。观察生活，体验生活，描写生活，是为细节描写。

四是抓住细微、具体的典型情节，进行生动细致的描绘。以下从四个角度呈现的案例，就是对此进行具体诠释，请用心品味。

2. 经典细节描写欣赏与借鉴

（1）肖像细节描写：

①《最后一课》：

那件挺漂亮的绿色礼服；绣边的小黑丝帽；只有督学来视察或者发奖的日子才穿戴。

> **点评**：表现韩麦尔先生对"最后一课"的无比珍视。

②鲁迅《祝福》关于祥林嫂的三次肖像描写尤其经典。

第一次：祥林嫂首次到鲁四家做短工。此时的她，年轻，日子过得也算安稳。

头上扎着白头绳，乌裙，蓝夹袄，月白背心，年纪大约二十六七。脸色青黄，但两颊却还是红的……看她模样还周正，手脚都壮大，又只是顺着眼，不开一句口，很像一个安分耐劳的人。

第二次：生活遭遇重大变故。祥林嫂被婆婆家找回，然后被卖，再嫁。不久，第二次丧夫。唯一的孩子阿毛死去。她不得不再次到鲁四家做短工。且看此时鲁迅笔下的祥林嫂：

她仍然头上扎着白头绳，乌裙，蓝夹袄，月白背心，脸色青黄，只是两颊上已经消失了血色，顺着眼，眼角上带些泪痕，眼光也没有先前那样精神了。

第三次：即最后一次肖像描写。

祥林嫂为自己"赎罪"之后，认为鲁四老爷会宽恕她，"眼光也分外有神"。她想她应该是正常人，能好好地为鲁四老爷家准备过年的"祝福"了。可她完全没料到，鲁四老爷根本不让她做任何事情，认为她晦气，她被赶出鲁四老爷家。于是，当"我"在河边遇见祥林嫂时，她已被鲁四老爷赶出家门。

她彻底绝望了。于是，第三次肖像描写：

脸上瘦削不堪，黄中带黑，而且消尽了先前悲哀的神色，仿佛木刻似的；只有那眼珠间或一轮，还可以表示她是一个活物。

> **点评**：第三次肖像描写，具有强烈的艺术表现力。此时的祥林嫂流落街头，沦为乞丐。经过数次严重打击，精神极度悲哀，彻底麻木，以致连表现内心痛苦都不可能。作者以细致入微的肖像描写，宣告祥林嫂的死亡——精神死亡！
>
> 哀，莫大于心死！

（2）动作细节描写：

①《从百草园到三味书屋》：

扫开一块雪，露出地面，用一枝短棒支起一面大的竹筛来，下面撒些秕谷，棒上系一条长绳，人远远地牵着，看鸟雀下来啄食，走到竹筛底下的时候，将绳子一拉，便罩住了。

> **点评**：多么形象地表现出儿时的欢乐、专注和细心。

②《阿长与山海经》：

一到夏天，睡觉时，她又伸开两脚两手，在床中间摆成一个"大"字，挤得我没有余地翻身。

> 点评：多么鲜明地表现出长妈妈的性格！

③《邓稼先》：

奥本海默是一个拔尖的人物，锋芒毕露。他二十几岁的时候在德国哥廷根镇做波恩的研究生。波恩在他晚年所写的自传中说：研究生奥本海默常常在别人做学术报告时（包括波恩做学术报告时）打断报告，走上讲台拿起粉笔说："这可以用底下的办法做得更好……"我认识奥本海默时他已四十多岁了，已经是妇孺皆知的人物了，打断别人的报告，使演讲者难堪的事仍然时有发生。不过比起以前要少一些。佩服他、仰慕他的人很多，不喜欢他的人也不少。

> 点评：请同学们注意：上文的细节描写，最形象地表现出奥本海默"锋芒毕露"的性格。

④《台阶》：

母亲坐在门槛上干活，我就被安置在青石板上。母亲说我那时好乖，我乖得坐坐就知道趴下来，用手指抓青石板，划出细细的沙沙声，我就痴痴地笑。我流着一大串涎水，张嘴在青石板上啃，结果啃了一嘴泥沫子。再大些，我就喜欢站在那条青石门槛上往台阶上跳。先是跳一级台阶，蹦、蹦、蹦！后来，我就跳二级台阶，蹦、蹦！再后来，我跳三级台阶，蹦！又觉得从上往下跳没意思，便调了个头，从下往上跳，啪、啪、啪！后来，又跳二级，啪、啪！再后来，又跳三级，啪！我想一步跳到门槛上，但摔了一大跤。父亲拍拍我后脑勺说，这样是会吃苦头的！

> 点评：请同学们特别关注上文中拟声词的数量变化！

⑤其他作品中的描写：

描写一个人的专注：

他一句一句地审阅，看完一句就用铅笔在那一句后面画一个小圆圈。他不是普通的浏览，而是一边看一边思索，有时停下笔来想一想，有时还问我一两句。

描写运动健儿英姿：

小伙子跑得不错，迅速从起跑冲刺进入途中的匀速跑。他像一匹马驹昂头急奔：步幅匀称，步频紧凑，步伐有力，腰肢放松——整个动作显得优美而富有弹性。

（3）语言细节描写：

突然听到一声深深的叹息。我寻声望去，原来是两个电话亭在对话。我感到非常好奇，悄悄走过去看个究竟。只听一个电话亭说："今天又在我身上贴小广告了，他们把我贴得像一只'花脸猫'，要是我有一双手那多好啊！我就可以把小广告贴纸撕掉了。"

另一个电话亭说："我也是。除了被贴成'花脸猫'，我还被他们用电话砸脑袋呢。"我听了马上跑过去，把电话挂回电话亭的脑袋上，还把电话亭身上的小广告撕掉，把电话亭打扫得干干净净。

（4）景物细节描写：

①写晨光：

当第一缕跃上船头的阳光，撑起我的双眼时，从船窗处望，两岸已从泥沼变成了河堤，砖石堆砌的小路，杨柳静静偎依，近岸人家飘起的炊烟，引起了我的神往。

②写月夜：

月亮毫不吝啬地将它的光芒洒向大地。近前的景色几乎可以看得清，而远处，便是影影绰绰的一片青黛。我静静地看着，也静静地想：月亮照着滨海小城的我，是否也会将同样的光泽洒向那千山万水之外的荒凉大漠？

同学们：以上四类成功的细节描写靠什么？

——丰富的想象力；

——细致的观察力；

——高水平语言表达力。

细节描写，非一日之功。你要平时多努力！

（二）能力二：让作文语言打动人心

1. 什么样的语言能打动人心

让语言打动人心，不属于章法，而是一个人必备的语文素养。学好语言，非一日之功，须持之以恒。好的语言，沁人心脾；差的语言，味同嚼蜡。学好语言，中学是黄金季节，因为你有机会多读多背多写。

评判好的语言有很多价值标准，比如简洁明快、准确流畅、幽默生动等。但最重要的价值和细节描写一样，只有一个：打动人心！

例1. 莎士比亚《罗密欧与朱丽叶》：

梁实秋这样翻译：世界上的恋情，没有比得上罗密欧与朱丽叶的。

大翻译家朱生豪妙笔生花：古往今来，多少悲欢离合，谁见过这样的哀怨心酸！

例2.《邓稼先》：

永恒的骄傲

稼先逝世以后，在我写给他夫人许鹿希的电报与书信中有下面几段话：

稼先为人忠诚纯正，是我最敬爱的挚友。他的无私的精神与巨大的贡献是你的也是我的永恒的骄傲。

稼先去世的消息使我想起了他和我半个世纪的友情，我知道我将永远珍惜这些记忆。希望你在此沉痛的日子里多从长远的历史角度去看稼先和你的一生，只有真正永恒的才是有价值的。

邓稼先的一生是有方向、有意识地前进的。没有彷徨，没有矛盾。

是的，如果稼先再次选择他的人生的话，他仍会走他已走过的道路。这是他的性格与品质。能这样估价自己一生的人不多，我们应为稼先庆幸！

> **点评**：作者用最精练、最简洁、最真挚的语言，表达了对邓稼先四个层面的由衷的骄傲与自豪的情感。

例 3. 试比较以下两句话，观点相同，表达效果截然不同：

我们决不允许台湾从祖国领土上分割出去。

我们决不允许任何政党、任何组织、任何个人，在任何时候，以任何方式把中国的任何领土，以任何形式分割出去！

第二句话，斩钉截铁，不容置疑，不容置喙。

例 4. 2019 年 2 月 13 日，新春佳节。北京难得的瑞雪。清晨 7 点，一零一校园，静谧而美丽。一行行雪地足迹清晰可见，显然是来参加各种培训的同学留下的。怎样写这雪地足迹？

试比较以下两段文字的不同：

同学们不顾雪天的寒冷，一早就来到学校，走向训练场，参加训练，努力学习。他们的精神真让人感动。

如此叙述，单调、干瘪，不能打动人心。

正值新春佳节之际，一场瑞雪不期而至。但是，在这美好的时光里，同学们没有让雪地足迹留在颐和园、滑向圆明园，没有去堆雪人、打雪仗。他们让自己新春瑞雪的足迹留在一零一，走向一零一校园的每一个训练场地，每一个学习场所。是的，他们没能享受堆雪人、打雪仗的乐趣，但他们用另一种行动，堆起了今天的努力、明天的希望。

直指人心，给人以启迪。

例 5. 让语言表达富有创意美。

李商隐名句：夕阳无限好，只是近黄昏。

朱自清先生略加修改，立刻新意顿生：但得夕阳无限好，何必惆怅近黄昏。

2. 了解一点学理，下功夫学好语言

简单说一点学理，目的是希望同学们增长一点知识，进而增加一点语言学习的积极主动性。学好语言，终身受用。

（1）理解"输入"和"输出"，在学习语言的行动中提升自己。

所有语文老师为什么无一例外地要求所有学生多阅读、多背诵、多积累？这是因为，阅读、背诵、积累，可以形成语言信息在大脑的积淀，可以促进大脑语言库的语言输入。

"语言输入"具有神奇功能：

一是形成大脑语言库的语言积淀，大脑语言库的语言存量因此极大丰富。

二是促进语言内化，缓慢浸润大脑肌体，然后催生语言能力缓慢生成。

三是最终生成强大的语言表达能力：口语和书面语。

同学们领会了上文的深刻道理，你就知道诵读、背诵和积累是多么重要！若没有语文学习的实际行动，提升语文素养和作文能力就只能是水中捞月。多写作文，会写作文，多说话，会说话，就是语言输出，更是能力输出。

"输出"的神奇功能：

一是出口成章，出类拔萃的口才让你语惊四座。

二是妙笔生花，卓尔不群的文笔让你魅力四射。

（2）了解一点科学，增强广泛阅读、深度阅读、健康阅读的自觉性。

请同学们认真阅读以下内容，相信会给你的广泛、健康和深度阅读带来启迪。同时，对老师要求你持续背诵多一份理解，尤其要多一份行动！

请看科学研究者的"补笔测验"。

请一朋友到家作客，你先跟他在客厅聊天。墙壁上挂了许多字画，但你并没有谈及墙上字画，随后请他到另一间屋子，给他一张写满许多偏旁和部首的半个汉字的纸，请他用笔把这些半个字补笔成完整的汉字。统计他的补笔结果，你会发现：这些字中许多都是客厅里字画上的字。然而问他，您是否按客厅字画上的字完成的，他竟然说：

"客厅中有字画？我怎么没看见？"这说明：无意中映入眼帘的字，竟在随后补笔中无意地"冒出来"。这个实验十分清楚地告诉我们：一个人在无意识中映入眼帘的信息，能在随后的有意识活动中无意再现。

大脑研究专家由此得出结论——无意识心理过程所摄入的信息，能在一定条件下，自动投射到人的意识中来。这是人的心理活动的重要规律。据此,我们可推论——被测验者面对客厅字画并非"没看见",他客观上一定"看见"了。只不过是一种"无意识映射"而已。

科学研究者还着重指出:

人类无意识记忆的容量无限。它可把人一生中所见所闻的全部信息完好无损地储存到人脑中去,并在一定条件下得以再现。既然人在无意识状态下摄入大脑的信息,能对人的语文能力产生支配作用,那么,据此可进一步推知,"有意摄入"的意义更不可低估。

阅读,尤其是深度阅读——强烈的、有意识的阅读行为,必将产生积极的阅读反应。因时映入人脑的信息,毫无疑问将更丰富、更深刻、更有效,它对提升学生语文素养的作用,无可替代!

科学研究证实,一个人不管是参观游览,还是读文赏画,其情其景,都能在随后的各类学习活动中,自发映射到他的主观意识中来。而一个人青少年时期有意背诵的诗词、歌赋和美文,能在触景生情中自动形成头脑中具有新义的诗句或文章构思。

著名作家、《壶口瀑布》作者梁衡先生说:

我在《跨越千年的美丽》一文中,写到居里夫人得了很多奖以后,把名誉看得很淡,仍旧冷静地继续搞研究,我突然冒出一句话:"她漫把浮名换了精修细研"。写了以后,我觉得,这是从柳永的词,"忍把浮名,换了浅斟低唱"中化用出的。

据此他指出:

当你把书背得很熟,作文时,你自己也不知道怎么会冒出这么一句新话或一个新词。就像武打,说不定敌人从哪个角度来,你会突然冒出一招,这一招肯定就是你平时积累,肚里有的。所以我主张,语文老师还是要让学生背书。

3. 真实修炼:自己发现,修改修改,自己受益

以下是一篇习作。文章选材非常好,写作思路也很清晰。但语言表达存在不少问题,进而影响作文质量。请同学们认真阅读并修改。

你是我的阳光

看到阳光你能想到什么呢？太阳小鸟，但让我感到快乐的阳光可能就是我弟了，为什么说到我弟呢？曾经有一次有段时间我对于学习有一种消极的思想，看到学习就十分烦躁，但因为我弟又让我感受到了学习的无限魅力。

还记得有一次我放学回家，还是像往常一样，背着沉重的大书包，迈着慵懒的步伐走进了我的房间，当然不出你所料，我肯定不会立马拿出作业写起来，只是坐在那玩手机，正当我玩得开心的时候一声咚打断了我，我只好无奈的说，请进。他们谁也没想到是我上幼儿园的弟弟，他拿着一盘水果对我说，姐姐，快点写作业吧，写完作业再玩，我立马不耐烦的说赶紧出去，没看见我正在忙吗？我转身一看她眼泪不知不觉的在那个水灵灵的大眼睛里来回的滚动，谁知道眼睛都还没擦干，就立马露出了一个勉强的微笑，因为我知道他只要稍微你的语气稍微有些生气，烦躁，他都会哭，但他也同时知道，我也是最烦小孩子哭的，所以他没让我察觉出来。那个微笑可能没有那么真诚，那个微笑可能没有那么可爱，但是那个勉强的微笑让我感受到了阳光。

往后，我回来晚了，桌上始终有一盘变化多样的水果和小纸条，在上面写了简单的字，却从来没有变过，那一句简单的话，姐姐写完作业再玩，可能包含了全家给予我的希望，他就像那独一无二的太阳，让我分外温暖阳光，此后我每天都答应我和弟弟一起和他先完成作业，

再和他玩，就这样简单的我们共同进步共同成长。那一句简单的话让我感到无比的温暖，每月每天从不间断毫不夸张的讲，那一张张小纸条都有一本书厚，当然他不只是我的阳光，它也是我们全家的阳光，它总有说不尽的可爱，说不尽的乐趣。我的阳光让我重新体会到了学习的乐趣，让我有了一个翻天覆地的变化，让我感受到了温暖。你永远都是我和我们全家最灿烂的最温暖的那一缕阳光。

九、剖析课文,全面了解经典记叙文构成要素

(一) 和老师一起赏析美文

臧克家先生的《说和做》,是一篇特别富有写作借鉴作用的记叙文。现在,我们以此为范例,参照记叙文写作的基本章法,逐段欣赏。

说和做

臧克家

1."人家说了再做,我是做了再说。"

2."人家说了也不一定做,我是做了也不一定说。"

(第1、2段,引用主人公极富个性特征的原话开篇。紧扣题目,引起下文并统摄全文。行文简洁。)

3.作为学者和诗人的闻一多先生,在30年代国立青岛大学的两年时间,我对他是有着深刻印象的。那时候,他已经诗兴不作而研究志趣正浓。他正向古代典籍钻探,有如向地壳寻求宝藏。仰之弥高,越高,攀得越起劲;钻之弥坚,越坚,钻得越锲而不舍。他想吃尽,消化尽我们中华民族几千年来的文化史,炯炯目光,一直远射到有史以前。他要给我们衰微的民族,开一剂救济的文化药方。1930年到1932年,"望闻问切"也还只是在"望"的初级阶段。他从唐诗下手,目不窥园,足不下楼,兀兀穷年,沥尽心血。杜甫晚年,疏懒得"一月不梳头"。闻先生也总是头发零乱,他是无暇及此的。饭,几乎忘记了吃,他贪的是精神食粮;夜间睡得很少,为了研究,他惜寸阴、分阴。深宵灯火是他的伴侣,因它大开光明之路,"漂白了四壁"。

(第3段,复杂段落。从学者角度讴歌闻一多。特色有五。一是内容充实:作者集中笔墨,叙述闻一多先生锲而不舍地研究古代典籍的超常热情、专注和勤奋。二是层次清晰:先总说、后分说,总说其追求,分说其做事。从头发凌乱、书房众物腾怨、"废寝"和"忘食"四方面表现其勇于钻探的行为。三是语言简洁优美,极富感染力。四

是夹叙夹议。五是思维严谨，紧承上文。）

4. 不动不响，无声无闻。一个又一个大的四方竹纸本子，写满了密密麻麻的小楷，如群蚁排衙。几年苦历，凝结而成《唐诗杂论》的硕果。

（思路严谨，叙事完备。上一段概述闻一多先生如何锲而不舍地超常勤奋，这一段列举先生具体的丰硕成果。）

5. 他并没有先"说"，但他"做"了。作出了卓越的成绩。"做"了，他自己也没有"说"。他又由唐诗转到楚辞。十年艰辛，一部"校补"赫然而出。别人在赞美，在惊叹，而闻一多先生个人呢，也没有"说"。他又向"古典新义"迈进了。他潜心贯注，心会神凝，成了"何妨一下楼"的主人。

（第5段紧扣题目和开头，继续彰显本文主题，突出先生特立独行的君子风范：作为学者，他不"说"，只是"做"，做得卓越，做得精彩纷呈。语言凝练。）

6. 做了再说，做了不说，这仅是闻一多先生的一个方面，——作为学者的方面。

（第6段既总结上文——学者风范，又极自然地引起下文。写作思路无懈可击。）

7. 闻一多先生还有另外一个方面，——作为革命家的方面。

（典型的承上启下——从学者转向革命家。）

8. 这个方面，情况就迥乎不同，而且一反既往了。

（语言高度凝练，连用两个成语，再次为闻一多以革命家身份出现作铺垫。）

9. 作为争取民主的战士，青年运动的领导人，闻一多先生"说"了。起先，小声说，只有昆明的青年听得到；后来，声音越来越大，他向全国人民呼喊，叫人民起来，反对独裁，争取民主！

（讴歌具有特殊意义的"说"。"说"得不同凡响，"说"得声震华夏，"说"得惊天动地！）

10. 他在给我的信上说："此身别无长处，既然有一颗心，有一张嘴，讲话定要讲个痛快！"

（继续紧扣主题。引用先生原话，表现其赤子之心、炽热之情。）

11. 他"说"了，跟着的是"做"。这不再是"做了再说"或"做了也不一定说"了。现在，他"说"了就"做"。言论与行动完全一致，这是人格的写照，而且是以生命作为代价的。

（由"说"而"做"——以宝贵生命为代价的、可以彪炳史册的"说"和"做"。）

12. 1944年10月12日，他给了我一封信，最后一行说："另函寄上油印物两张，代表我最近的工作之一，请传观。"

（"最近的工作"——恐怖弥漫。先生仍在"做"！惊天地泣鬼神！）

13. 这是为争取民主，反对独裁，他起稿的一张政治传单！

（推出"做"的特写镜头：政治传单。争取民主，反对独裁，大义凛然！）

14. 在李公朴同志被害之后，警报迭起，形势紧张，明知凶多吉少，而闻先生大无畏地在群众大会上，大骂特务，慷慨淋漓，并指着这群败类说："你们站出来！你们站出来！"

（面对险恶，面向屠刀，毫无畏惧——为明天而说！为光明而说！）

15. 他"说"了。说得真痛快，动人心，鼓壮志，气冲斗牛，声震天地！

（紧扣关键词，议论与抒情并举。酣畅淋漓，痛快淋漓，感人肺腑！）

16. 他"说"了："我们要准备像李先生一样，前脚跨出大门，后脚就不准备再跨进大门。"！

（"说"得义无反顾视死如归，"说"得赴汤蹈火在所不辞。这一声"说"，响彻神州，声震寰宇！）

17. 他"做"了，在情况紧急的生死关头，他走到游行示威队伍的前头，昂首挺胸，长须飘飘。他终于以宝贵的生命，实证了他的"言"和"行"。

(他"做"了!"做"得气贯长虹,"做"得让历史老人也荡气回肠!)

18. 闻一多先生,是卓越的学者,热情澎湃的优秀诗人,大勇的革命烈士。

(行文趋于平缓,感情趋于温和。始终紧扣全文关键词,高度概括地赞美先生双重伟大。)

19. 他,是口的巨人。他,是行的高标。

(回应全文。言简意赅,戛然而止。卒章显志,读者也不禁掩卷沉思。)

> **总评**:《说和做》几乎具备了老师所讲到的经典记叙文必备的一切要素。比如,我一直强调,与文章题目、文章主题相关的关键词必须贯穿全文始终,这种"贯穿",不是硬塞进去的,而是作者严谨写作思维的必然,甚至是下意识流露。本文的"说"和"做"这两个关键词,就是这篇文章的灵魂。文章写到哪里,关键词就走到哪里。
>
> 本材料共收录四篇完整的文章:《荷叶·母亲》《记梁任公先生的一次演讲》《说和做》《紫藤萝瀑布》。希望同学们反复阅读,直至背诵,从中深入体会文章特色,从而化为自己的能力。

(二)独立欣赏美文

现在,请参考老师点评《说和做的文字》,独立欣赏《紫藤萝瀑布》(宗璞)。

要求:

(1)逐段欣赏;

(2)在横线上写下自己的认识、体会;

(3)最后写出总评。

"后写作修炼"行动:学会对作文进行自我诊断。

到这里,同学们应该基本明白一篇合格的记叙文是什么模样的了。

为检测同学们对自己作文的自我判断力，为完成老师在第一部分讲到的"后写作修炼"，老师设计了一份"作文自我修炼诊断书"。

请注意，这是"自我诊断""自我修炼"。你的自觉行动非常关键！你会觉得自我诊断很难做，没时间。

学会自我诊断，是有效提升作文能力的好方法。因为——自我发现，自我反思，自我修炼，最能促进自我成长。

中学生作文自我诊断与提升工具书

同学：

你好！

本工具书分三部分。第一部分是作文自我诊断与提升，由同学们自己完成。第二部分是附件，由老师完成。附件一是中学生习作诊断与欣赏，含一类文和二类文。附件二是教材文本欣赏：一是经典开头和结尾；二是主体内容。第三部分是文章整体。附件主要为同学们提供示范，即怎样对自己的作文进行自我诊断，怎样欣赏教材经典文本，从而让教材经典文本成为自己的写作借鉴——好作文就应该具备这等模样。

这份自我诊断工具书具备多重价值：一是消除你写作的随意和盲目；二是告诉你怎样才能写出一篇好作文；三是让你知道一篇好作文的评价标准是什么，有多少；四是根据本工具书，或许你能"勇敢转身"——检测老师对你作文的评价和赋分是否合理。君若不信，或可一试。

好作文不只是写出来的，更是你在老师的引领下认真改出来的。你要知道，自我诊断是发现问题，自我修改是解决问题，二者同属重要的写作能力，它会让你终身受益！所以，务请你根据以下要求使用本工具书。

（1）使用最佳时间：老师批改并讲评后。

（2）必须根据自己的作文原文，由局部（一段一段地）到整体，逐段、逐层诊断。

（3）文中的a、b、c是三个等次。请根据你自己的理性诊断，自主判断并在相应栏目位置标明等次。

（4）诊断完毕，请填写各项评价指标等次的数量（共32项）。诊断结果：

a项____个；b项____个；c项____个。如果c项超过二分之一，本次作文必须重写；如未超二分之一，则须进行相应内容的局部修改。

（5）每学期须完成2~3个自我诊断训练，这必将对提升你的作文水平大有裨益！

（6）作文满分40分，37分（含37分）以上者可不做诊断，以此类推。但须知扣分之因。

同学：做好这事，辛苦，费时，但超级有用。希望你做，坚信你能做好！

序号	评价项目、标准与等次自我判断
一	老师给定的作文材料或作文题目：
二	1. 提炼并诊断自己审定的材料主旨。 诊断标准：切合材料主旨，不跑题。表达清晰，不含混。 材料主旨：_____ 自我诊断等次：_____ 2. 诊断自己审定的题目关键词。 诊断标准：准确。 关键词：_____ 自我诊断等次：_____
三	诊断自己的作文命题。 诊断标准：观点鲜明，切合材料主题，语言简洁明快。 题目：_____ 自我诊断等次：_____

续表

序号	评价项目、标准与等次自我判断	
四	请用简洁、准确的语言提炼各段核心信息。 说明：如段落较多，请自行分为若干部分，再提炼各部分信息。 第一段：_____ 第二段：_____ 第三段：_____ 第四段：_____ 第五段：_____ 第六段：_____ 第七段：_____ 第八段：_____	
五	请根据上面提炼的段落主要信息，对各段进行自我诊断。 诊断目的： 高度强化"段落写作"意识。只有写好每个段落，才能写好一篇文章！	第一段： 1. 紧扣题目。自我诊断等次：_____ 2. 能引起下文。自我诊断等次：_____ 3. 语言简洁。自我诊断等次：_____
		第二段：内容充实；承上启下。 自我诊断等次：_____
		请继续对其他段落进行诊断评价。诊断标准： 1. 内容充实，言之有物； 2. 紧扣作文主题，或紧扣作文题目关键词； 3. 段与段之间联系紧密。 务请根据以上 3 条标准分别写出等次。认真！耐心！
		第三段自我诊断等次：1. _____； 2. _____； 3. _____； 第四段自我诊断等次：1. _____； 2. _____； 3. _____； 第五段自我诊断等次：1. _____； 2. _____； 3. _____； 第六段自我诊断等次：1. _____； 2. _____； 3. _____； 第七段自我诊断等次：1. _____； 2. _____； 3. _____； 第八段自我诊断等次：1. _____； 2. _____； 3. _____

续表

序号		评价项目、标准与等次自我判断
五	请根据上面提炼的段落主要信息，对各段进行自我诊断。 诊断目的： 高度强化"段落写作"意识。只有写好每个段落，才能写好一篇文章！	结尾： 1. 语言简洁。自我诊断等次：_____ 2. 呼应主题。自我诊断等次：_____ 3. 收拢全文。自我诊断等次：_____ 4. 照应开头。自我诊断等次：_____
六	本次作文若写成议论文，请按右侧标准自我诊断	1. 观点：紧扣材料主题或题目关键词。 自我诊断等次：_____
		2. 观点语言表述：旗帜鲜明，简洁明了。 自我诊断等次：_____
		3. 论据四标准： （1）简洁。自我诊断等次：_____ （2）经典。自我诊断等次：_____ （3）扣题。自我诊断等次：_____ （4）新颖。自我诊断等次：_____
		4. 论证二标准： （1）紧扣论点。自我诊断等次：_____ （2）深刻独到。自我诊断等次：_____
		5. 语言表达：准确、深刻、严谨。 自我诊断等次：_____
七	本次作文若写成记叙文，请按右侧标准自我分析	1. 作文主题：切题，健康，鲜明。 自我诊断等次：_____
		2. 作文主体内容：事件（人物）占据全文中心。 自我诊断等次：_____
		3. 选材：切合作文材料主题，或切合作文题目；材料新颖，富有时代气息。 自我诊断等次：_____

续表

序号	评价项目、标准与等次自我判断	
七	本次作文若写成记叙文，请按右侧标准自我分析	4. 情节：生动，富有曲折性。 自我诊断等次：_____
		5. 描写（肖像、动作、心理、语言、场面、环境等）：能打动人心；符合场景或人物身份；紧扣作文主题。 自我诊断等次：_____
		6. 语言：准确流畅，富有感染力。 自我诊断等次：_____
八	请写出贯穿全文始终的关键词或关键句：_____	
九	自我发现精彩——请找出本次作文中自己认定的精彩段落或句子	自己最欣赏的段落。请标出段落序号：_____ 请阐述理由：_____
		自己最欣赏的句子。请摘抄原句：_____ 请阐述理由：_____

（三）老师作文修改范例

作文题目：你是我的阳光

请从生活中的人、书中的人或书等角度着眼，写一篇不少于 700 字的记叙文。

修改说明：

（1）括号里的是原文，表示删除。

（2）黑体字是老师修改的文字。

（3）老师修改范围：①语言，或重写，或删除；②内容，或增加，或删除；③结构，或重新分段，或删除段落；④标点符号。

（4）同学真实姓名改为化名。

请同学们认真比较老师修改和原文的区别，并就老师每一处修改提出意见。

老师为什么要这样改？改得好，好在哪里？改得不好，怎样改才好？

你是我的阳光

你的身边是否有这样一个人，不管你身在何处，哪怕远隔万里，（都会跨越深海去找你，你的到来让我又一次有了阳光、期待、希望！）他都像一束阳光伴随着你，照耀着你，温暖你的心房，照亮你前行的路。

（记得在）3年前，我是一个平平淡淡，毫无特长，学习也一般的女孩子，因为你的到来，因为你春阳般的暖心和点亮，才让我有了（坚持）认真学习、坚持不懈的动力（，）。（那个）你，就是现在我身边的（——）程涵。

小学四年级，你作为转校生来到和平小学（，）。当时的你很内向，我也很内向，后来（还是你主动来找我，我也去找你，就这样），一来二往，我们（之间）成了无话不谈的好朋友。我的数学成绩很差，你的数学（成绩却很好）水平却足以成吾师矣！或许因为成绩悬殊，这让我感觉到我们之间（一直）有一张打不开的网（，）。没想到，细心的你仿佛觉察到了。你（知道后）竟然主动来帮我……你的（到来就好似一束光，照在了我那早已被雨水洗礼的心上。）数学天赋化作一束温暖的光，瞬间融化了我数学的冰点。

（你说）你鼓励的话语和方法像一束光："我们一起来看一下这道题，解方程的题其实很简单，只要你把这个类型的题多做几遍，就会掌握其中的规律，你就一定会成功，我相信你！！！"我的内心洒满了阳光："好，加油，我一定会学好数学，$x = 3 + 7$，$x = 10$……$x = 5/1$，$x = 5\cdots x = 3 + 9$，$x = 12$"（，）。就这样，日复一日，经历了大约七七四十九天，我终于把这令我头痛的数学搞明白啦。

（此处要分段！）

但是，我的口算能力也比较差。（又怎样才能学好呢？哎！看来我学不好数学。）一天，你又找到我，又是一段暖如朝阳、只有好闺蜜才会有的鼓励和指点："加油啊，我的好姊妹！不要放弃，每天做上50道口算，天天练就好啦，你要知道成功最大的敌人就是自己，战胜困难的最好办法就是（面对）直面困难，藐视困难，最终战胜困难！加油！"（我听着）这一句一句鼓励的话落在耳边，暖在心间。（心头上，）我呢，也暗暗给自己打气（,）——放心哦，我一定不会令你失望，就当是为了你……

（此处需分段！）

（过了）几天后，我们迎来一次小测验（,）。但（是我还是很紧张，因为）我还是十分害怕！（看着试卷发下来，）我小心（的）读着题，生怕哪一道题，哪一个字、哪一个标点符号被我读错（,）；口算题、计算题、应用题、选择题，我都用你教我的方法（一点一点）一步一步去完成（它），我觉得这一次考试（哪怕不是为了我，我也一定要把它考好。）不是为了我，而是为了你暖阳般的一颗心！

成绩下来了，我的分数上升了不少（,）。更让我惊奇的是，我的计算题一道也没错，我的心里简直就是春风万里、阳光普照、春光明媚、霞光万丈啊！（真的是太开心啦！）

（和你玩其实更让我勇于表达自己，）程涵，你这心灵的阳光，你不但让我成绩提升，还让我广交朋友，让我朋友成群。（所以现在我的朋友成群，但你永远在第一位，现在我原来母校里面的人都认识我，大到已经毕业的，小到刚刚入学的。）受你的影响，我也会把我身边的朋友介绍给你，让我的朋友也沐浴你的阳光，分享你的明媚，滋润你的温馨，让我的朋友也和我、和你一起快乐成长。（因为你实在太重要了，是你让我变成了现在的我，谢谢你。）

（这一段可以不要。）（每个人身边都会有一个人，她会包容你，不管你做什么她都会留住你的小孩子气，每个人身边都有一束光，但你一定要选对颜色，因为这样，她一定会是你生命中最重要的人。）

谢谢你，我的好闺蜜程涵！（,）你（就）永远是我身边的一束光（,）。你让我烦恼的冰碴、忧伤的冰点、学习的冰块几乎消融殆尽。（带走我的烦恼、忧伤，陪着我一起长大，）你陪我一起哭，一起笑，一起闹，一起走向长大，走向进步，走向成熟。我多么希望，我的每一个小伙伴身边都有像你——程涵一样的阳光普照，共同走向璀璨的明天！（陪着我打打闹闹。希望你们身边也有这样一束光,就算吵起来也不用道歉的那种;就算自己说她,也不会让别人说她一句不好的那种;就算自己对她怎么生气,但是只要看到她和别人在一起玩,也一定会吃醋的那种;就算心情不好也不会和她发火的那种;就算她再怎么天真孩子气,也会宠着她的那种)。

你是我的阳光

说明:这是作者根据老师意见修改后的佳作。

(1) 全文写实,难能可贵。写作启示:生活中不是缺少美,而是缺少发现。

(2) 紧扣中心,不蔓不枝。全文从不同角度取材,但始终紧扣"阳光"二字。

认真读一遍,思考并动笔:

(1) 本文还有哪些值得肯定之处。

(2) 还有哪些你认为应该修改的地方(含标点符号的使用),请加以修改。

(3) 老师修改开头,请同学们继续修改下文。

阳光,是一种很神奇的事物,她明亮、纯洁、温暖,它具有很强的感染力,可以照亮你心房每一个阴暗的角落,让你变得积极向上;它具有很强的影响力,可以改变你的思想,让你充满正能量;它具有很高的温度,使你在寒冷的地方也倍感温暖。在大自然中,她,滋养万物生长,在我心中,她,让我健康成长。有这么一个人,她浑身散发着阳光的温暖和力量,她就是我的阳光。

第一段紧扣中心,很好;使用分号,思维严谨。但一是略显冗长;二是人称使用不妥;三是遣词造句偶有不当。

可作如下修改:

阳光,是一种很神奇的事物,它明亮、纯洁、温暖(,)。它具有很强的(感染力)穿透力,可以照亮(你)人心房的每一个(阴暗的)角落,包括所谓"心理死角",让(你)人变得积极向上;它具有很强的影响力,可以改变（你）人的思想，让（你）人充满正能量；它具有很（高）宜人的温度，使（你）人在寒冷的地方也倍感温暖。在大自然中，（她，）阳光滋养万物生长（，）；在我心中，阳光散发着温暖和力量，沐浴我成长。

我心中的阳光，就是你，我的好闺蜜王玉玲。（她，让我健康成长。有这么一个人，她浑身散发着阳光的温暖和力量，她就是我的阳光。）

王玉玲，你，就是我的阳光，你一直都在我的身旁，照亮我前方的路，还会搀扶着我，陪伴着我走过崎岖、陡峭的道路，让我们共同成长。

还记得小学四年级的那个冬天，我转学来到这里，在新的班级里一切都是新的、都是陌生的，我一个朋友都没有，看着陌生的环境，陌生的同学，陌生的老师，我觉得空气都变得稀薄，呼吸都变得困难，陌生的压力让我浑身冒冷汗。此时多么希望能有一缕阳光照在我的身上，温暖我孤独恐惧的心。做梦一样，课间是你带着你的朋友，带着你的温暖围在我身旁，来问候我，陪伴我，关心我，让我缓解了初来乍到的恐惧，并飞快适应了新环境，融入这个新集体。你就是照进我生命里的那一缕阳光，让我孤独恐惧的时候倍感温暖。

时间真的是好东西，后来我们成了无话不说的好闺蜜，干什么都要一起行动，就连放学了你都不要妈妈来接，要陪我一起走回家，争取多一点在一起的时间，或者就让妈妈同时接我俩一起回家，因为同住在一个小区，所以我俩真的成为形影不离的好朋友。

其实我原来是一个比较内向的乖乖女，腼腆怕生胆小不爱说话，甚至上课回答问题都会脸红的那种女孩，四年级了竟然不敢下楼去超市买零食，不敢单独去广场跟同学玩，放学路上遇见狗我就不敢回家了。可是遇见你以后，我完全变了，就好像你用意念把心中勇敢、开朗、落落大方的阳光传给了我一样，立刻让我心中变得敞亮并充满了力量。我不在胆小怕生，我也学着你开始主动给别人打招呼，我也学着你主动关心帮助别人，我也学着你敢站出来当众讲话，因为你作为全校主持人的风采实在让我羡慕。在你的带动下，我变得积极勇敢，我还结识了很多新朋友，我觉得我心中的阳光更多了，我的心更宽了，我的视野更亮了。

你就像我的指路明灯，使我的路无死角的明亮。我的学习成绩总体还行，但是数学是我的短板，每每回忆起那些个周末我自己都会被感动，因为转学后数学教材出版社不一样，教学进度也不一样，老师讲的内容我跟不上听不懂，我很着急！是你每个周末从不缺席坚持来我家给我补习，陪我一起做作业，还给我推荐学习资料。后来我才知道你周末也是要上很多课外班的，你来陪我的时间都是你挤出来的！5+3练习册还记得吗？英语大猫分级阅读还记得吗？都是你推荐给我的呢！昨天，就是昨天的排球测试，本来你已经满分了，你可以去做自己喜欢的运动啦，可是你放弃了自己玩耍的时间，来教我技巧，给我做陪练，给我鼓励。"既然是好闺蜜就要同进退，怎会丢下你，一起加油练"。一句话似乎给了我无穷的力量，让我立刻感觉身轻如燕。"两腿弯曲半蹲、快跑移动、双手用力垫球、10个、20个……50个，再来一遍"！终于老师公布动作标准，数量达标。尖叫拥抱庆祝的那一刻，我发现你汗水浸满额头，汗水湿透衣襟，声音沙哑，此时汗水泪水一起淌下来，流到嘴里咸咸的，脸上却洋溢着幸福的笑容。我成功的身后永远有个你，你就是我心中的力量，你就是我的阳光。

你是我的阳光，我的心房无比明亮。你会在我开心的时候跟我一起笑；你会在我伤心的时候陪我一起哭；你会在我被同学欺负的时候替我去出气；你会在寒冷的冬天出去给我买好吃的；你会在我感到独孤的时候来陪我，你还会在我不讲理的时候狠狠地批评我……

都说，人生得一知己足以。我非常地知足以及幸运能交到你这位朋友，你是阳光，无处不在，使我感到生活的美好，生命里感谢有你，感谢你照进我的心房，感谢你这缕阳光让我健康成长。

本文系人民教育出版社课程教材研究所"十四五"课题"聚焦核心素养的生态·智慧课堂实践研究（KC2021—001）"的研究成果。

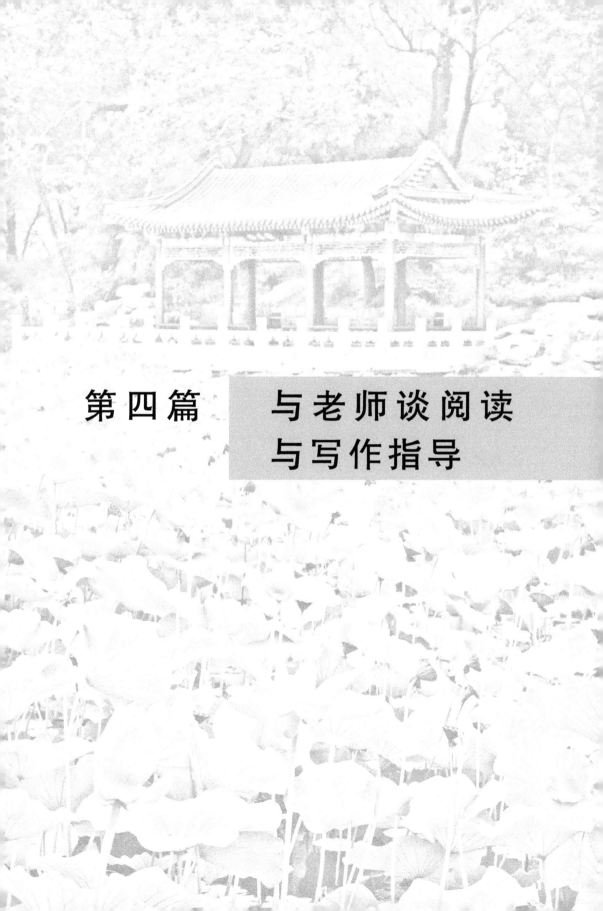

第四篇　与老师谈阅读与写作指导

涓涓清流润幼林

阅读：挑动学生思想的灵光

在沉淀了百余年历史沧桑的圆明园之中，在依然清澈见底游鱼嬉戏的福海旁边，坐落着一所具有光荣革命传统的历史名校——北京一零一中学。

背倚圆明园，西靠颐和园，东接清华，南邻北大，如此独特的地理优势让一零一在年逾甲子的历程中更增添了许多人文魅力。"百尺竿头，更进一步"，一零一得以借此独特的人文魅力诠释着教育的本质与内涵。

阅读，便成为一零一人接通历史与现代，国外与国内，社会与校园的一条无形的桥梁与纽带，也成为一零一人生命中极其重要的一部分。一零一人也因此更为快乐地在这片热土上工作、学习、创造。

德国海登堡有一条举世瞩目的"哲学家小径"，历史哲学家歌德、黑格尔、韦伯、海德格尔……都曾经在这条小路上徜徉。在一零一美丽的校园与外界之间，也有一条路，只是比"哲学家小径"更为笔直，更为宽广。从这条路上，走出了一批批政治家、军事家、艺术家和专家、学者。他们在一零一的阅读引领中成就了自己辉煌，实现了对国家和社会的庄严承诺。

一代又一代一零一人在阅读中读出了"文化兴邦，科技兴国"。

一代又一代人传承着一零一的文化阅读。

现任校长、北京市政协委员郭涵儒雅严谨，她本人毕业于一零一中学，就读期间即养成了阅读的良好习惯。而今，在繁忙的工作之余，她仍然不改每周跑一次图书馆的"嗜好"，不断充实着自己，更引领着一零一人的阅读。美国著名企业家杰克·韦尔奇的《赢》，美国托马斯·弗里曼的《世界是平的》，李开复的《与未来同行》、期刊《企业家》等这些非教育类书籍让校长能够站在更高更广阔的视角审视教育，并得以在应试教育的大背景中开创出自己的特色，为学生在繁忙的学习之余开辟一片心灵的净土，让他们与经典对话。

于是，在鸟语花香的园林式校园中，在曲径通幽的小径上，在风起涟漪的小湖旁，在古朴典雅的凉亭下，总有学子沉浸于阅读的情境之中。

在校长的影响下，语文老师们精心引领学生的阅读。

"名流导读，与思想对话。"谷歌公司全球副总裁、中国区总裁李开复博士来了，带着他对于世界高科技的前卫性解读，带着对读书的感悟与思考。他的少年阅读经历深深地吸引着心怀钦佩的同学们，他对自己的著作《做最好的自己》《与未来同行》《一网情深》的心得体会，让师生们仿佛看到了一个成功人士背后强烈的积极乐观心态与全球化视野。苏州市副市长、苏州大学教授朱永新老师来了，带着对炎黄子孙拳拳的劝读之心，带着设立"国家读书节"的宏伟心愿，带着华夏儿女与犹太民族和俄罗斯民族巨大阅读差距的忧虑，让师生们感悟到读书"不仅为己，更要为天下"的高远心志。著名作家余华来了，带着纯净细密的叙述，打破日常的语言秩序，带着一个自足的话语系统，并且以此为基点，为学生们建构起一个又一个奇异、怪诞、隐秘、残忍的独立于外部的和真实的文本世界，引领学生走入了文学的真实殿堂，在其中享受着高于生活的艺术真实与文学趣味……你会不会也沉浸于与思想的交汇之中了？

"经典阅读，与大师为伍。"初一高一开学了，他们的"经典阅读"也就开张了。老师们凭借着多年积淀下来的经典书目，引领学生开始了独特的经典之旅。古典的四大名著中的精彩章回，现代的鲁郭茅巴老曹；注重文学的余光中毕淑敏张晓风，关注文化的冯骥才余秋雨，关注哲学的尼采罗素周国平，关注生命思考的史铁生……无不是他们涉猎的范围。在老师们的引领下，同学们亲近大师，走进经典。

"快餐阅读,与时代同步。"老师们的阅读同样精彩,在每周的阅读涉猎中,老师们逐渐强化自身的思想性、时代性和文学性,从优秀报刊上每周精选出五千字文质兼美的时文,引领学生阅读并感悟。阅读趣味相投的同学在老师们的熏陶下自由结合成小组,仿效老师们的形式,制作成各种不同主题的板块,不断为大家带来阅读上的惊喜。让学生与时代同呼吸,充满生活的源头活水,是一零一为师者的使命。

"诗文诵读,与文学为友。"近几年来,每年秋学期开学初,高中都要举办一次全年级参与的大型诗歌朗诵会——"古韵金声"诵诗会。语文老师列出一百多首经典古诗词,提前一学期布置,要求学生倒背如流,然后在"古韵金声"诵诗会上一决高低,激发出学生们的诵读热情。语文组才气四溢的老师们的一副对联揭示了诗文诵读的内涵——"古诗振长歌风骚千载流佳韵,金秋漫才情江山万里诵书声"。初一的老师们同样创意无限,他们每年在金色的五月举办"韵雅诗香少年狂"赛诗会,"品尽韵雅情犹在,吟罢诗香意未除"。师生们或沉醉于低眉吟唱之中,或流连于高声诵读之间。

"读写日志,写短小感悟。"每周的读写日志在与父母的交流中完成对读书的积淀,思想的游动在笔尖上得到升华。每次百余字的短小感悟是同学们对读书对人生的思考,不断闪现出智慧的火花,形成一条思维的长龙,游走于方块字之间。再辅以老师的精辟点评,两者相得益彰。然后再装订成册,传阅于同学之间,实质为作者、学生、老师三者在同一篇(部)作品下的心灵对话。

"文学刊物,《采薇》《一步》。"读书之乐,需以书为媒;创作之乐,需小试牛刀。在学生自发组织下开创的两道文学风景《采薇》《一步》,如今已成为学生走向文学创作殿堂的操练场。读与写已经形成一对正在共舞的伙伴。

"'万卷'竞赛,各取所爱。"读书破万卷,卷卷有真义。学生们根据自己的读书兴趣和深度,提炼出若干问题,所有的同学把甄别后的问题汇集在一起形成一个巨大的"题库",再根据自身的阅读情况加以选题,进行初步层次的阅读检验,并把自己的读书思考与疑惑书写成书评与他人共享,评选出年度阅读人物。

在今日一零一中,读书的潮流仍在不停地涌动着。

一零一人以他们对书的挚爱,对读书的独特理解,不断地丰富自己,净化自己,开阔胸怀,提升境界。

正如海登堡的"哲学家小径",一零一连通外界的小路也同样在孕育着新生的思想者,他们必将走向世界。

书香墨香:持续浸润学生的精神世界

阅读,是人生历程中重要的一项内容。而初中阶段是形成终生阅读习惯的黄金阶段。

我在推动学生阅读方面做了很多自己认为切实可行而且行之有效的努力,让本已美丽如画的校园始终充满着书香墨香,为学生的人生发展打下心灵的底子,并构建着他们的精神骨架。

一、依托课本,寻找突破,在写作中推进有趣的深入阅读

课文无非是个例子,如果单纯学习课文就不可避免会出现两种奇怪的倾向,一是直接奔应试,二是极有可能将课文讲解得索然无味或者支离破碎。这无疑会戕害学生学习语文的积极性,使学生对课文反感,对语文课反感。因此,我们语文老师充分发挥聪明才智,将课文的延展功能发展到极致,不仅将阅读延展到更广的天地,更是将学生吸引到写作之中,以写作再次作用于课文学习,使课文学习走向有趣和深入,将课文学习无意中引向课外阅读。

(一)同体仿写

即"旧瓶装新酒",依照学过的课文的格式,仿写一篇不同题材的文章。通过这种办法让学生深入理解课文内在的文脉。

比如,最简单的,仿照刘禹锡的《陋室铭》,让学生写《××铭》,学生笔下就有了:

江湖铭

江不在长,功高则名。湖不在广,水净则清。斯是江湖,惟君独行。刀剑如电闪,拳掌若雷惊。谈笑有剑客,往来无白丁。可以登华山,访少林。无司法之乱耳,无政务之劳形。浙东桃花岛,汉中丝竹亭。金庸云:"为国为民。"

比如:仿照朱自清的《春》就有了:

进景区买票排长队是最寻常的,一等就是几小时,可别恼。看,这队像长龙,像火车,像巨蟒,紧紧地连在一起。排队的人身上全被挤出了汗。天气却是秋高气爽,只是风中夹杂着些许的凉意。那售票处里的售票员,却是极悠闲的,品着茶,聊着天。他们的小屋,在这人声鼎沸中静默着。栈桥上,大海边,有举着相机慢慢散步的人,海里还有不怕冷游泳的人。他们的身影,稀稀疏疏的,在茫茫的大海里浮呀浮的。

(二)歌词体仿写

即"新瓶装旧酒",将学过的古诗文改编成某首现代歌曲的形式。通过这种形式让学生理解课文的内涵。

比如,将陆游的《卜算子·咏梅》改编成某首现代流行歌曲的形式,于是就有了:

咏 梅
——仿周杰伦的《菊花台》而作

桥,已残断,驿外影阑珊,
凛风暗香幽然,空将月伴。
雨,莫须有,点点透花瓣,
叹落魄夕阳下,斜伫无人盼。
风雨已乱,徒哀布衣衫,
枝杈难掩愁绪,孤寂怎堪?

冰河雪畔，无意惹蜂穿。

料峭未退，暗香先遣，

群芳妒，众生讽，何苦徒劳辩千万？

风云似浪卷，任凭云覆云翻，

零入土，沉作泥，车轮辗转魂销然，

千里万里寒梅已故，香染。

比如，将屈原的《离骚》改编成某首流行歌曲的形式，于是就有了：

掩面　悲泣　仰首　叹息　不只是冷寂

我悲恸于遍地残破布衣

偏偏用不染纤尘的标准　约束自己

无奈　曙光下的奏章　那堪夕阳笼罩的失意

只因　系于衣带的薰草香气

和采撷白芷的旖旎

心之所向的无尘之地　若

九死未达　也无悔改契机

……

当然，我这样让学生改写十几年后的今天，中央电视台出现了《经典咏流传》。《经典咏流传》是为了传播经典，而我们为了推进对文本的深入阅读。

（三）四言改七言形式

即将四言诗改变为七言诗，通过这个形式，我让学生把枯燥的文本转换为有趣的方式，以写促读。

比如：将《诗经·氓》的四言形式改为七言形式，于是就有了：

风华正茂性忠厚，怀揽素帛易锦丝。

醉翁之意不在酒，实将婚事与我谋。

送子涉淇情难断，至于顿丘离别难。

怨期并非我心愿，只待媒人红线牵。

情郎莫要生仇怨，凤冠霞帔秋归还。

乘彼垝垣望眼穿，唯待君子将身现。

白衣隐没泣涕零，情郎初现笑莞尔。

（四）以其他各种方式为突破口

我根据课文和学生的兴趣点进行更多的有效尝试。比如我们的老师在讲完《木兰诗》留作业：

木兰女扮男装替父从军的故事家喻户晓。读完《木兰诗》，我们更是对木兰充满钦佩。恢复女儿身的木兰也一定赢得了许许多多各行各业男生的爱慕与追求。请你以一个爱慕者的身份给木兰写一封情书。要求：

（1）口吻：男生身份，职业不限，但职业确定；

（2）内容：一定要充分依据《木兰诗》所提供的信息，还可以查找资料适当展开联想和想象，充满情、思，洋溢文采；

（3）体裁：不限，也可以是情诗、情歌；

（4）书写：工整；

（5）目的：一定要赢得芳心。期待你的成功！

于是就有了：

啊，木兰

曾经在梦里

你坐在织布机旁叹息

一定是你在思考　你在回忆

内心　我知道

你已英勇从军把父替

曾经在梦里

你独自到市场寻找马匹

你我正在那里　相遇

片刻　感觉到

我的心中已经只有你

智慧突破,将一篇篇课文幻化为一个个基点,以更为新颖有趣的方式将学生的阅读引向深入。

二、学生小报,博览精选,在批注中与文本深入交流

在语文老师的倡导下,各班学生采取小组合作的方式,展开轰轰烈烈的小报编辑工作。我在高中教学时,年级各班在语文老师的带领下就摩拳擦掌编辑出来了属于自己班的小报:一班的《我闻》《吉光片羽》、二班的《欣尔》、三班的《绿》、四班的《栏目》、十班的《泼墨》等,不同班级负责的各种周报轮番登场,每周每班出一期,全年级印发使用。内容有现代诗、名人轶事、时事评论、寓言故事,篇幅也由最开始的每周一页(八开)扩展到两页,质量不断提高。同学们在剪裁、选择阅读材料之前,已经完成了深入阅读,成稿印发至全年级手中,每周大家都能收获两张精品选集,然后"密密麻麻"(统一的要求)地在上面做圈点批注,全年级同学每一两周就这样完成一次"碎片化"深入阅读之旅。

作业收上来,或者就其中一两个短篇的批注再进行深度讲评,或者张贴再进行优秀批注作品展评。此项工作从高一一直持续到高三高考结束,从不间断。初中因学生年龄小则选用高一的小报进行圈点批注,我利用完全中学的优势,初高中打通,一脉相承。

三、经典阅读,逐步引导学生与作家、思想家对话

如果说前面两个板块是随时打开学生阅读大门的话,此板块才算真正让学生迈进了神圣的经典阅读殿堂。这对于学生的阅读成长来说至关重要。此板块如果没有切实有效的引导、激励、督促措施使学生品尝到真正的阅读乐趣的话,极有可能半途而废,即使读了一些书,也根本不会在生活中留下印记,更遑论直达灵魂深处了。

(一)开学初书目推介

起始年级开学初,我一定会利用第一周的时间充分介绍读书的各

初一学生批注的高一学生的自编小报

种好处，并借机将书目推荐给学生。"一零一中初中阅读书目"都是语文老师们集体讨论确定的。初一年级就会把书目都发给学生，学生可以根据自己的兴趣选择阅读。

随着课程的推进和阅读的深入，我们随时会推荐书目之外的书籍给学生，有效解决学生的阅读饥渴。

（二）撰写"读书周志"

"读书周志"，顾名思义，每周一次的读书记录。记录基本有两个板块：一是请在本周的阅读中提出三个有价值、有意义或特别想与别人探讨的问题；二是针对阅读中一两个问题的感悟，要求字迹工整、有见地、有文采。

当然，每次讲评对学生夸赞到极致是一件幸福却又四两拨千斤的事，这是学生继续做得更好的催化剂。

"读书周志"示例

（三）推介相关话剧、电影等

和家长委员会联合，关注社会上的尤其是根据文学作品改编的话剧、电影，通过家长委员会推荐给家长和学生去观看。在看之前一定要阅读原著，看完之后再读原著，并在课上讨论异同点和各种艺术形式的优势，从而促进学生对原著的深入理解。下图为相关的话剧、电影。

相关话剧、电影

（四）寒暑假作业布置

看一眼我们的"初一年级暑假作业"，就会知道我为了推进学生的阅读是怎样想方设法了。基本上每个长假，我都始终会把阅读当作学生的第一要务，辅之以其他方式，将读书进行到底。

101中学初一年级语文寒假作业

一、推荐视频：（略）

二、推荐电影：（略）

三、推荐旅行：

1. 旅行前阅读梁衡的《晋祠》、李健吾的《雨中登泰山》、徐迟的《黄山记》、费振钟的《青石小街》、余秋雨的《阳关雪》、钟敬文的《碧云寺的秋色》、张承志的《视野的盛宴》，必读，不旅行也要必读。

2. 旅行后写两篇游记。必做。

四、推荐书籍：

1. 必读书目：《朝花夕拾》《西游记》《巴黎圣母院》《林海雪原》。（每天坚持阅读一小时）

……

（五）撰写"读书报告"

读书报告不同于"读写周志"的最重要的一点，就是学生在整体阅读一本书之后，充分查阅相关评论，对其所做的系统的整理。格式如下：

1. 内容提要：概括性地归纳书的主要内容，包括作者陈述的基本观点；

2. 心得评论：对该书的评价与思考；对其主题的看法与认识，或反驳作者的观点，或提出创造性的见解，或将本书与类似书籍做比较分析，总之要写出独特的思考和体悟；

3. 结语：提出问题，表达期望，归纳全文。

（六）统计阶段阅读书目

本来觉得这个事情可以不做，但突然做一次之后发觉，这件事情每一个学期之后必须做一次。因为学生和家长看到醒目的书籍统计一览表之后，每一次都会感到震撼。大家会了解每个人一个阶段以来都在读什么书，学习优秀的同学在读什么书，乐观开朗的同学在读什么书，助人为乐的同学在读什么书，理科学习出色的同学在读什么书……

总而言之，互相推荐，互相学习，互相促进。

学号	姓名	上学期阅读书目	寒假阅读书目	册数
		初一（12）班上学期及寒假阅读书目一览表		
1201	陈橙	平凡的世界3 契诃夫短篇小说集 俗世奇人 苏东坡传 目送 布鲁克林有棵树 亲爱的安德烈 孩子你慢慢来 解忧杂货店 麦田的守望者 人生终要有一场触及灵魂的旅行 窗边的小豆豆 认真你就赢 牧羊少年奇幻之旅 文化苦旅 穆斯林的葬礼 雨季不再来 万水千山走遍 初相见纳兰性德	我不是教你诈5 点燃一盏心灯 温柔的夜 我的宝贝 流星雨 送你一匹马	25本
1202	邓思锐	骆驼祥子 波莉安娜 史记项羽本纪 夏洛的网 论语（部分） 地心游记 汤姆索亚历险记 水浒传 名人传 会跳舞的向日葵 女生贾梅 男生贾里 三国演义（部分） 秘密花园 欧亨利短篇小说 项链	狼图腾 鲁滨逊漂流记 朝花夕拾 老人与海 哈利波特与魔法石 论语（部分）百万英镑	22本（其中有仅读了一部分的）
1203	樊思雨	撒哈拉的故事 梦里花落知多少 撒切尔夫人传 朝花夕拾 傲慢与偏见 秘密花园 送你一匹马《论语》心得 三国纪 百年孤独 时间简史 三重门	明朝那些事儿1 2 3 4 5 文化苦旅	18本
1204	葛沛然	浮生六记 瓦尔登湖 我不是教你诈（1-5）孩子你慢慢来 相约星期二 汤姆索亚历险记 安妮日记 稻草人手记 哭泣的骆驼 撒哈拉的故事 文化苦旅 巴黎圣母院 术至上 老人与海 朝花夕拾 夏日终年— 我的初三日送	巴黎圣母院 林海雪原 麦田的守望者 西游记 一个人的朝圣	21本
1205	姬可嬉	狼图腾 孩子你慢慢来 时间简史 白天鹅紫水晶 黑天鹅紫水晶 狼国女王 野犬女皇 格兰特船长的儿女 环游地球八十天 若有一天你要一个人走 中国通史故事	巴黎圣母院 平凡的世界 朝花夕拾	14本
1206	寇文轩	野菊之墓 辉夜姬物语 雪国 张晓风文集 基督山伯爵 寄小读者 朱自清文集 朝花夕拾 湖 起风了 芥川龙之介文集 童年 老人与海 女生贾梅 男生贾里 瓦尔登湖日记 汤姆索亚历险记	林海雪原 雪国 巴黎圣母院	20本
1207	李欣瑞	孩子你慢慢来 亲爱的安德烈 目送 野犬集 文化苦旅 极端之美 天龙八部 射雕英雄传 撒哈拉的故事 千myths一寸心 重温最美古诗词 朝花夕拾 悠莉宠物店 时间简史 当时只道是寻常 人生若只如初见 笑书神侠 苏东坡传	假面桃花Q 林海雪原 巴黎圣母院 国学常识 狼图腾	23本

读书一览表

是不是很震撼呢，每一个学生在读书上都不会懈怠了吧。

博尔赫斯说："经典是一个民族或几个民族长期以来决定阅读的书籍，是世世代代出于不同的理由，以先期的热情和神秘的忠诚阅读的书。"

四、对比名家，持续激发阅读欲望

几乎每个语文老师都会要求学生每周写随笔（有的叫周记），加上考试作文，学生的笔下会不断有好文章出现，这些好文章又是激发学生读书欲望的优质材料。

因为阅读感悟力强的学生在自己创作时会不经意间染上最近所读书籍或文章的色彩,恰恰通过这一点,可以激发作者对自己的阅读与写作充满更高的渴望,又可以激发其他学生对其所读书籍的阅读渴望和写出同样优秀篇章的渴望。

比如:

《新桃花源记》与陶渊明的《桃花源记》对比。

《猫虐》与鲁迅的《狂人日记》对比。

《倾听父亲的脚步》与朱自清的《背影》对比。

《她》与王国维的"治学三境界"对比。

《说"二"》与钱锺书的《说"笑"》对比。

《不一样的槐树》与贾平凹的《泉》对比。

将学生的作品与名作对比,将学生作品夸至极致,让学生充分感受到读书给他带来的乐趣和幸福感,从而形成以写促读以读促写的良性循环,给其他同学树立榜样。

五、与作家面对面,提升阅读层次和阅读境界

我们几乎每个学期都会邀请一些知名作家来到校园,或者带领学生走出校园,创造各种让学生与作家面对面的机会。作家们通过讲述自己写作的生活体验,来激发学生悉心观察和体悟生活,投入地体会作品。这种平台使学生间接体验到作家的生活体验和创作体验,从而产生更大的阅读欲望,获得更持久的体悟式阅读的习惯,促进其精神成长。

梁衡给学生讲阅读的意义和阅读的选择;西藏作家次仁罗布跟同学们聊最神圣的西藏;王蒙和学生聊"智慧的五个层次":"博闻强记""融会贯通""了悟与选择""多向思维与重组"以及"创新与创造";周国平给学生讲阅读对于人生的意义……还有舒婷、余华、毕淑敏、曹文轩、莫言……他们用自己读书写作的人生经历推动着学生们阅读事业的大发展。

六、活动课程,将阅读推向享受的层次

将文字转换形式,将静态的文本转换为鲜活的活动,推动学生阅读兴趣的再提升,让自己的厚积薄发成为精彩,让学生在享受中将读书继续推进。

(一)在交流中开阔视野——读书报告会

同学们有了充分的阅读经历后,将自己喜欢的阅读书目,以演讲的形式介绍给大家,彼此在交流中互通有无和读书的独特体验,充分享受读书盛宴。

当学生把自己喜欢的书用自己的方式表达出来时,当学生在演说中面对着同学们说出自己对书的理解时,当看到别人因为自己的介绍而去读这本书时,他们感受到来自内心的喜悦和幸福。

有时,我会邀请毕业生来讲他们在校时的读书经历,并分享他们终身读书的阅读感受,让这种交流形成良性循环。下图为读书报告会的示例。

读书报告会

（二）在文本转换中深化——精彩课本剧

这是语文老师的一个传统活动课程。

（三）在情感的河流中徜徉——新诗赏读会

这是又一个重磅形式。为了培养初中学生的语文素养，从高度上加以引领，我利用在高中教学时带领学生朗读新诗的经验，进行初中班的新诗赏读会。参照高中语文新课程标准的阐述："在诵读中感受和体验作品的意境和形象，得到精神陶冶和审美愉悦"；"重视作品阅读鉴赏的实践活动，注重对作品的个性化解读，充分激发学生的想象力和创造潜能，努力提高审美能力"。无论是何种内容的诗歌，都强调"情"字。中国古代文论向有"诗无达诂"之说，现当代诗歌更是如此。因此在现代诗歌的学习中，我们采用了"自主合作探究"的"个性化解读"方式，通过一定的引导，在大量感性材料阅读的基础上，调动学生自主查诗，自主阅读，以小组的形式合作理解、探究，个性化解读等方面的积极性，读懂、读出作者的情感或精神，读出探究者自我，读出启迪。

学生新诗赏读会后的感受最有说服力。学生说："我读了无数遍顾城的《我是一个任性的孩子》，现在读着读着就好像我是诗人了，一会儿哭一会儿笑，简直是疯了。"而在展示那天，她却把好多人都读哭了。学生不爱读书，在一听完别组的同学展示的郑愁予的《错误》，马上来找老师急切地说："老师，我今天才感受到文学的味道，麻烦您赶紧给我专门推荐几本书吧，我离人家太远太远了。"

七、作品结集，品尝阅读和写作成果，将阅读推向常态

上述的教学实践中，学生的积极性得到了前所未有的激发。我则把取得的成果汇总，不断反思。

新课标关注学生的人格建构和精神建构，其中很重要的表现，就是十分重视阅读在语文教育中的作用，重视阅读在充实学生的文化底

蕴、提高学生的艺术品位和语文素养上的独特功能。

阅读的重要意义和价值是什么呢？阅读可以跨越时间与空间的鸿沟，打破文明与种族的壁垒，吸收全人类的文化精粹，丰富人的精神世界，强大人的心灵。一零一中是一个满溢着书香的诗意栖居地，"让每一个学生都成长为精神贵族是我们的教育理想"。

引领学生进入经典阅读的殿堂需要由易到难循序渐进的过程，更需要切实可行逐步提升的办法。

我们取得了一些成果，但是我们一直在路上。

用心灵发现生活,用思想垂钓世界

——初中生生活作文训练引领

写作是学生的难题,写作教学是教师的难题。问题出在哪了?

一是这种法那种法的作文套路,老师硬着头皮教,学生硬着头皮学,写作压抑了个性;二是没有引导学生去思考生活,学生的认知和体验触角没有足够地舒展。

怎么解决?

一句话,"问渠那得清如许?为有源头活水来"。写作要进入佳境,老师需激发和引导学生去关注生活:读万卷书,行万里路,品万种物;说真心话,写性情文,做善良事。让学生从生活中"输入"——"知",到生活中去"输出"——"行"。做到知行合一,形成学习与实践的良性循环。这样,写作问题才会得到有效解决。

因篇幅所限,笔者仅就"写性情文"和"品万种物"两方面谈谈在教学中对学生日常练笔的指导和训练。

一、"写性情文"——用心灵发现生活

对学生进行情感激发和情感引导,以酝酿学生内心对人与物、对自然、对社会的喜怒哀乐和褒贬,启发他们对外界的体验,以丰富他们的情感世界,让每一个学生都慢慢建立自己对外界事物的感知,逐渐成为一个独特饱满的生命个体,是老师的首要任务。情感,是学生感知世界的最宝贵的东西。我们要用正能量去激发学生内心深处的情

感储备,让学生对外界认识到,体验到,精准表达到。

1. 利用节日,鼓励学生写短信微信并及时发送

中国节日众多,有传统节日春节、元宵节、清明节、端午节、中秋节等,还有青年节、教师节、建军节、国庆节等。这么多的节日,都是练笔的机会。通过短信微信,让学生对军人、对老师、对自己(青年)、对先贤(端午屈原)、对月、对国、对传统文化等所具有的真情酝酿充分,及时倾诉。体裁自定,对联、诗词、铭、小赋和小传等均可;内容不限,可以祝福、赞美或纪念等。

以教师节给老师发祝福微信为例:教师节时,我给学生布置的任务是给老师发条微信,以表达自己内心的祝福、感谢或尊敬。

有学生给我们数学老师发的是:

方方圆圆变幻几何,独领数学风采。明明暗暗纵横题海,彰显严谨学风。

这是一副对联,而且还是一副藏头联,因为我们数学老师叫"方明"。这个学生把数学老师的智慧、勤奋、独特和严谨简练清晰地表达了出来。

有学生写了一首《沁园春》发给了我,我一看,乐了:

教室风光,千里谈笑,万里嬉闹,望天地之间,唯余喧嚣。老王进门,顿失滔滔,针落悉闻,虫动皆听。黝肤墨面,近视英豪,欲与包公试比高!须粉笔,衬其广识奇思,天下无双。老王如此悠悠,引无数桃李竞评章。俱往矣,数语文教师,还看老王。

把老师的威严、肤色、善调侃描述得活灵活现。我在班里与学生们共享时引来笑声一片,当然笑声中更饱含对小作者的钦佩。

2. 抓住日常生活动情点,及时落实到笔头上

"动情点"恰恰是一篇文章最为珍贵的东西。但日常生活中,如果缺乏老师的引领与激励,很少有学生把自己生活中的动情点及时记录下来。长期以来,我每天坚持让学生必做两件事:一是每天坚持读书半小时,二是把当天的动情点记录下来。学生对此乐此不疲。

镜头一:母爱激发动情点。

隆冬的夜晚，我一头扑到被窝里，立刻被热烘烘的温度包围，被太阳晒过的味道萦绕。我极享受地闭上双眼，您每天为我晒被子的样子浮现在脑海：被厚重的被子掩着半张脸下楼，身躯笨拙地向前挪步，不时回头看被角是不是拖在了地上，艰难地探身去检查那栏杆上有没有尘土，翻来覆去几次才把被子展平，最后不忘气喘吁吁地拍拍那些细碎的褶。您还惦记着被子在外面会不会落上我最害怕的虫。是您每天为我背阴的小后屋带来一缕阳光。散发着母爱味道的被子承载您母爱的温度，温暖了我的心房。

这是一个"小女生"写的。写得真切，写得温馨。字里行间似乎还有点"背影"的影子。

镜头二：父爱激发文思泉涌。

自从跟父亲唠叨过最近在外面训练很冷后，每天一进家门，我都能不出意外地瞥见沙发旁那盆水。于是，我急忙跑过去，蹲下来，伸开微颤的手，哆哆嗦嗦地放进去——好温暖好温热啊！这暖，这热，恰到好处，不让刚经历过严寒的手感到烫，却让我身体的每一个细胞每一根神经感受到如山的父爱。是了，父亲一定是掐好我每天到家的点儿，好让我能感受到及时的温暖。我不知道，父亲那双粗大的大手，是怎样感知水的温度，但我知道，他用心去感知水温最准确。我不知道他一个地道的城里人是从何处听闻桂树皮能养人的土方，但我知道，他心里每天24小时都装着我这个儿子的全部。因此，只要是冬天只要是我回家，定有一个蓝色的盆等着我——那盆里装的是温温的水，也盛放着父亲不言的浓浓的爱。

同为父亲的我，当时读完这段文字之后，差一点"老泪纵横"。

休说今天的学生情感淡薄，勿言今天的少年不知感恩，其实，他们的感情丰富得很，他们的感恩之心真挚得很，他们的表达流畅得很。关键在于我们语文教师怎样去做一个引领者、激励者。

这也是我的一项长期工程。如同"微短信"一样，我不但让他们感悟，让他们发现，让他们写，写出来之后，我总要及时让佳作与全体学生见面。

同龄人读"同龄作",一下子拉近了他们的情感距离,他们彼此激励,见"贤"思齐。这样的生活作文实在是鲜活得很,随意得很。学生的笔下,时时流淌他们的情感和认知、思考与判断,实在是一件有意思有意义的事。

镜头三:在观察中体验亲情。

到了午饭时间,仍不见开火做饭的动静。我一推开门,只见姥姥正仰躺在床上,手里夹着摇摇欲坠的报纸,鼻梁上架着的老花镜已经滑落胸前。她疲倦地睡着,呼吸声很浅。阳光透过窗户,在她沟壑纵横的脸上洒下淡淡金光。眉头紧锁着,似乎在梦里依然忍受着腿疼的折磨。头上的乱丝青与白缠绕在一起——这曾经是她多么骄傲的黑发呀!她搭在身上的手是那么粗糙,布满了纵横交错的纹路。指节处夸张的膨大,分明显示着一辈子的操劳。我想起她曾为自己不甚美观的手而心生遗憾,可是我在这双粗大的手上,看到的是姥姥一生的功业。我望着那双大手上岁月刀割的痕迹,默默转过身,轻轻地掩上了门。

这小伙子的笔下,既流淌着祖孙亲情,又洋溢着对长辈的崇拜之情。而这一切,皆由细腻的观察而来。

这种关注多了,眼睛就会观察,心灵就会体会,对生活对人物的情感体验就有了深入理解和形象表达。日积月累,学生的眼力、心力,尤其是写作能力,都会得到大幅度提升。

3. 宽容文言写作,让字里行间洋溢情思和文采

长期以来,初一年级入学不久,我都要求学生每周写随笔(周记),有话则长无话则短,写作形式不限。一次,一个调皮又爱耍小聪明的学生的作业引起了我的注意。他的作业是这样的:

一日,周乐、顾一洲、黄奕恺斗根于树间。顾周二人为伍,黄独行。顾等灭黄,遂灭周。周曰:"兔死狗烹,鸟尽弓藏。"

单看内容,就是孩子间的游戏叙述。但文笔生动,语言简洁。转念一想,何不利用这个作为一个指导写作的契机?第二天上课前,我就印了他的作业,学生一下子就炸了锅,开始议论纷纷,有学生甚至叹为观止,毕竟是初一孩童嘛。安静片刻,我让学生找这篇"文章"

的优缺点。学生欢脱起来,众说纷纭。有人说,记叙文的六要素——时间、地点、人物,事件的起因、经过、结果都很清晰很完备。有人说,行文虽短但故事有曲折有哲理,远超出一般文章的境界。有人说,缺点是字数太少,连个标题都没有。一次文言写作"风波"过去了,但是,它引发了我很多思考。今天的中学生,若用文言写作,其实是一件好事。作为语文教师,我们不提倡鼓励,但可以宽容。这没什么好担心的。我们大可不必认为文言写作会弱化他们现代汉语的表达能力,恰恰相反,偶尔有学生喜欢文言写作,那一定是以他相对扎实的现代汉语表达能力作支撑的。于是,在一次作文课上,我郑重申明:今后,如有同学喜欢用文言作文,本语文老师绝不反对。但要告诉各位——没有这个金刚钻,你就别揽这个瓷器活。

我的想法是:有才气的孩子尝试文言写作,是他写作个性的展示,我们没有必要反对。如果真有功夫过硬的,我们表扬还来不及呢。

这不,几天之后,一封"请罪书"出现在了学生的随笔之中。

请罪书

自本月六日至十日,高考占用教室,余得以小憩数日。其间,众师忧吾等将学业置之一旁,故委以重任,曰"作业"。

此五日,烈日直射点略近于北回归线,吾等倍感炎热,加之作业甚多,无奈自闭室中,每日忙于奋笔疾书,无暇顾及外出游玩。窃以为不出三日便可告捷。然计划不周,时近昨日深夜犹未完成。

时值农历廿五,明月隐身,群星璀璨。吾执笔室内,无昔日之嬉笑,惟"刷刷"之笔声。亥时三刻,大功告成。草草拾起书本,尽数塞入囊中,方得以安寝。

然焦急之意才下眉头,又上心头。及今晨,作业竟忘家中,扼腕叹息,为时甚晚。

平日,有同窗忘书、作业,故诳曰:"吾忘携之。"日久,吾师难辨真伪,故降罪于吾等。吾思之良久,乃悟吾师实非有意加害无辜,真乃余之大过。非未书，然未携至校，此一罪也；未及时课前报与师，师勃然大怒，怒火伤身，此二罪也。仅此二罪，足以令吾粉身碎骨。师仁厚，从轻处置，吾当诚心谢罪，日后多加谨慎。望吾师"大肚能容弟子之过也"，若得恕罪，定当没齿不忘。

全文叙事生动幽默，文白相间，感情真挚，文笔流畅，都是学生用心灵捕捉生活之所得。学生将这些生活的动情点记录下来，不断锤炼文字功夫，更不断进行情感沉淀，将日常的情感体验镌刻到自己的心灵深处。久而久之，必能提升写作能力。

学生用文言写作，语文教育界一直存有争议。我个人认为，学生是否用文言写作，纯属自愿。教师不提倡，不鼓励，但要宽容。如果学生语言功底不错，又有文言写作的爱好，何不令其自由驰骋？更何况，一个文言写作很优秀的学生，他的现代汉语表达一定不会差。生活中，有不少学生是从文言写作的爱琢磨爱咬文嚼字喜欢上写作的。

至于文言写作中出现的语言瑕疵，教师应及时指出以引起学生注意并改正。

二、"品万种物"——用思想垂钓世界

学生写作能力的高低通常决定于思维能力的强弱。在对学生的思维训练中，引领学生对生活中司空见惯的自然现象自然物的体悟是非常有意思的。"品万种物"就是从自然万物的发现与感悟中得到启发，从而获取相应的人生道理，进而达到促进学生思维发展的目的。这个任务不是学生独立完成，而是在课堂上进行头脑风暴，在老师的引导下，学生间相互启发，相互学习，共同成长。

下面是一个头脑风暴课例。

题目：一号教学楼西北角的那棵白杨树引发你怎样的思考？

学校一号教学楼西北角有一棵白杨树，粗壮高大，高出两层教学楼丈许。课前，我让学生到白杨树前观察十分钟，让他们每人从中悟出三条以上人生哲理，然后在课堂上进行交流。

课堂上的头脑风暴精彩纷呈:

树干高大又在风中摇摆,悟出"树大招风"。

树冠茂盛,悟出"根深才能叶茂"。

白杨树一直向上生长,悟出"可能永远达不到目标,但心中一定坚定人生的方向"。

白杨树生长在背阴处,悟出"人在黑暗处也要努力生长"。

有光照的地方枝条特别长,悟出"良好的环境使人发展更顺利"。

从白杨树枝条伸展,树叶掉得快,松柏枝条收拢,却永不落叶的对比中,悟出"越是张扬的人越容易受到伤害,越是谦虚的人越获得持续发展";"有的人追求精彩的瞬间,有的人追求苍翠的永恒"。

树叶落地,悟出"落红不是无情物,化作春泥更护花"。

大树荫庇下的小草难以茁壮,悟出"在父母溺爱下的孩子是永远长不大的"。

如此种种,不一而足。

一棵极普通的白杨树,引发悟性万千。头脑风暴,拓展了学生的思维角度,开拓了学生的思维空间,他们在相互启发中碰撞、表达,这是极其可贵的语文教学生态场。

由此,我还引导学生们风与沙、日和月,如此等等。什么是生活作文?生活作文就是引领学生关注身边的人和事、物和理。这些是鲜活而有生命力的,完全不同于僵化的应试作文训练题。但是,因为过于普遍,过于普通,学生因司空见惯而熟视无睹。这无可非议。重要的是,教师如何引领、启发并激励学生去发现、思考和表达,从而触发他们内心深处的潜能,引发他们专注的观察和思考,激发他们获取个性化的体验和认识,不断碰撞出思维和情感的火花,进而烙印在心灵深处。在应试写作日益注重考查思维能力的今天,这种从生活中获取启示的做法远远超越应试训练,为学生的心灵深处打下坚实的情感和思想的底子。

"写性情文"和"品万种物"是学生生活作文小的"切入口"。让学生在日常练笔中更加紧密地贴近生活,观察生活,感悟生活,然后将自己对生活的感悟与思考、体验与情感融入写作当中，有效规避中学生作文的无病呻吟和假大空。而这一切的终极目标指向是语文育人。

本文发表在《山东教育》2023年第4期，系人民教育出版社课程教材研究所"十四五"课题"聚焦核心素养的生态·智慧课堂实践研究（KC2021—001）"的研究成果。

第五篇　评价篇

涓涓清流润幼林

把平凡做到极致

"既然只是个平凡人,那我就要把平凡人做到极致。"王力鹏一直坚持把最闪光的东西给学生。他不是惹人注目的中心,但学生个个崇拜他。因为他有足够的幽默和机智,足以吸引学生和他共同走进语言的世界。

他的语文课,教学重点都和实际生活联系在一起。如果听他的"口语交际",很可能会听到他问:"如果在公交车上被人踩了,对方却没道歉,你要怎么办?"怎么办?他只用一句"你跟他道歉,说'对不起,我硌着您了'",立马让学生佩服得五体投地。

至于被很多学生视为"猛虎"的作文课,他更是上得别出心裁。生活中的一切都是材料,甚至于他的迟到。老师迟到,结果就是作文课变为情景设想讨论。"如果桥下发生车祸,你是电视台的记者,要如何报道?""如果你是急着上班的上班族,你现在的心情会是什么样的?"……两节课过去了,学生们还是意犹未尽。

他让学生去观察校园里夏末初秋的草,写感悟;让学生在课间去看一棵白杨树,思考人生哲理……他曾有第一次投稿便一举中的的学生,也有观察小草就能写出优美散文的学生,但他说这不是他的功劳,"不是老师不教给学生的,学生就一定不会。"

很多人看不惯现在的孩子,他却不以为然:"我相信从来都是新一代比老一辈要进步,所以要以全新的眼光看他们,不能保守。"他带学生在周杰伦的歌中选出最喜欢的一首,以赏析歌词中的典故作为语文作业。他还与学生订有"交换作业"的协议,学生可以不做当天的语文作业,以其他形式代替。

王老师是班主任。对他,学生们是心服口服。班级管理从不用他费心。不仅自习课从不用他监督,班级参加各种活动也不用他组织。

让学生如此信服的秘诀就是"站在学生的角度看问题,相信学生"。他曾在大会上站在学生前面,挡住过高的音箱音量。"为什么孩子不爱和家长说话呢,是因为没有建立交流平台。"他说,让学生自己去亲身体验比说理论要好多了。就如他教学生体会"感恩",不是给家长写信,而是带学生在学校里"开荒"。他只示范了一次就全交给学生管理。学生们干得有声有色,最后全班共享了收获的瓜果蔬菜,他们不仅体验了劳动的辛苦与乐趣,也收获了对"感恩"的理解。

但无论什么事,他都不单纯地认为是好是坏。他的学生曾在集体排队时私自去买报纸,不但受到了批评,班级也被扣了分。学生回来向他承认错误,他却反问学生报纸是不是全班同学都看了、是不是感到时间被有效利用了。班级荣誉固然重要,但他更注重学生从一件事中学到了多少、得到了多少。他要求学生"品德上一定要高尚,行为上一定要严谨,思想上一定要解放"。

事情没有绝对的好与不好,学生更是如此。他的现任班长曾是电教委员,因丢了一块鼠标垫备受同学指责。他得知后却问还有哪个年级丢了、丢了多少块。令全班同学想不到的是,当听到高三年级丢得最多时他表扬了电教委员,说"我们刚初一却达到了高三的水平"。随后更让全班大吃一惊的是,他任命电教委员当班长。虽然有的同学有质疑,但老师的信任不仅让班长出色地完成了工作,成绩也飞速提升。

王力鹏处理问题就是富有艺术性。两个男生打架,他并不是把学生叫过来批评,而是把学生带到操场上命令两个人继续打。学生们说再也不打了。他掉头就走,此后再没管过这件事。这两个学生的关系却越来越好。

从教近十年,他也离开过一线教学,但他从没对三尺讲台失去过热情。他曾问学生"老师和学生的关系是什么",学生提出如"师生""长辈和晚辈"等答案,而他的答案却是"对手":学生要在老师的引导启发中不断提升,最终要超越老师。

"做老师,为的并不是让学生记住自己。"他把激发学生的思维、培养他们的个人品德修养当作最重要的工作。他常和学生分享自己的感悟,告诉学生把生活当成艺术,学会欣赏人生、学会边欣赏边奋斗。

虽然奉行"不求奖杯、只要口碑"的原则,他的教育教学还是获得了广泛的关注和肯定:2004年4月他成为海淀区教育系统"青年先进教育工作者",2005年被评为海淀区教育系统优秀教师,2006年被评为海淀区区级骨干教师。

"人生只要干两件事,有意思的事和有意义的事。"他曾将教师于学生的作用比作登山:爬山时,有的学生要老师拉着走,有的学生要鼓励着走,有的学生可能要被轰着走,还有学生走在前面,老师只要嘱咐"注意危险"就够了。这就是王力鹏心中的老师角色,也是他在登山途中的切身感受。

本文选自《北京晨报》(2007年9月28日),作者是晨报记者马兰若

附 录

我是这样学语文的

原初一（12）班　王昊华（初一下期末）

今天上课，听王老师说，"人生不是为了考试"，"我们不是为了考试而学习"，这些话一下子将我点醒。我一直安慰自己说，考试不是永远的，熬过这些年，到了以后就能享受了。但我忽略了，人的一生中有几个十几年？而且现在不面对，"以后"真的就能躲避得了吗？看着当下工作的人们，有哪几个不喊累、抱怨的？现在如果再为着考试而头疼，或是说为着困难而头疼，为着面对自己而难受，为着静下心来思考而厌烦，那这条成长的路我们还怎么走下去？各种各样可能遇上的挫折，我们怎么去面对？

王老师又说，学语文就是要读，写，思。再加一个"行"也许更好一些。语文是活的，但是课本上的东西是死的。因为大部分的知识，我并不了解，也并不需要思考，更不需要自己去做，这些不加情感不加思考不加感受的东西，也许原本是活着的——至少在一开始为它们倾注过无数心血的人眼中，它是生命的一部分甚至是全部；但到了现在，不再有很多人为了短短一句话，一个词，甚至是一个字而反复地琢磨，为了考试，只能含泪记背有些并不理解的东西。每一个人为什么那么独特？不就是因为我们都有着自己的性格和自己独特的想法吗？但当我们都被统一了，都被束缚了，都麻木了时，我们不就是没有灵魂的躯壳吗？当每一个人都变得可以被替代，当每一个人都没了主见与思考，当每一个人都失去了自己，失去了大脑，失去了心，那人类也该走向灭亡了。

唯一能令语文中最死的地方拥有生机的办法，就是将它变为自己的见解吧。前人为我们留下的宝贵财富，本来就只是他们自己的想法，对我们来说，可以算是一个参考，它引领我们来到一块新的领域，而剩下的一片天地，只能是我们自己来创造。

　　语文，既然有死板之处，那必然也有令人着迷的鲜活。就如读书，"书中自有黄金屋"，书里的宝藏并不单单是作者留下的优美文字，而是自己和作者的心灵碰撞。要想在思想和精神上与作者产生碰撞，首先就要有自己的思考。为什么作者会这么想？为什么这个人物要这么做？他有哪些地方值得学习，又有哪些地方值得改进？我该怎么做？我以后会怎么做？任何一本有意义的书，自然都有着它的灵魂，也就是它的思想和中心。会读书的人，不仅能从书中学会它的真谛，还能有所感悟，有着新的自己的思考，潜移默化地丰富自己的见闻，增加自己的思考，影响自己的行动。这就是为什么"读一本好书，就是和许多高尚的人谈话"了。读书，也不是那么简单的。

　　再像写作，这也是文学中不可或缺的。因为写作就是我们表达情感的一种方式，经历、思考和感悟都在写作之中融为一体。同时，要想有感悟，当然首先要有经历。写作之所以是活的，除了之中被倾注的大量感情之外，自然也有着经历。试问，要是没有经历过，尝试过，快乐过，痛苦过，又何来"情"这一说？是丰富的经历使我们拥有了真实而非虚构的感情，所以，只有在行中悟，悟中行，才是正道。如此一来，写作其实就是一个媒介，它将我们心中的行与悟展现出来，无非就是能使经历描绘得更加生动，也让我们的情绪能够感染更多的人罢了。语文其实就在生活之中，语文和生活中皆不缺少情感，我们只是缺少一颗发现它的心。

　　王老师还说，考试"万变不离其宗"。现在想想，这个"宗"，无非就是理解、思考与情感。将死知识用活，再在活的地方思考，加注自己的情感，考试才能过关。死中有活，活中有魂，达到了这个境界，语文考试也就不那么恐怖了。

　　学习语文，其实就是在锤炼自己，锤炼自己的精神和思想。语文，早已不是一门学科，学习它，更不是为了应付考试，它是我们生活中必不可少的一部分，给我们带来乐趣。当然，学无止境，语文更是浩瀚的，广阔的。"学，然后知不足。"只有不断地积累和理解，行动和思考，才能拥有更渊博的学问，才能更加了解到自己的不足，才能进步。所以，学习的路是无止境的，在半途中更是不可气馁甚至是自满。永远抱着学习的心态是不会吃亏的，毕竟"人外有人，天外有天"，更何况是知识和思想了。能坚持在枯燥的积累中收获感悟，才是真正的会学了。所以说，坚持积累、实践，再到读书、写作、思考和感悟都是学习语文的关键。

带着智慧研究语文，用自己的思考和感情来理解语文，捧着一颗心来感受语文。

我是这样学语文的

原初二（12）班　王昊华

现在已经初二了，听老王的课也有一年多了，渐渐地，也能知道老王的教学风格了。还记得那第一堂别开生面的语文课，抛开了课本中的内容，从一个个小游戏引入做人的道理，让我难以忘怀。那一刻，我就知道，以后的语文，不会无趣。事实上也确实是这样的。从狭小的课本到无数蕴含哲理的书籍，从无味的课堂到去欣赏大自然的美，从幼稚到成熟，从自己原本封闭的壳中走出，走向真正广袤无边的世界……

语文书上的内容，大部分老王都是不会讲的。文言文必讲，特别经典的文章会讲，很有成就或是有特点的人讲讲，其他的就不会去动了。所以这样下来，我倒反而不像小学时那么杂了：小学是每个课文都会说，老师最终将其中的要点——字词、道理什么的告诉我们，能记住就行了。这样下来，每个文章都学了，但每个文章却又都没学深入,时间一长,就淡忘了。毕竟文章中的精髓又不是自己一步一步发现的,任何珍贵的东西都是来之不易的,而来得快也就去得快。没有用时间,用精力,用心去感受、去体会、去思考,而是直接就那么放在脑袋里,不出几个月就一定会无影无踪。就像老王曾说过的,"真正的知识,真正对你们有用的,是在以后你们忘掉了许多之后,剩下的东西"。这也正是我们需要做的,不求多,但求精。对每一篇课文,每一本书,每一项任务,每一次挑战都全力以赴,用心去学,去感悟,那么我想,我必会成长。

  这样下来,字词文常这些关卡,就只能自己来越过了,这些简单的东西,确实也不需要老王来带着我们去弄。因为语文不常讲课本上的内容,于是自主学习就变得尤为重要。自主学习包含课前、课上和课后。课前自然是预习,老王给的办法是,朗读,就是这么简单。一开始我就不以为然,我觉得,读课文又不会带来什么,我都看过一遍了,也没看出端倪来,难道朗读几遍就会有什么起效?一连好几次,老王布置读书,我都没有去完成。但当我尝试过一次之后,我立马意识到,这恐怕是最好的预习方式。在朗读的时候,和默读还不一样,我能更好地体会到文章中的情感。往往一边读着,一边也会思考,作者为什么这么写?有时候最难以理解的,通过最简单的朗读,反而能悟出些什么。因为好的文,需要的就是反复的读和思考,需要的是自己和它、和作者的共鸣,而不是只靠上课时老师的帮助。为什么上课那么宝贵的时间,每次老师还是会给我们每个人那么多时间去朗读课文和小组讨论?其实就是要我们自己去探索,去猜测,去思考,去体会文中的美。百度或是教辅书,也就只能在课后看了,在预习时看只会局限我们的想法,它们太直接就定义了一个概念,也就只能把它当作对自己见解的补充了。

  至于课后,也没啥了,既然已经理解课文了,就不用太费事儿了。面对考试,要把基础弄好,其实平时上课自己把课后的生字词勾勾画画,然后再完成活页上的内容就完全可以了。

  老王对我们的要求其实真的很少,看我们一周的作业就知道。但少不意味着就可以应付，要不吃亏的肯定是自己。一周的固定作业也就只有读书，写一篇随笔，再加一篇读书周志，就没有了。不用心的话，一整周时间，其实几个小时就能糊弄过去了，但这样的话，老王的良苦用心也就费在空处了。每天的读书，是最不能省、最重要的。读书的意义其实就是在于让我们丰富自己的见解，渐渐形成自己的想法。这样坚持下来，还用害怕写作文吗？其实语文，就是需要我们自己去多说多做，多看多想。

自己感觉，除了要多读书之外，还有就是要多走出去看看了。李老师组织的活动"走出去"，老王带我们去圆明园赏雪，和朋友看秋天的枫叶，花一整天去爬山，我都特别喜欢。多接触接触大自然，或是去挑战自己的极限，都是很有意义的事。从这些活动中，我都会有自己的收获。每一次，我都会觉得我离人生的意义更近了一步。在这方面，老王肯定是支持我们的，我的爸爸妈妈也认为，不光要关注学习，出去走走也是必不可少的。

一生下来，真正能让我们忘却不了的，有多少，是什么？除了那些人和事外，恐怕在学生的学习阶段，也就只剩我们的体悟了吧。这些能让我们记住一生的道理和感受，也正是使我们成长的宝贵财富。

乐　学

原初三（12）班　王昊华

孔子曾说过，"知之者不如好之者，好之者不如乐之者"，也总听他人说要学会"乐在其中"，这说明"乐"无疑是无比重要的。而我在学习中的"乐"又是什么？

我为父母、老师的开心而乐。起初，我并不真正理解"学习"为何物，只知道这是每个孩子每个学生都要做的事情，而且也并不无趣。当我吸收了知识，第一次在父母、老师面前展示我的成果，我能看到他们眼中抑制不住的欣喜。我乐于看到身边的亲人快乐，于是我享受学习的快乐。

我为知识渊博而乐。渐渐地，我发现，学习，不只是为别人而学，学习也能让自己有许多的收获。当同学们在谈论各种各样的话题时，我也有自己的见解，于是一起交谈甚欢；当开展辩论赛时，我能有料可说，用我学到的知识，将对方辩得哑口无言；当朋友受到欺侮时，我能站出来指出对错，明辨是非，为友人出得一口恶气……我明白了，知识在生活乃至人生中的重要性，是它们，构成了我们每个人独特的思想，让我们不再肤浅，不再愚笨，而能在吸收知识、学习时都乐在其中。我乐于拥有如此之多的"财富"，于是我享受学习的快乐。

我为人生智慧而乐。我长大了，已经接触了社会，我吃惊地意识到，拥有知识也不见得快乐。因为人间总有烦心事，而且即便我们自己没有烦心事，那些比我们困难的人、那个纷乱的社会也依旧会让我们揪心。我去帮助太阳村的孤儿们，去了解贫困的农民工，去圆明园做义务讲解……我将我拥有的知识给予他人，我付出我的"快乐"，却意外地发觉，自己什么都没有失去。我的知识，已被我转变为智慧，它将伴我走过人生之路。人间是有烦心事，也是有比我们难的人和事，但我愿意去付出，付出了便收获了，收获了人生智慧。我乐于通过自己的学习而能帮助更多的人、能改变社会现状、能拥有人生智慧，于是我享受学习的快乐。

说实话，我并不相信有人能够纯粹地、毫无目的地"乐学"，因为没有人生来便是为了"学习"。但换句话说，我们生来又是为了"学习"——为了家人幸福而学习，为了提升自我而学习，为了改变世界、温暖他人而学习……人生不就是在不断学习的过程中一步一步从幼稚走向成熟，从毛躁走向稳重，从好走向更好的吗？我"乐学"，是因为我乐于进步、乐于改变、乐于走出自己精彩的人生。那你呢？

（此文为原初三上期中满分作文。王昊华，现清华大学计算机系大三学生）